Antropologia do consumo

Antropologia do consumo

CASOS BRASILEIROS

Carmen Migueles | ORG.

FGV EDITORA

ISBN — 978-85-225-0621-7

Direitos desta edição reservados à
EDITORA FGV
Rua Jornalista Orlando Dantas, 37
22231-010 — Rio de Janeiro, RJ — Brasil
Tels.: 0800-21-7777 — 21-2559-4427
Fax: 21-2559-4430
e-mail: editora@fgv.br
web site: www.editora.fgv.br

Impresso no Brasil / *Printed in Brazil*

1ª edição — 2007

PREPARAÇÃO DE ORIGINAIS: Luiz Alberto Monjardim

EDITORAÇÃO ELETRÔNICA: Maristela Almeida

REVISÃO: Aleidis de Beltran e Mauro Pinto de Faria

CAPA: aspecto:design

Ficha catalográfica elaborada pela
Biblioteca Mario Henrique Simonsen/FGV

Antropologia do consumo: casos brasileiros / Carmen Migueles (Org.).
— Rio de Janeiro : Editora FGV, 2007.
224p.

Inclui bibliografia.

1. Antropologia econômica — Estudo de casos. 2. Comportamento do consumidor — Estudo de casos. 3. Consumidores — Estudo de casos. I. Migueles, Carmen Pires. II. Fundação Getulio Vargas.

CDD — 658.834

Sumário

Sumário

Prefácio

Este é um dos primeiros livros de casos brasileiros em antropologia do consumo e, dos que conheço, aquele que fez o maior esforço por dialogar com o marketing.

Trata-se de iniciativa de grande importância porque preenche uma lacuna sensível para quem pratica, estuda ou ensina o marketing, especialmente o consumo do ponto de vista da antropologia.

Se o marketing é um ramo relativamente novo do conhecimento, a antropologia do consumo o é ainda mais.

O marketing, para evoluir, precisa da participação de outras áreas do conhecimento, como a matemática, a psicologia e a antropologia, entre muitas outras. A antropologia vem prestando importante contribuição porque ajuda a conhecer melhor os fatores culturais que influenciam as escolhas feitas pelo consumidor.

Uma empresa precisa competir e mostrar resultados. Para tanto é essencial entender o consumidor. Saber o que ele deseja ou por que adquire determinado produto ou serviço é praticamente impossível se não procedermos à pesquisa da variável cultural, pois somente assim poderemos descobrir as razões para comportamentos aparentemente "sem pé nem cabeça".

Os seis casos aqui apresentados exemplificam situações reais de mercado e ajudam a entender problemas de marketing mediante a utilização das ferramentas teóricas da antropologia. Nesse sentido, os textos não se limitam a expor casos tradicionais de negócios, mas também ajudam o leitor a perceber como a antropologia pode contribuir para o entendimento de aspectos de grande relevância no processo decisório do consumidor.

A professora Carmen Migueles e os outros cinco autores dos casos brasileiros de antropologia do consumo estão de parabéns por essa contribuição prestada ao marketing brasileiro.

O marketing brasileiro também está de parabéns com este novo livro!

Vicente Ambrósio
Professor de planejamento de marketing — ESPM Rio
Consultor de planejamento de marketing — Mirambro

Introdução

O estudo do comportamento do consumidor é uma forma de autoconhecimento: ao compreendermos a complexidade do nosso comportamento de compra, compreendemos de que forma o mundo social e cultural atua em nós. Esse não é um conhecimento aplicado ao marketing, à sociologia ou à antropologia de forma excludente, mas um conhecimento que se soma a todos esses, abrindo novas possibilidades de entendimento dos consumidores como seres-no-mundo.[1] É uma forma de pensar o homem contemporâneo em seus múltiplos papéis e funções, observando como estes são construídos no cotidiano. Construímos a nossa identidade, amamos, incluímos, desprezamos e excluímos via atos de consumo sem nos darmos conta disso.

Amamos cada vez que nos esforçamos no trabalho, aturamos situações que de outro modo não aturaríamos, só para obter recursos para enviar nossos filhos às melhores escolas e para garantir-lhes a vida e a saúde comprando pla-

---

[1] A noção de ser-no-mundo, bastante trabalhada na filosofia, é a base para todo o pensamento fenomenológico, expresso em parte e de diferentes maneiras nas tradições marxista, durkheimiana e weberiana, e na tradição microinteracionista da sociologia norte-americana. Trata fundamentalmente de compreender as formas próprias aos seres humanos de construírem a sua realidade como uma realidade social. Na base dessa noção está o entendimento de que o ser humano faz sentido do mundo, constrói os significados sobre os objetos e as suas noções de propósito pela forma como é socializado numa economia (na tradição marxista), numa língua, numa cultura e nas instituições, e pela forma como participa de uma dialética das intersubjetividades nas suas relações com os outros. Para uma introdução ao tema, ver Berger, Peter e colaboradores (1999).

nos de saúde. Amamos via consumo cada vez que decidimos investir recursos tão duramente acumulados para nos tornarmos belos para os outros, escolhendo roupas e acessórios que comunicam quem somos para os membros da nossa "tribo". Ou quando gastamos nossa poupança comprando uma roupa de noite, que usaremos apenas uma vez, para celebrar o casamento de um amigo querido, em vez de aplicarmos esses recursos de forma mais economicamente eficaz. Por outro lado, excluímos e nos afastamos quando olhamos com desprezo para o gosto de pessoas de tribos diferentes da nossa, menosprezando sua estética e afirmando: não sei como tem gente que consegue usar essas coisas!

Quando refletimos sobre nosso comportamento nesses atos de compra, percebemos como são inadequadas e limitadas as categorias de análise do marketing tradicional, que opõem desejos a necessidades ou usam teorias de motivação que olham para o sujeito de forma isolada. Comprar uma roupa de noite para celebrar o casamento do meu melhor amigo é desejo ou necessidade? Está em que nível de uma hierarquia de necessidades? Em que sentido essas perguntas e as teorias que estão por trás delas auxiliam a compreender esse comportamento? De que forma olhar para esse sujeito com uma ferramenta estatística baseada em classe social auxilia no esforço por compreendê-lo? O pobre que compra em prestações a roupa para o casamento do amigo acaso está louco ao desrespeitar a sua condição social e comprar conspicuamente, ou o ato do consumo está mais profundamente ligado ao sentido da vida do que imaginamos quando nos mantemos presos a teorias inadequadas?

A antropologia do consumo nos permite compreender não apenas os atos de compra, mas toda a sociabilidade contemporânea, a motivação do homem no trabalho, os significados que ele cria para a sua vida, a forma como percebe as ameaças à sua família, a sua fragilidade no caos urbano, o modo como busca inserção social, reconhecimento, prestígio, e até mesmo como se manifesta politicamente, como constrói cidadania (como quando se nega a usar peles de animais em extinção, apesar do suposto *status* que isso lhe confere, ou quando usa uma roupa de *hippie* ou de *punk* para expressar seu descontentamento com o *status quo*, ou ainda quando usa uma roupa clássica e tradicional para indicar, ao contrário, que está comprometido com a ordem e as regras da sociedade).

O esforço antropológico por compreender o consumo é, portanto, um esforço por situar-se nessa complexidade, abandonando temporariamente as grandes teorias[2] para ver o consumidor de um modo mais indutivo, buscando compreender quais são os sentidos que essas pessoas atribuem à sua ação, qual é a lógica que informa seu raciocínio, como se estruturam suas microdecisões cotidianas, como elas percebem suas necessidades em meio às pressões cotidianas, o que consideram relevante na hora de alocar os seus recursos e o que pode ser deixado para depois.

Buscamos, dessa forma, promover uma discussão na interface entre a administração, como ciência social aplicada, e outros ramos das ciências humanas e sociais. Não apenas para levar as discussões próprias da antropologia e da sociologia para dentro do marketing, mas para pescar problemáticas próprias do marketing e lançar sobre elas algumas reflexões próprias da antropologia, para mostrar como o olhar teoricamente informado sobre as interações humanas no mercado nos permite vislumbrar novos objetos de análise para as ciências humanas e sociais.

Por essa razão, fazemos algumas incursões por temas que estão fora das problemáticas tradicionais já estabelecidas na sociologia brasileira, como os que dizem respeito ao consumo de planos de saúde, aos espaços simbólicos e ao posicionamento varejista. Buscamos, propositalmente, problematizar certas questões que vêm sendo trabalhadas quase que exclusivamente pela administração, pelas teorias sobre regulação de mercado ou sobre marketing propriamente dito, mas que introduzem a noção de que as lógicas culturais por trás do consumo desses bens e serviços, ou em certos locais, podem ser mais comple-

---

[2] Toda tipologia do pensamento sociológico é imprecisa e produz simplificações indesejáveis, mas ao mesmo tempo serve para nos situar num grande "mapa" temático das discussões num certo campo. O que chamamos aqui de "grandes teorias" são as correntes tradicionais do pensamento sociológico: o *marxismo*, como representante da tradição que estuda o conflito social, a luta de classes, as ideologias e as revoluções; a tradição *weberiana*, que propõe uma teoria multidimensional da estratificação social e uma grande teoria sobre o poder; a tradição *racional/utilitária*, fortemente influenciada pelos filósofos sociais ingleses dos séculos XVIII e XIX, como Locke, Mandeville, David Hume, bem como por economistas como Adam Smith e J. S. Mill, entre outros; e a tradição *durkheimiana*, com sua sociologia da ordem social (que pode ser dividida em duas grandes correntes: a tradição macro, com Montesquieu, Comte, Spencer e a morfologia social de Merton, Parsons e dos funcionalistas, e a segunda tradição, que dá origem à antropologia social através de seus estudos sobre a moralidade e o simbolismo, influencia fortemente os estudos de Marcel Mauss e Lévi-Strauss, e produz uma ligação entre o universo mais macroscópico dos estudos sociológicos das correntes mencionadas e os estudos mais microscópicos referentes às redes de trocas rituais e ao simbólico).

xas do que imaginamos num primeiro olhar. Assim, o texto de Ana Heloísa da Costa Lemos, sobre empreendedorismo no Brasil, e o de Carla P. Barros estariam mais na linha do que poderíamos chamar de temas clássicos da sociologia ou da antropologia brasileira, e por isso mesmo talvez tenham mais facilidade de estabelecer um diálogo com a produção acadêmica brasileira nessas disciplinas. Mas os demais estudos pretendem propor esses outros temas como objeto de discussão, pois, apesar dos desenvolvimentos recentes em antropologia aplicada às sociedades complexas, ao consumo e às organizações contemporâneas, há poucos estudos sobre as formas próprias de consumir e se relacionar com a atividade empresarial no Brasil. O mercado, como instituição social, abriga formas de produção e reprodução sociais que estão relacionadas com o modo pelo qual a cultura, a economia e a história de uma sociedade criam condicionantes para o comportamento dos consumidores. Esses condicionamentos se externalizam nos tipos de escolhas e nos modos de se relacionar com a atividade de consumo que são próprios da nossa sociedade. E, nesse sentido, esperamos que os temas sejam úteis também aos estudantes de ciências humanas e sociais, e não apenas aos de marketing.

Os casos apresentados nesta coletânea têm por objetivo mostrar como o fato de nos situarmos nessa complexidade nos permite compreender comportamentos até então bastante nebulosos, explorando ao mesmo tempo o potencial desse tipo de estudo para o marketing, a economia, a sociologia e a antropologia. Mas o diálogo entre essas disciplinas não é simples. É necessário muito esforço para tornar os conhecimentos produzidos por uma ciência aplicáveis a outra. De certa forma, tentamos alguns passos nessa direção, mas estamos conscientes de que há ainda muito por fazer. Tentamos demonstrar que há uma racionalidade que informa a ação dos consumidores, mas uma racionalidade que, como diz Max Weber, é simbolicamente informada. Esperamos que essa abordagem venha facilitar o diálogo com a economia e a psicologia.

Sob vários aspectos, este livro se inspira na idéia de Slater e Tonkiss (2001) segundo a qual é possível, e necessário, tratar o mercado como um objeto sério da análise social, entendendo que os comportamentos nele observados são mediados por significados que de certo modo escapam à visão econômica dessas interações. A economia, tradicionalmente, vê o mercado como redes de trocas entre compradores e vendedores intermediadas por acordos sobre preços, constituindo-se num modelo eficaz de alocação em condições de escassez. Mas a abordagem adotada no conjunto de textos aqui publicados naturalmente não parte desse ponto de vista. Tampouco compartilha a percepção, corrente nos estudos de marketing e comportamento do consumidor, segundo a qual a psicologia pode explicar aquilo que a economia não explica. Procura-se demonstrar que há um contexto mais amplo de formação dos significados dos bens que antecede, ou engloba, os processos individuais de escolha, dando-lhes foco e direção. Somente em relação a esse contexto e a esses significados mais amplos é que são acionados os processos cognitivos dos indivíduos, sua memória e suas decisões. É também em relação a esse contexto cultural que as mensagens da propaganda fazem mais ou menos sentido, são aceitas ou rejeitadas.

Cabe ressaltar aqui um elemento da contribuição weberiana à epistemologia sociológica: estamos lidando com cultura numa perspectiva subjetiva, mas num sentido estritamente não psicológico do termo.[3] Com isso queremos dizer que há uma (ou algumas) gramática(s) simbólica(s) que estrutura(m) a percepção coletiva da realidade, que é subjetiva na medida em que se forma como uma percepção de mundo, mas que é uma realidade social e não (apenas) da subjetividade dos sujeitos que compõe a sociedade. Essa gramática é o nosso objeto de análise. Ela existe e se articula no fluxo intersubjetivo da comunicação humana, mas não se reduz a ele.[4]

Isso nos leva a ver o consumidor por outra perspectiva, diferente das tradicionais. Diferente, por exemplo, da perspectiva econômica, segundo a qual o sujeito maximiza utilidade para aumentar o prazer e evitar a dor; diferente, também, da perspectiva sociológica tradicional, que o vê como um ser dominado por forças ocultas, totalmente opaco para si mesmo, induzido pela publicidade a consumir de forma totalmente irracional; diferente, ainda, da perspectiva marxista, na qual ele é manipulado pela ideologia do mercado, em cujo núcleo está o "fetichismo das comodidades".[5] O consumidor é aqui abordado como um ser dotado de consciência e razão, que toma decisões racionais, mas não no sentido utilitarista do termo. Vemo-lo inserido em um nexo complexo e relacional, de forma simbolicamente informada e socialmente situada. Es-

---

[3] Ver Weber, 1999:12.

[4] Ver Geertz, 1989.

[5] Ver Martin-Barbero, 2003.

taremos, de certa forma, adotando uma abordagem mais próxima à de Max Weber, a qual nos permite tratar essas questões para além do modelo simplista que associa razão à lógica utilitária e emoção ao universo confuso da subjetividade. Tratamos o consumidor como um ser que faz sentido simbólico do mundo e constrói a sua racionalidade sobre essa lógica simbólica que lhe permite ler a realidade. Tal enfoque se torna fundamental para compreender essa racionalidade e as formas pelas quais os consumidores criam novos sentidos para os objetos, produtos e serviços. Além disso, permite não apenas compreender as mediações que a cultura produz, facultando ao consumidor relativizar as mensagens da publicidade e criar novos sentidos, como sujeitos pensantes o fazem, mas também averiguar de que forma essa percepção do mundo e dos objetos organiza a reflexão e ação sobre eles.[6]

Podemos dizer que o conjunto dos trabalhos aqui apresentados situa-se numa fronteira ainda inexplorada entre ciências humanas e sociologia, por um lado, e economia, por outro. Ainda inexplorada porque a economia, por exemplo, tende historicamente a valorizar o que ela denomina "individualismo metodológico" em suas análises, ou seja, a tomar o indivíduo como foco da análise e sujeito isolado da ação. Toda causa da ação está no indivíduo. O "holismo metodológico" da sociologia cria dificuldades consideráveis à compreensão do comportamento dos mercados. Tentaremos mostrar que economia, sociologia e antropologia não podem nem devem estar em campos opostos nesse debate, e que reconhecer as forças sociais e culturais que atuam sobre os sujeitos não destrói a noção de agência individual, tão cara à economia. Mas isso não é simples de fazer, nem basta "reconhecer" essa questão. Também não resolve o dilema afirmar que a cultura e a experiência social "influenciam" as pessoas, que é como esse tema tende a ser tratado nos estudos sobre comportamento do consumidor voltados para o marketing, pois esse não é o caso. A cultura efetivamente forma a visão de mundo dos seres humanos, mas sem determiná-los. E essa diferença é importante de ser compreendida. Investigar esse processo não é ceder ao obscurantismo, mas com-

---

[6] Ver Martin-Barbero, 2003.

preender a ação humana em novas complexidades, até mesmo para ampliarmos a capacidade de reflexão sobre nossas ações e a correspondente capacidade de decisão racional e informada sobre como queremos agir. Em termos de estudos de mercado, isso significa que é importante primeiro compreender as novas formas de segmentação que a cultura produz, os estilos de vida que a moda engendra, as formas pelas quais as pessoas se apropriam de espaços comerciais, como os *shoppings*, para outros usos que não o consumo, os significados que elas emprestam aos objetos, as maneiras como elas criam, inventam, reinventam e improvisam no uso da cultura material a fim de afirmarem sua identidade e seu pertencimento a certos grupos, para depois estudar as variações individuais dentro de cada uma dessas esferas.

Muitas são as implicações disso em termos do uso de ferramentas estatísticas. Historicamente, os estudos de mercado sempre estiveram fortemente ancorados nas divisões por classes sociais. Em momentos históricos de maior escassez de bens, é razoável imaginar que, quando a renda aumenta, as pessoas adquiram coisas que lhes facilitem a vida — por exemplo, decidir comprar um forno de microondas quando disponham de renda para tanto. Mas, com o aumento da oferta de bens dos mais variados tipos, a renda deixa de explicar boa parte das decisões de compra. Um caso observado recentemente ilustra bem isso. Em visita a uma empresa petroquímica onde os operários que trabalham em turnos ganham quase o mesmo que os engenheiros, ouvimos estes últimos dizerem, brincando, que os melhores carros do estacionamento pertenciam aos operários, porque eles, engenheiros, não tinham renda para fazer esse tipo de compra. Tentando compreender o que queriam eles dizer com isso, descobrimos que os engenheiros realmente não tinham renda para comprar carros mais caros porque seus gastos com educação, livros e cultura de modo geral eram bem mais altos que os dos operadores. Isso mostra que a questão da renda é relativa ao conjunto de outras escolhas que cada grupo de indivíduos tende a fazer, as quais são fortemente influenciadas por sua forma de inserção social. A ironia dos engenheiros revela, ainda, novas formas de hierarquização social e de construção de *status* e pertencimento, pois o grupo que detém maior capital cultural atribui maior *status* a uma biblioteca doméstica do que a um carro caro.

Essa questão pode parecer inoportuna na introdução de um livro de casos como este, mas é fundamental chamar a atenção para ela por dois motivos: primeiro porque o principal problema na aplicação dos conhecimentos da antropologia aos estudos sobre marketing e ações individuais no mercado é precisamente o foco no todo. Os antropólogos costumam estudar as estruturas dos sistemas sociais, dos mitos, da linguagem, da cultura de modo geral, ou suas funções e elementos componentes. Esse foco nos aspectos sociais da cultura de certa forma impedia que se pensasse a autonomia da ação individual dentro deles.[7] Mas se há uma coisa que os economistas e os estudiosos de marketing sabem bem é que as pessoas escolhem de formas razoavelmente autônomas, e que as alocações concretas de recursos que elas fazem podem determinar o sucesso ou o fracasso de um negócio ou de um produto. De nada adianta conhecer o sistema macroscópico de ação social se este pouco serve para conhecer as variações e tendências concretas de comportamento individual no mercado. A opção pela psicologia para tentar compreender esses aspectos mais subjetivos do consumo parece natural, portanto, se tomarmos a psicologia aplicada ao marketing como uma ciência que busca conhecer as motivações individuais para se agir de uma forma ou de outra. A antropologia e a sociologia, embora interessantes como "cultura geral", pareciam pouco servir àqueles que estão pressionados pela ação eficaz no mercado.

A segunda razão é que o individualismo metodológico, por se deter demasiadamente no indivíduo como executor da ação, acabou por impedir que economistas e psicólogos percebessem de que maneira o todo — o sistema, a estrutura, o mito, as práticas sociais — estrutura os comportamentos individuais, ainda que a ação, em último caso, seja executada por um sujeito específico, em condições específicas, de modo razoavelmente racional e consciente.

---

[7] Isso não significa, naturalmente, que a antropologia ou a sociologia não tratem da ação individual, e sim que esta não tem sido seu objeto privilegiado de estudo, pois o que se busca nestas análises extrapola a questão das possíveis variações individuais em relação ao todo. Vários autores têm-se ocupado da questão do indivíduo dentro da sociedade, como, por exemplo, Bourdieu (1996) e Giddens (1979), mas ainda estamos distantes de uma sociologia da prática individual.

A aplicação dos conhecimentos da antropologia ou da sociologia (e essa divisão talvez não faça mais sentido)[8] aos estudos sobre o consumo, no entanto, contribuiu em muito para reduzir essa barreira, como esperamos fique demonstrado nos capítulos desta coletânea. E isso graças a dois esforços complementares: os desenvolvimentos teóricos que serviram para reduzir a dicotomia entre estrutura e ação, ou entre sociedade e indivíduo (por exemplo, Pierre Bourdieu, com sua noção de *habitus*, e Anthony Giddens, com sua teoria da estruturação), e os estudos empíricos realizados por pesquisadores como Douglas (1979), Appadurai (1986), Miller (1998a e b, 2000), Slater (1997), Lipovetsky (1987), Clammer (1997), Barthes (1984), Baudrillard (1988), Campbell (1984) e Canclini (1999), entre outros, além dos trabalhos clássicos de Elias (2001), Braudel (1981, 1991) e Thorstein Veblen, que permitiram definir o objeto dessa nova antropologia do consumo em toda a sua fluidez e complexidade.

Os capítulos deste livro nos permitem perceber de que maneira a cultura nacional (conceito naturalmente vago e de aplicabilidade bastante discutível) media as lógicas de apropriação e significação de produtos e serviços, criando peculiaridades nos seus modos de uso que não são contempladas nos estudos tradicionais de marketing ou de economia. Isso fica especialmente claro nos dois estudos sobre o consumo de planos de saúde, em que os autores mostram como a dependência em relação ao Estado e a concepção brasileira de Estado influenciam o modo pelo qual os consumidores percebem e consomem planos de saúde no Brasil. As teorias importadas sobre regulação do mercado partem, de certa forma, do pressuposto de que há uma relação contratual claramente compreendida entre as partes e através da qual se estabelecem a natureza, os

[8] A distinção entre a antropologia e a sociologia esteve ligada, historicamente, a uma distinção entre seus objetos de estudo, a primeira estudando sociedades primitivas e a segunda estudando sociedades complexas, o que hoje perdeu muito do seu sentido original. Outra distinção estava ligada ao olhar que essas disciplinas lançavam sobre seus objetos: a antropologia estudando os mitos, as lendas, os rituais, as lógicas classificatórias, as formas de solidariedade, e a sociologia estudando as instituições sociais, os sistemas políticos, a luta de classes, em sociedades mais complexas. Os avanços nos estudos dessas duas ciências, como bem apontam Bourdieu, Chamboredon, e Giddens (2002) e Giddens e Turner (1999), anulam a validade dessas distinções, mostrando que esse recorte epistemológico é um impedimento para o avanço desse campo do conhecimento.

limites e as aplicações do serviço em questão. O modo como os brasileiros decidem sobre a compra de seus planos de saúde apresenta inúmeras evidências de que esse fato, aparentemente óbvio e dado como certo, precisa ser repensado caso se queira produzir mecanismos de regulação realmente eficazes.

No primeiro texto desta coletânea, Sônia Barone investiga a maneira pela qual a sociedade brasileira constrói culturalmente a questão da saúde. No segundo, Flávio Alcoforado mostra como essa construção cultural influencia a racionalidade do consumidor na hora de decidir-se por um plano de saúde, e analisa as conseqüências disso para a regulação.

O capítulo de Ana Heloísa da Costa Lemos a respeito das representações sobre o empresário suscita outro conjunto de reflexões, embora ainda atreladas à questão da marca e do resultado das atividades empresariais enquanto responsabilidade social. A questão da cidadania empresarial, dada pelos autores estrangeiros como relativamente resolvida no que se refere à capacidade de criar valor de marca e confiança na empresa, precisa ser repensada numa sociedade onde o empreendedor não é visto, necessariamente, de modo positivo. Como mostra a autora, a atividade empresarial é bastante desenvolvida no país, embora ainda não tenhamos conseguido compreender muito bem, em termos weberianos, o seu "espírito". Faltam-nos conhecimentos sobre a visão brasileira do empresário que sejam suficientes para podermos avaliar os impactos produzidos pelas ferramentas de gestão importadas. A atividade empresarial no Brasil acaso pode ser considerada uma atividade sem espírito? Ou será que faltam estudos mais profundos que nos permitam avaliar melhor o conjunto de valores que motivam esses milhares de brasileiros a empreender?

Analisando o consumo das empregadas domésticas, Carla P. Barros observa que a relação dos pobres com a cultura material não pode ser reduzida a uma única dimensão, como classe social ou privação. Eles fazem sentido cultural do seu consumo e empregam inúmeras estratégias de significação para se apropriar do mundo dos bens. A autora nos mostra como, na sociedade brasileira, cheia de contradições e ambigüidades, as empregadas domésticas e as novelas circulam entre o universo dos pobres e o das elites, produzindo diversos matizes no consumo popular que não podem ser apreendidos por conceitos mais simples como o *trickle-down*.

No quinto estudo, Luiz Henrique Lemos mostra como o posicionamento de marcas de alto prestígio na mente do consumidor é afetado pela localização geográfica das lojas na cidade. Marcas de alto prestígio, quando localizadas em regiões percebidas como populares ou de freqüência popular, perdem sua capacidade de reter, no imaginário do consumidor, sua posição anterior, desvalorizando-se. Isso traz novas implicações para as decisões sobre localização varejista. O sucesso ou fracasso de uma marca pode estar associado aos "contágios simbólicos" que esta pode sofrer, especialmente numa cidade tão dividida simbolicamente como o Rio de Janeiro. Esse tipo de análise possibilita tecer considerações não apenas sobre varejo e posicionamento de marca, mas também sobre as inúmeras formas pelas quais a distância e a exclusão social são produzidas e reproduzidas no Brasil, especialmente no Rio de Janeiro.

O capítulo sobre a troca de presentes parte da contribuição clássica de Marcel Mauss em seu famoso estudo sobre a dádiva para comparar as formas de presentear no Brasil e no Japão, mostrando como as diferentes culturas nacionais estruturam a percepção dos presentes: a quem eles devem ser dados e que tipos de objetos podem ser comprados. Compreendendo a lógica que informa o processo de compra do consumidor, os valores que os levam a agir de uma forma ou de outra, poderemos saber que tipos de mensagens publicitárias funcionam de forma mais eficaz nesta ou naquela sociedade. Mas mais do que isso, descobrimos assim toda uma forma de percepção da sociabilidade e dos valores que lhes são subjacentes. A partir de um estudo etnográfico realizado através de observação participante, seleção de informantes e entrevistas em profundidade, tentamos mostrar como as relações entre valores, pessoas e objetos influenciam o comportamento do consumidor nas lojas de departamento japonesas e nos *shoppings* brasileiros.

Para melhor definir a contribuição antropológica ao estudo do comportamento do consumidor, cumpre explicitar alguns de seus pressupostos, em comparação com os do marketing e da economia. A diferença fundamental entre a visão sociológica e a visão da economia[9] ou da psicologia aplicada ao marketing encontra-se na definição do indivíduo como unidade básica da ação social e da influência que a sociedade exerce sobre ele, pois a própria noção do que vêm a ser desejos e necessidades só se torna mais clara a partir desse entendimento. A questão central consiste, portanto, na relação entre cultura e processo decisório individual. Em outras palavras, interessa saber por que os

---

[9] Para compreender por que a visão da economia liberal clássica é culturalmente formada, ver Parekh (2000).

sujeitos fazem determinadas escolhas e por que estas variam mesmo quando em termos econômicos e sociais eles podem ser agrupados nas mesmas categorias.[10] Para esclarecer a diferença entre essas perspectivas, é importante expor brevemente a visão da antropologia para tornar os textos mais claros para os leigos nessa disciplina.

O uso da semiótica em antropologia é esclarecedor nesse sentido: como propõe Geertz (1989), podemos compreender cultura como uma teia de significados em fluxo. Basicamente, isso significa que o ser humano é ao mesmo tempo um ser social e cultural, que compreende o mundo através das categorias da cultura que lhe foram ensinadas no processo de socialização. A língua é o mecanismo privilegiado, mas não o único, de transmissão da cultura. Mas a cultura não é uma coisa, um objeto ou um conjunto estático de valores e regras, e sim uma lógica classificatória que nos permite apreender e compreender uma realidade, fazendo sentido dela. Um exemplo torna essa idéia simples: veja-se a palavra vaca em português e em hindi. Em ambas as línguas, ela designa um animal de quatro patas que muge e pasta; mas tem conotações culturais bastante diferentes: de alimento, na primeira, e de animal sagrado, na segunda. Ao aprender a língua, o indiano e o brasileiro aprendem esses significados culturais atribuídos ao objeto. Ao usar o termo vaca, não podemos, em português, transmitir os mesmos significados que um indiano, e vice-versa. Nesse sentido, Umberto Eco (1997) diz que "somos falados pela língua", pois aquilo que podemos ou não comunicar está limitado por ela (e também aquilo que podemos pensar, pois sendo brasileiros não conseguimos imaginar a vaca como um animal sagrado; no máximo podemos compreender (racionalmente) por que ela o é para os indianos, cabendo pois à antropologia traduzir essas diferentes maneiras de "ser humano" para alargar o nosso universo de conhecimentos sobre nós mesmos. A idéia de lógica classificatória implica a noção de que, ao nomearmos uma realidade, projetamos sobre ela a forma pela qual a cultura daquela sociedade a compreende. Mas, ao mesmo tempo, definimos se o objeto ou conceito em questão pertence ao universo religioso ou laico, ou dos alimentos, da natureza, da civilização etc. O ser humano é ao mesmo tempo um animal social e cultural porque, ao aprender a língua e ao ser socializado, torna-se membro daquela cultura. Mas ser membro de uma cultura não significa apenas perten-

---

[10] Sobre o uso da antropologia em pesquisas de marketing, ver Migueles (2005).

cer a uma comunidade, mas também pensar e compreender o mundo por meio de sua cultura. Logo, a própria essência do ser humano é cultural, pois a cultura é uma precondição para a formação do pensamento e para a comunicação que a criança estabelece com os pais e a comunidade desde a primeira infância.

A cultura, portanto, não é um conjunto de absurdos, mas de formas lógicas de fazer sentido do mundo através dos sistemas de pensamento que apreendemos através da linguagem e da socialização. Esta é a noção de racionalidade apresentada em Weber: somos seres racionais, mas nossa racionalidade está construída sobre uma percepção de mundo que é simbólica.

Mas, como diz Bourdieu (1980), a cultura é como um *habitus* ou um conjunto de disposições para a ação que funciona como uma segunda natureza e que resulta da incorporação de uma estrutura estruturada que funciona como estrutura estruturante da ação. Assim como a língua, a cultura tem uma estrutura lógica (similar a uma gramática) que é estruturada e permite o seu ensino. Mas o fato de ser estruturada não significa que determine o comportamento, pois ela funciona de forma similar à língua (embora não idêntica). A língua tem uma estrutura, uma gramática, um código e um léxico, mas estes não determinam o que pode ser dito por cada indivíduo falante. A fala é resultante do emprego dessa estrutura, mas só faz sentido em relação a um contexto e à própria intenção de quem fala. Compreender a cultura não é, portanto, negar o indivíduo, e sim entender de que forma ela estrutura o seu raciocínio, seus valores e suas formas de interpretar o mundo.

Esse entendimento lança nova luz sobre a questão do comportamento do consumidor, sendo pois necessário repensar a visão clássica da economia, de maximização de utilidade como busca do prazer e evitação da dor, até porque prazer e dor são constituídos dentro da cultura (imagine-se o prazer de comer uma picanha para um brasileiro e como isso causaria repulsa a um indiano).

Portanto, ao contrário da economia e da psicologia, que esperam poder produzir conhecimentos com algum grau de validade externa e generalizáveis para todos os seres humanos, a antropologia é uma ciência bem mais indutiva, que produz conhecimentos razoavelmente limitados aos contextos em que foram estudados. A cultura não é algo fixo ou que muda por leis conhecidas, mas pode ser compreendida, como propõe Geertz, como uma teia de significados em fluxo, mas não um fluxo isolado, pois, como afirma Giddens (1998), os sistemas de representação se constroem em interação constante com outros complexos sistemas de significados, interpretações e representações que não raro são rivais e conflitantes e que por sua vez interagem com toda sorte de pressões do meio, sejam elas de natureza econômica, políticas, estética etc. Cada sujeito na sociedade contemporânea está inserido em diferentes planos de experiência e ação sociais, devendo fazer sentido das situações que vivencia através das lógicas de pensamento que aprendeu ao longo da vida. Ao estudarmos o seu comportamento numa perspectiva antropológica, buscamos compreender como essas lógicas estão estruturadas e como elas estruturam as ações.

Referências bibliográficas

APPADURAI, A. (Ed.). *The social life of things*. New York: Cambridge University Press, 1986.

BARTHES, R. *The fashion system*. New York: Hill&Wang, 1984.

BAUDRILLARD, J. *Selected writings*. Stanford: Stanford University Press, 1988.

BERGER, Peter et al. *A construção social da realidade*. Lisboa: Dinalivro, 1999.

BOURDIEU, Pierre. *The logic of practice*. Stanford: Stanford University Press, 1980.

_____. *Distinction*. A social judgement of taste. Cambridge: Harvard University Press, 1984.

_____. *Razões práticas:* sobre a teoria da ação. Campinas: Papirus, 1996.

_____; CHAMBOREDON, J. C.; PASSERON, J. C. *A profissão de sociólogo* — preliminares epistemológicas. Petrópolis: Vozes, 2002.

BRAUDEL, Fernand. *The structures of everyday life:* the limits of the possible. London: Fontana, 1981.

_____. Identity of France. UK: Harper Trade, 1991.

_____. *Distinction*. London: Routledge & Kegan Paul, 1984.

CAMPBELL, C. *The romantic ethics and the spirit of modern consumerism*. Oxford: Blackwell, 1987.

CANCLINI, Néstor G. *Consumidores e cidadãos*. Rio de Janeiro: UFRJ, 1999.

CLAMMER, John. *Contemporary urban Japan* — a sociology of consumption. Oxford: Blackwell, 1997.

DOUGLAS, M.; ISHERWOOD, B. *The world of goods:* towards na anthropology of consumption. Harmondsworth: Penguin, 1979.

ECO, Umberto. *A estrutura ausente*. São Paulo: Perspectiva, 1997. (Coleção Estudos).

ELIAS, Norbert. *A sociedade da Corte*. Rio de Janeiro: Jorge Zahar, 2001.

FEATHERSTONE, M. *Consumer culture and postmodernism*. London: Sage, 1991.

GEERTZ, Clifford. *A interpretação das culturas*. Rio de Janeiro: LTC, 1989.

GIDDENS, Anthony. *Central problems in social theory:* action, structure and contradition in social analysis. Berkeley; Los Angeles: University of California Press, 1979.

_____. *Política, sociologia e teoria social*. São Paulo: Unesp, 1998.

_____; TURNER, J. *Teoria social hoje*. São Paulo: Unesp, 1999.

LIPOVETSKY, Gilles. *O império do efêmero:* a moda e seu destino nas sociedades modernas. São Paulo: Companhia das Letras, 1987.

MARTIN-BARBERO, Jesús. *Dos meios às mediações*: comunicação, cultura e hegemonia. Rio de Janeiro: UFRJ, 2003.

MIGUELES, Carmen. *Pesquisa:* por que administradores precisam entender disso? Rio de Janeiro: E-papers, 2005.

MILLER, Daniel (Ed.). *Material cultures:* why some things matter. Chicago: The University of Chicago Press, 1998a.

_____. *A theory of shopping*. New York: Polity & Blackwell, 1998b.

_____ et al. *Shopping, place and identity*. London; New York: Routledge, 1998.

_____; SLATER, Don. *The internet:* an ethnographic approach. Oxford; New York: Berg, 2000.

PAREKH, Bhikhu. *Rethinking multiculturalism*. Cambridge: Harvard University Press, 2000.

SLATER, Don. *Consumer culture & modernity*. Cambridge: Polity, 1997.

_____; TONKISS, Fran. *Market society*. Cambridge: Polity, 2001.

WEBER, Max. *Economia e sociedade*. Brasília: UnB, 1999. v. 1.

1

Planos de saúde: a dimensão simbólica dos contratos

Sônia Regina M. Barone

Este capítulo é de natureza bastante exploratória. Em nossa pesquisa, não encontramos nenhum estudo antropológico sobre a questão da compra de planos de saúde, nem quaisquer outros sobre o comportamento do consumidor em relação a esse serviço. O que pretendemos aqui é problematizar academicamente um conjunto de comportamentos observados na prática de gestão da Agência Nacional de Saúde Suplementar (ANS), procurando compreender a lógica que informa a percepção de realidade que engendra esses comportamentos. O mercado de planos de saúde no Brasil é regulado por um modelo inspirado na experiência norte-americana, onde a garantia da saúde não é vista como obrigação do Estado e onde o Estado não se desenvolveu com as mesmas características de paternalismo e populismo encontradas em nossa história.

Notamos, com freqüência, comportamentos em que a lógica contratual da relação entre comprador e vendedor de planos de saúde não era observada pelo consumidor, e em que a agência reguladora era vista como mediadora da relação fria com o mercado e com as empresas. Era como se a função da agência fosse levar algo do domínio protetor da casa[1] para a rua, entendida como espaço social onde predominam as relações puramente econômicas e de competição. No entanto, seria uma inverdade afirmar que os brasileiros ignoram a dinâmica das relações no mercado capitalista, ou que eles desconhecem as regras "da rua". Por que isso acontecia com os planos de saúde? Essa é a questão central que tentávamos compreender.

Nesse esforço, levantamos aqui a hipótese de que a singularidade da relação do consumidor com a saúde é que, em se tratando dessa questão, deixamos de nos relacionar com o universo das comodidades, daquilo que tem preço e pode ser comercializado no mercado, para lidar com algo que está no domínio do sagrado, como a vida humana. A saúde, portanto, está fora das relações contratuais e de mercado puras e simples, inserindo-se numa esfera das relações éticas e morais que deveria (pela lógica dos consumidores) estar acima de questões meramente econômicas. Essa hipótese surgiu a partir da leitura de Kopytoff (1986). Foi-nos especialmente útil sua observação de que está no domínio das mercadorias tudo aquilo que tem preço e pode ser trocado, e fora desse domínio o conjunto dos objetos sagrados.

Appadurai (1986) chama a atenção para o fato de que uma mercadoria é um produto feito para a troca (observação que ele atribui a Marx) e cujo valor se fixa em relação a outros bens de essência similar (ou seja, intercambiáveis). Os serviços são, da mesma forma, em nossa sociedade, objetos de comoditização. Presentes e objetos sagrados estão fora dessa esfera. Nessas esferas, é possível (e isso requer maiores investigações) que o senso de *gemeinchaft* — "comunidade", no sentido empregado por Toennies (1963) — seja ativado, mas de forma curiosamente mediada pelo Estado.

Tal qual um *iceberg*, a parte oculta dos contratos de planos de saúde leva o pesquisador a buscar teorias que ajudem a compreender as motivações do consumidor para comprar um plano de saúde. Nesse sentido, o método etnográfico permite conhecer aspectos do sistema de representações que está por trás desses contratos.

O mercado de planos de assistência à saúde pode ser caracterizado como uma arena cuja dinâmica é influenciada por diferentes atores. Um deles é a ação mediadora do Estado, exercida através da Agência Nacional de Saúde Su-

[1] No sentido proposto por DaMatta (1977).

plementar (ANS), que procura conhecer os entes regulados e suas expectativas, visando estabelecer normas para a sua adequação. Outro são as operadoras, que se relacionam com seus consumidores como num mercado de *commodities*: vendem um serviço — o plano de saúde — e recebem um valor pecuniário em troca do que oferecem. Há os prestadores desses serviços, pressionando as operadoras por melhores remunerações. E, por fim, os consumidores desses planos, que se mostram insatisfeitos e desassistidos, demandando ações que remetem a atuação da ANS para além dos limites estabelecidos quando o modelo de regulação foi proposto.

De acordo com Kopytoff (1986), no pensamento ocidental contemporâneo nós damos por certo que as coisas — os objetos e os direitos sobre eles — representam o universo natural dos bens. No pólo oposto nós colocamos as pessoas, que representam o universo da individualização e da singularização. No entanto, como ele observa, essa polarização conceitual é recente e, culturalmente falando, excepcional. As pessoas podem ser — e têm sido — comoditizadas, e inúmeras sociedades através da história, por meio de instituições conhecidas sob o rótulo genérico de escravidão, assim o fizeram. Em nossa sociedade, onde o processo de comoditização parece ter sido mais extenso e totalizante, o que observamos é a crescente singularização das pessoas, excluídas do processo de troca econômica.

A singularização é o oposto da comoditização, de forma que o singular adquire características de "sagrado", não podendo ser um meio para um fim outro qualquer. A ética kantiana, base de boa parte do nosso direito e da nossa moral, é evidência empírica dessa forma de classificação.

E a saúde também adquire essa dimensão, pois é uma precondição para a existência dessa pessoa. Assim sendo, o mercado de planos de saúde lida com "serviços" que vão muito além da esfera comercial de um mundo comoditizado. Adquirir um plano de saúde não é a mesma coisa que adquirir um bem, como um carro ou uma roupa. A relação de compra de um plano de saúde contém atributos que remetem o indivíduo ao sagrado, pois ele espera estar comprando a garantia de que sua saúde receberá a assistência a que ele faz jus, enquanto ser único e singular. Quando isso não ocorre, ele tende a confiar às esferas responsáveis — operadoras de planos de saúde e ente regulador — o apoio institucional e o conforto emocional de que necessita no momento da doença e da dor.

Consumo e necessidade

Don Slater (2002) estuda a cultura do consumo estendendo o período histórico de análise à modernidade, contrapondo-se àqueles que julgam ser esse um fenômeno mais recente, pertinente ao mundo contemporâneo. Além de ampliar a visão a respeito do consumo, ao incluir disciplinas como a sociologia, a antropologia, a história e a geografia, Slater enfatiza que a questão comum a todas elas é a natureza das condições sociais, buscando-se investigar de que forma as percepções, escolhas, vontades e desejos individuais interagem no contexto das condições sociais, instituições e sistemas.

Diferentemente do mundo moderno, as sociedades contemporâneas caracterizam-se pela contínua luta do indivíduo por estabelecer uma identidade, por efetuar escolhas entre o individual e o coletivo, entre o público e o privado, entre o global e o local, numa disputa incessante pelo poder. Em meio a esses conflitos, o consumo vem expressar o modo como se quer (ou não) viver, como a sociedade é (ou deveria ser) organizada. Expressa, ainda, a estrutura material e simbólica dos lugares em que se vive e o modo como se vive neles. No estudo da relação do sujeito com essas estruturas sociais encontra-se o conceito de necessidade.

Para Slater, o senso comum vê as necessidades, por um lado, como *naturais e evidentes*, no caso das necessidades básicas de alimentação, saúde, moradia etc.; por outro, como *arbitrárias e subjetivas*, tais como preferências, desejos e caprichos, quando decorrentes das características intrínsecas às pessoas. Entretanto, a natureza verdadeiramente social das necessidades não se coloca em termos de influências sociais por meio das quais os indivíduos são "moldados", e sim de trazerem embutidas, em sua externalização, os pressupostos de como o indivíduo pode, deve ou vai viver na sociedade. Assim, as necessidades não são apenas sociais, mas também *políticas*, uma vez que envolvem afirmações a respeito de interesses e projetos sociais. Ao afirmar que "precisa de uma determinada coisa", o indivíduo está fazendo uma declaração que indica a natureza tanto social quanto política das necessidades, pois ele pretende ter o direito a obter o que deseja, esperando que tanto os recursos materiais quanto os simbólicos, como trabalho e poder, sejam alocados de forma a sustentar a vida que quer levar.

O mais importante nessa visão é que o conceito de necessidade adquire uma dimensão mais ampla do que no pensamento utilitarista liberal. Este não contempla os fatores sociais que são fundamentais na constituição dos desejos, preferências e gostos. No entanto o indivíduo, ao definir suas preferências e procurar satisfazê-las, é orientado por forças culturais. E, estando absorto em suas crenças e verdades, dificilmente será capaz de discernir sobre suas prioridades sem a influência dos fatores sociais.

Nessa perspectiva, a cultura não "influencia" o consumo; ao contrário, a "cultura constitui as necessidades, os objetos e as práticas de que se compõe o consumo". Assim, "toda vida social é significativa, e as necessidades e usos só podem surgir no interior de um determinado modo de vida: somente em virtude da natureza cultural da vida social é que podemos ter necessidades ou identificar os objetos que possam satisfazê-las".[2]

Para alguns autores, é possível identificar o que são necessidades básicas porque sabemos quais necessidades têm que ser satisfeitas para que qualquer tipo de cultura possa se manter, ou para que qualquer indivíduo tenha condições de ser membro (de ter "participação" e uma "identidade"): primeiramente, precisam estar vivos e ser saudáveis física e mentalmente para poderem fazer parte de qualquer cultura. Assim, o modo como o indivíduo define e obtém vida, saúde e sanidade mental pode variar culturalmente, mas, até para que essa variedade possa existir, as necessidades subjacentes precisam ser satisfeitas.

Slater (2002) destaca, na relevância desses argumentos, o pressuposto de que é impossível identificar as necessidades básicas, como a fome, independentemente das formas culturais específicas que elas assumem: "vivenciamos todas as necessidades (inclusive as físicas) no interior da cultura".

Entendendo-se as necessidades básicas como aquelas necessárias à participação cultural do indivíduo, é possível reivindicar um "direito universal às condições necessárias a uma vida significativa como saúde física e mental". Entretanto, sociedades diferentes estabelecem requisitos diferentes para a vida social, pois satisfazem as necessidades de saúde (física e mental) de maneiras culturalmente específicas.

Essas abordagens consideram o consumo uma atividade *significativa*. As pessoas não consomem baseadas nos instintos, como os animais. Ao contrário, pressupõe-se que elas compreendem sua relação com as coisas do mundo — *suas necessidades* — em termos de projetos e metas, convenções e normas

---

[2] Sahlins, apud Slater (2002).

sociais, conceitos implicados em ser humano ou ser uma sociedade humana. Portanto, para Slater, *todo consumo é cultural*. Isso porque:

- envolve um significado — para "termos uma necessidade" e agirmos em função dela, precisamos interpretar sensações, experiências e situações, e dar sentido a objetos, ações e recursos tendo em vista essas necessidades;
- os significados envolvidos são significados partilhados. As próprias preferências individuais se formam no interior de culturas, pois são estabelecidas com base no idioma, nos valores, nos rituais, nos hábitos, que são de natureza social;
- todas as formas de consumo são culturalmente específicas, articuladas em torno de modos de vida significativos e específicos;
- é através dessas formas de consumo culturalmente específicas que produzimos e reproduzimos culturas. Ser membro de uma cultura implica o conhecimento dos códigos locais de necessidades e coisas.

Esse ponto é importante para o entendimento das estruturas simbólicas dos contratos de planos de saúde, pois estes refletem o modo como a sociedade brasileira construiu culturalmente a questão da saúde.

Comoditização e singularização

Para Kopytoff (1986), do ponto de vista cultural, "a produção de bens é também um processo cognitivo: os bens devem ser não apenas produzidos materialmente como coisas, mas também culturalmente sinalizados como um determinado tipo de coisas". Ele ressalta que, quando se trata da apropriação dos bens, há uma economia moral subjacente à economia objetiva, pois uma mesma coisa pode ser considerada um bem numa determinada ocasião e em outra, não. Os planos de saúde suplementar no Brasil devem ser compreendidos nessa perspectiva para que o comportamento do consumidor faça sentido: a própria idéia de oferecer programas de saúde suplementar indica a forma pela qual as funções do Estado são percebidas no Brasil. Suas obrigações e competências (ou incapacidade de prover o que se propõe constitucionalmente) informam um processo de comoditização, de formação de um mercado para esse tipo de serviço, mas afirmam, no mesmo movimento, a singularidade do serviço pela própria constituição de um ente regulador.

Ainda segundo Kopytoff, no pensamento ocidental, a idéia de objetos materiais e o direito de possuí-los representam o universo natural dos bens. Isso se expressa na polarização entre as pessoas, *individualizadas*, e os bens, *comoditizados*. Ao longo da história, em muitas sociedades o sentido de comoditização foi estendido às pessoas, por meio de instituições como a "escravidão".

A seu ver, quanto mais "primitiva" é uma sociedade, menos sagrada é a vida humana. A escravidão e os sacrifícios de vidas humanas, fatos tão comuns nesse tipo de sociedade, mostram quão diferente é o tratamento dado ao indivíduo nas sociedades capitalistas e liberais. Nestas, à crescente preocupação com o indivíduo e à sua "sacralização" corresponde o movimento oposto de crescente comoditização do mundo material, onde tudo pode ser vendido ou trocado. Nesse contexto, a vida humana adquire um valor jamais visto, assim como os direitos e a liberdade se tornam invioláveis. O indivíduo é visto como único, e o universo material lhe estaria subordinado. Nessas sociedades não se pode, por exemplo, argumentar que o custo do resgate de alguém preso num submarino no fundo do mar ou perdido numa selva é alto demais para que o Estado se disponha a providenciá-lo.

Numa sociedade onde o indivíduo é, pois, sagrado, a saúde adquire um valor intangível, pois é uma precondição para esse ser único e insubstituível existir.

O singular e o comum

O intercâmbio de bens é um aspecto universal da vida social humana. Mas, o que faz de uma coisa um *bem*? Um bem é algo que tem valor e pode ser trocado por algo equivalente. Essa troca pode ser direta ou indireta, através de dinheiro. Assim, tudo que pode ser trocado por dinheiro é um bem, qualquer que seja o seu destino.

Com esse raciocínio, Kopytoff conclui que ser vendável (ou amplamente intercambiável) é ser "comum" — o oposto de ser incomum, incomparável, único, singular e, portanto, não trocável por qualquer coisa. Conclui, também, que não há possibilidade de um bem ser trocável por tudo o mais (mercantilização total do mundo) ou ser inteiramente único, singular e introcável ("descomoditizado"). Na verdade, esses são os extremos entre os quais se expressam todas as economias.

Isso significa que o mundo natural de coisas singulares deve ser organizado em diversas classes de valor manipuláveis — ou seja, coisas diferentes têm que ser selecionadas e cognitivamente assemelhadas entre si quando colocadas em categorias distintas. Essa é a base da existência de várias esferas de troca de valores que funcionam de forma independente, buscando atingir um nível ótimo de tecnologia de trocas de bens, o que vem a caracterizar o impulso crescente para a comoditização no mundo ocidental.

Em oposição a esse movimento de comoditização de todos os aspectos da vida humana, as sociedades têm necessidade de resguardar algumas coisas que integram o seu ambiente e que são consideradas "sagradas" pela cultura e protegidas coletivamente. A cultura constitui-se, pois, na força que se opõe à comoditização; enquanto esta homogeneiza o valor, aquela o discrimina.

Assim, ao mesmo tempo em que a sociedade ocidental é altamente comercializada e monetizada, devido ao impulso avassalador da comoditização, ela é também uma entidade cultural única, sujeita a condicionamentos culturais que determinam sua forma de perceber o mundo. Um desses condicionamentos é a separação conceitual entre pessoas e coisas, isto é, as pessoas são identificadas como os territórios naturais da individuação (ou singularização) e as coisas, como os territórios naturais da comoditização.

Essa separação, visível na modernidade européia, tem suas raízes na Antigüidade clássica, onde Aristóteles já fazia distinção entre o mundo dos bens e o mundo superior do conhecimento filosófico, que existe para propiciar aos homens o belo e a felicidade, e no cristianismo, onde o indivíduo é tido como sagrado, pois é filho de Deus. Apesar de ainda haver escravidão naquele período, ela representava um problema intelectual e moral para o Ocidente.

Assim, no pensamento ocidental existe uma preocupação moral perene para com a comoditização daquilo que Kopytoff chama de atributos humanos, tais como o trabalho, o intelecto, a criatividade ou, mais recentemente, os órgãos humanos, a capacidade reprodutiva das mulheres e os óvulos.

É nesse contexto que os contratos dos planos de saúde adquirem um valor para além daquele pensado pelas operadoras. E esse valor está presente nas representações do consumidor quando ele procura a ANS, pois, ao mesmo tempo em que se percebe único e sagrado, ele vê nessa agência um órgão de governo ao qual pode recorrer quando sua saúde ou a dos seus encontra-se ameaçada.

Consumo de planos de saúde na sociedade brasileira

As pessoas vivem num universo de signos, e cada sociedade possui uma espécie de linguagem particular, um código, que designa, classifica e permite interpretar elementos que só fazem sentido naquele contexto.[3] Esse código instaura e governa a relação dos homens com a natureza e dos homens entre si, constituindo-se "nas redes de significação em que se insere o ser humano [e que] orientam seus movimentos, sua capacidade concreta de atuação e sua possibilidade de interpretar a matéria significante que o envolve".[4]

A cultura brasileira é descrita, em boa parte da literatura sociológica, como marcada por fortes traços de paternalismo e lealdades pessoais. O esquema "casa-grande e senzala" expressava as mediações que esses valores criavam numa sociedade profundamente marcada pela desigualdade. Com o desenvolvimento de uma sociedade industrial, o sistema agrário passa a ter menos influência na economia nacional, e a ordem escravocrata e patriarcal procura acomodar aos seus interesses as novas ideologias de livre-iniciativa e competição, redefinindo-as econômica, social e politicamente. Esses novos valores convivem com privilégios e favores concedidos àqueles com os quais os poderosos mantêm relações de amizade e troca de interesses.[5] Assim, os fundamentos da idéia de mercado e capitalismo que se instala na sociedade brasileira, em vez de se pautarem pela noção de que todos são iguais perante a lei, são minados pelas relações personalistas, dando origem ao patrimonialismo e à dominação patriarcal. A noção de individualismo nasce a partir da vontade do senhor ou chefe, impondo-se de cima para baixo.[6] O núcleo familiar centrado na figura do patriarca é regido por princípios de laços de sangue e de coração. Por conseguinte, sua unidade básica não está nos indivíduos, mas na *relação*. O que vale não é a figura do cidadão, mas a malha de relações estabelecidas por pessoas, família, grupos de parentes e amigos.

A sociedade brasileira estrutura-se, pois, a partir de um complexo sistema de relações sociais que a sustenta e que é imposto a seus membros. Anali-

---

[3] Ver Motta e Caldas, 1997.

[4] Rocha, 1996:32-33.

[5] Ver DaMatta, 1997.

[6] Ver Freitas, 1997.

sando essa capacidade relacional, DaMatta (1997) utiliza-se de duas "categorias sociológicas" para tentar entender o código de valores e idéias da sociedade brasileira: "a casa" e "a rua". Mais que meros espaços geográficos, elas constituem esferas de ação social que encerram cada qual uma forma de ler, explicar e falar sobre o mundo.

Na "casa" os discursos ressaltam as pessoas e têm grande intensidade emocional. Nessa linha, manifestam-se com mais vigor os costumes que têm marcado a formação e a estrutura da sociedade brasileira. Aqui, o tempo é percebido de forma cíclica, reproduzindo-se continuamente. Esse espaço fundamenta-se na amizade, na lealdade, na pessoa e no compadrio; é dominado pela família, pela hospitalidade; nele não há indivíduos, todos são "pessoas", mas há espaço para o otimismo e o culto à originalidade.

Na "rua" os discursos são mais rígidos e instauradores de novos processos sociais. É o espaço de individualização, de luta, onde cada um deve zelar por si. Baseia-se em leis universais, numa burocracia antiga e profundamente ancorada entre nós, e num formalismo jurídico-legal. É o espaço da emoção disciplinada. Aí os atores são as classes sociais e os modos de produção. A lógica prevalecente é a da linguagem institucional, dos macroprocessos históricos. O discurso é mais denso e cerrado, e o tempo é linear, cumulativo e histórico.

Essas linhas interpretativas falam de uma sociedade que atua por meio de códigos sociais complementares. Tais códigos estão presentes nas manifestações do consumidor e na forma de atuação da ANS, conforme se verá adiante.

A regulação em saúde

"A saúde é um direito de todos e dever do Estado", dispõe a Constituição Federal de 1988 ao instituir um sistema único para as ações e serviços públicos de saúde, de caráter descentralizado, o Sistema Único de Saúde (SUS), com características de universalização, gratuidade e integralidade (art. 196). Estabelece, também, que as ações e serviços de saúde são de relevância pública, devendo o poder público dispor sobre a sua regulamentação, fiscalização e controle (art. 197).

No mercado privado, a regulação tem início em junho de 1998 com a Lei nº 9.656, dispondo sobre os planos privados de assistência à saúde que operavam há mais de 30 anos sem qualquer forma de controle estatal. A falta de normas claras que estabelecessem parâmetros para o funcionamento do setor motivou o processo de regulação desse mercado, então em franco crescimento. Em janeiro de 2000, através da Lei nº 9.961, foi instituída a Agência Nacional de Saúde Suplementar.

A Agência Nacional de Saúde Suplementar — ANS

A nova entidade estatal, criada sob a forma de agência reguladora, tem por finalidade normatizar, regular e fiscalizar as atividades de assistência suplementar à saúde no território nacional. Compete-lhe estabelecer normas visando ao funcionamento equilibrado do setor e ao acompanhamento das ações dos entes regulados: as operadoras de planos de saúde, os consumidores, os prestadores de serviço e o Estado.

Sua missão institucional é promover a defesa do interesse público na assistência suplementar à saúde, regulando as operadoras setoriais, inclusive em suas relações com os prestadores de serviços assistenciais e os consumidores.

A regulação orienta-se para duas dimensões: a dimensão econômico-financeira, onde são definidas as condições de ingresso, de operação e de saída do setor, exigindo-se das operadoras a constituição de reservas econômicas e garantias que demonstrem sua capacidade econômico-financeira para cumprir os contratos firmados, como forma de oferecer segurança ao consumidor.

Na segunda dimensão, de assistência à saúde, a regulação determina que todas as operadoras adotem, como conceito de plano de atenção integral à saúde, um plano-referência com cobertura obrigatória de todas as doenças classificadas no Código Internacional de Doenças (CID). Esse plano-referência passa a ser o *único* modelo de plano aprovado para comercialização. Ao consumidor é dado o direito de optar por um plano com coberturas inferiores, respeitados determinados limites, uma espécie de "plano básico". O foco da regulação são os mecanismos de acesso, tais como a proibição de limites de consultas e internações. A proteção ao consumidor é reforçada com o controle dos preços e dos reajustes por faixa etária, estando proibidos a seleção de risco e o rompimento unilateral do contrato com os usuários de planos individuais.

A relação com o consumidor é pensada a partir da instalação de acessos destinados à recepção de consultas e denúncias. Foram instituídos os programas "Cidadania ativa", que visa estimular a participação do cidadão na defesa de seus direitos, e "Olho vivo", que tem como foco a fiscalização permanente das operadoras, no intuito de verificar o equilíbrio econômico-financeiro, a conformidade legal e o padrão de qualidade dos serviços por elas prestados. Foi também instalada uma central de atendimentos, Disque ANS, para dúvidas, reclamações ou denúncias do consumidor.

Perspectiva do consumidor

O modelo de regulação dos planos de saúde foi originariamente concebido em sociedades e contextos culturalmente específicos, bastante diferentes da sociedade brasileira. Considerando que foi formulado dentro de uma concepção liberal que considera a capacidade de sujeitos racionais e informados para tomar decisões de acordo com seus próprios interesses, ignorou-se, até por desconhecimento dessas possíveis variações culturais e de seu impacto no mercado, que tal comportamento pudesse não ocorrer necessariamente na sociedade brasileira, onde o indivíduo passa por alguém oprimido por uma realidade social e cultural e que precisa a ela se submeter.[7] Essa percepção de indivíduo enquanto ator social relaciona-se mais à capacidade de resistir ao poder ou à dependência de orientação estatal para agir. No campo da saúde, universo de sacralização do sujeito, prevalece a expectativa do consumidor em relação à ANS, que representa o poder estatal ao qual compete, em última instância, "cuidar" dele, esse ser único e singular, mediando as possíveis injustiças do mercado para garantir o seu direito à vida.

A utilização de uma abordagem antropológica nesse contexto permite perceber os seres humanos como seres sociais e de cultura,[8] que compreendem suas necessidades e as formas de satisfazê-las de acordo com a forma com que culturalmente as entendem, isto é, de acordo com as visões de mundo de seu grupo cultural. O consumidor de planos de saúde entende sua necessidade de proteger a saúde como um compromisso compartilhado com o governo, o qual se transforma na esfera onde ele pode depositar suas expectativas nos momentos de dor.

Para incorporar esses elementos foi utilizada a observação participante, o que possibilitou demonstrar como essas representações interferem na percepção dos consumidores, dificultando o entendimento do papel da ANS. Da mesma forma, o papel das operadoras não é adequadamente percebido: o consumidor não alcança a extensão do teor do contrato firmado, pois seu imaginário não lhe permite compreender os limites presentes no contrato ou mesmo o que vem a ser, de fato, um "plano de saúde".

---

[7] Sobre o entendimento cultural do que vem a ser um indivíduo, ver Dumont (1997). Sobre a visão liberal e seu impacto em outras sociedades, ver Parekh (2000).

[8] Ver Geertz, 1989.

Depoimentos

1. Reajuste na contraprestação pecuniária (reajuste de mensalidade):

O consumidor procurou a ANS para apresentar queixa contra a operadora devido ao aumento em sua mensalidade decorrente de mudança de faixa etária. Mostrava-se bastante disposto a enfrentar a operadora, pois tinha certeza de que estava sendo vítima de um erro (ou injustiça) e que a ANS esclareceria o fato. Pediram-lhe um prazo para estudar a questão.

Após análise junto aos setores competentes, concluíram que o reajuste fora autorizado pela ANS e estava correto. Entraram em contato com o usuário para informá-lo do resultado da análise. Ao saber que a operadora estava correta e que o caso seria arquivado, o consumidor sentiu-se *prejudicado*, visto que o reajuste era superior ao valor com que ele poderia arcar, e *desamparado*, pois o mesmo fora autorizado pela ANS e ele não tinha mais a quem recorrer.

2. Urgência/emergência:

O consumidor procura a ANS para relatar a negativa de atendimento de internação de urgência/emergência, por parte da operadora, para um dependente seu. Tal negativa, segundo ele, era "absurda", pois o caso era tão grave que a pessoa fora direto para a UTI. Registrada a denúncia, procedeu-se à diligência pertinente ao caso. Constatou-se que a situação de fato ocorrera e que o dependente fora internado diretamente na UTI.

Após a diligência, analisando-se as condições contratuais, verificou-se ser o consumidor portador de um contrato novo (posterior à legislação) em que o plano fora contratado pouco tempo antes (estando, portanto, em fase de cumprimento de carência) e garantia cobertura de atendimento ambulatorial mais hospitalar. O tipo de plano que o consumidor possuía dava-lhe direito ao atendimento, limitado às 12 primeiras horas devido ao cumprimento de carência, em nível ambulatorial, não em UTI.

De acordo com a Lei nº 9.656/98 e suas regulamentações, nos casos em que o consumidor não é detentor do plano-referência, não há cobertura para urgência/emergência em UTI, cabendo no entanto à operadora providenciar a internação do paciente em hospitais da rede do SUS, bem como sua remoção.

Também nesse caso o consumidor declarou sentir-se *frustrado*, porque nunca atentara para tais "detalhes" contratuais, e *desprotegido*, por não poder "contar" com a agência em momento tão difícil.

3. Cobertura em UTI neonatal em contrato antigo:

O consumidor procura a ANS *indignado* porque o plano de saúde recusou-se a cobrir despesas de UTI neonatal para seu filho recém-nascido. O bebê nascera com um pequeno problema cardíaco que exigia tratamento especializado em UTI, sem o que a sua vida estaria em risco. A denúncia foi registrada e procedeu-se à diligência pertinente ao caso. Constatou-se que o bebê era dependente da mãe, que por sua vez era dependente no plano de saúde de seu pai, recém-falecido. Como ainda não havia sido feita a mudança de titularidade no contrato, firmado antes da legislação, não havia cobertura para os procedimentos assistenciais que estavam sendo praticados.

A denúncia era, pois, improcedente, e o consumidor sentiu-se confuso e *desorientado*, pois não lhe havia ocorrido, ao longo da gestação da companheira, atentar para as condições do contrato. Quando surgiu o problema, procurou a ANS na certeza de que encontraria uma solução favorável.

A questão foi resolvida após negociação do próprio consumidor com o plano de saúde, visto que a permanência do bebê seria de fato mínima, sem maiores riscos de cirurgia.

4. Contrato coletivo:

Trata-se de demanda referente a contrato coletivo, que é aquele firmado por empresas com operadoras de planos de saúde visando oferecer esse tipo de assistência como uma forma de benefício aos seus empregados.

O consumidor apresentou queixa contra a operadora alegando negativa de atendimento pela rede credenciada. Ao solicitar autorização para um procedimento médico, o atendimento lhe foi negado, pois a operadora alegou que o contrato com a empresa onde o consumidor trabalhava fora cancelado a pedido da mesma.

Após diligências verificou-se que, de fato, o contrato fora cancelado pela empresa contratante. Sendo a rescisão de livre negociação entre as partes (empresa contratante e operadora), verificou-se não ter havido infração à Lei nº 9.656/98. O consumidor manifestou forte sentimento de revolta, por não ter sido informado por sua empresa, e de *desamparo*, pois não sabia como iria fazer sem a garantia de um plano médico.

5. Negativa de internação:

A consumidora dirigiu-se à ANS indignada com a negativa de internação do plano de saúde para sua mãe, em estado adiantado de doença terminal. Mais revoltada estava porque a paciente já vinha se tratando há muito tempo, fora internada várias vezes e nunca recebera tal negativa.

Fizeram-se diligências para verificar a procedência da negativa. A alegação era que, por ser a internação em outra cidade, o convênio que a operadora tinha naquela localidade estava suspenso. Dada a urgência do caso, a consumidora foi orientada a entrar na Justiça comum e pedir uma liminar autorizando a internação, enquanto as partes procuravam um entendimento. A sensação descrita pela consumidora foi de *impotência* diante dos limites de atuação da própria ANS, que poderia, quando muito, autuar a operadora, mas não obrigá-la a fazer a internação necessária, e de *desamparo*, por não ter a quem recorrer.

Inúmeros outros depoimentos podem se somar a esses, todos ilustrando situações em que as pessoas encontram-se abaladas emocionalmente, sem capacidade de discernir com clareza e revoltadas contra as operadoras. Chamou a atenção a presença de profissionais de nível superior, inclusive um médico, entre os depoentes. E nesses testemunhos, quase desabafos, pôde-se constatar forte emoção e a dificuldade de entendimento dos aspectos contratuais. Mas a mensagem implícita nos depoimentos é que o Estado, como instância mediadora, não deveria ou não poderia, moralmente, aderir à letra fria dos contratos em situações dessa natureza, subordinando a vida ao lucro das operadoras.

Considerando os elementos conceituais anteriormente analisados, pode-se afirmar que a "necessidade" aqui era de urgência, vida, sobrevivência! E as respostas da ANS foram tomadas como uma forma de "limitação" ou de "impotência" diante dos problemas. Ao indivíduo restava apenas sentir-se desamparado. É importante perceber que essa lógica é reproduzida e reforçada pelas leis e regras institucionais, que naturalmente são um produto dessa mesma cultura.

Ao adquirir um plano de saúde, o consumidor adquire também a sensação de "estar garantido" quanto à provisão dos recursos necessários à sua saúde. Quando o acesso a tais serviços não lhe é facultado em função das condições contratuais, ele considera isso moralmente inaceitável, pois a seu ver os recursos deveriam ser alocados para garantir-lhe o bem-estar. Ao recorrer à ANS para mediar o conflito, ele o faz na certeza de que obterá a ajuda de que necessita (a "casa").

A ANS representa para esses consumidores a possibilidade — talvez a única — de conseguir resolver o seu caso. Em tais circunstâncias, razão e emoção se misturam, e no íntimo de cada um se forma a convicção de que há "alguém a quem recorrer", "alguém que vai olhar por nós". Assim, a ANS personifica aquela instância do poder público que, transcendendo sua missão institucional, vai garantir-lhe a saúde e a vida. Quando tal não ocorre, a sensação é de desamparo, frustração, revolta.

Conclusão

No início deste artigo apresentamos alguns dos principais aspectos relacionados com a questão dos planos de saúde e a dimensão simbólica dos contratos na perspectiva dos consumidores. Apesar da forte comoditização do mercado, comprar um plano de saúde não é a mesma coisa que comprar um bem.

O aspecto simbólico presente na relação entre o consumidor e o plano de saúde é ignorado pelos atores do mercado de saúde suplementar, que usam a lógica do pensamento institucional e de seu campo de conhecimento para conceber a regulação no Brasil.[9] Isso se torna evidente quando a agência reguladora do setor é chamada a intermediar alguma questão entre o consumidor e a operadora dos planos. Por não estarem preparados para compreender o ponto de vista do consumidor, aqueles atores encontram maiores dificuldades para obter um acordo. Essa falta de entendimento dificulta, também, a elaboração de programas e propostas para reduzir a irracionalidade nas relações de mercado resultante dessa lógica de percepção. A qualidade da regulação e a eficiência do mercado dependem do bom entendimento, por parte de todos os atores, das características do serviço e dos contratos propostos.

Assim, propomos a adoção de uma abordagem antropológica que, através da aplicação de alguns pressupostos teóricos, permita identificar os elementos presentes nas motivações dos consumidores para adquirirem um plano de saúde.

---

[9] Sobre as formas pelas quais a lógica de um determinado campo de conhecimento influencia a leitura social da realidade, ver Douglas (1998).

O estudo das necessidades revela aspectos significativos para o entendimento da gramática simbólica dos contratos de planos de saúde. A saúde figura entre as necessidades consideradas básicas ou vitais. Ao procurar satisfazê-las, o indivíduo expressa elementos de sua cultura, ou seja, mostra como a sociedade encontra-se organizada para lidar com elas.

A estrutura conceitual aqui examinada permite identificar aspectos que passariam despercebidos a um olhar teoricamente desinformado. Se o consumo é entendido como um fenômeno cultural, é preciso buscar teorias que ajudem a compreender as estruturas que motivam e sustentam o ato de consumir. Na questão da saúde, toda ação se reveste de fortes elementos simbólicos: desde a forma com que a sociedade lida com a doença, através de suas crenças e valores, passando pelas operadoras e prestadores de serviço, até o modo como as instâncias de governo se comprometem com a provisão desses serviços. Barone (2003) detecta traços característicos da herança cultural brasileira no comportamento do consumidor de planos de saúde e aponta deficiências no sistema de atendimento da agência reguladora do setor no que se refere à incorporação das estruturas simbólicas presentes nas demandas desses consumidores.

Por se tratar de um setor voltado ao atendimento de uma necessidade básica do indivíduo, convém estender o campo de estudos aos demais atores do mercado de saúde suplementar, de forma a complementar o trabalho desenvolvido por Barone. A ação regulatória em muito se enriquecerá com novas contribuições à formulação de estratégias que aproximem os entes regulados e aumentem a efetividade de suas ações.

Referências bibliográficas

APPADURAI, Arjun (Ed.). *The social life of things:* commodities in culture perspective. Cambridge: Syndicate of the University of Cambridge, 1986.

BANCO MUNDIAL. O Estado num mundo em transformação. In: *Relatório sobre o Desenvolvimento Mundial.* Washington, DC: Banco Mundial, 1997.

BARONE, Sônia R. M. *A regulação no mercado de planos de saúde:* a ação do consumidor e a estratégia da Agência Nacional de Saúde Suplementar — ANS. Dissertação (Mestrado em Administração Pública) — Escola Brasileira de Administração Pública e de Empresas, FGV, Rio de Janeiro, 2003.

BRASIL. *Constituição da República Federativa do Brasil: promulgada em 5 de outubro de 1988.* 10. ed. São Paulo: Saraiva, 1994.

_____. Lei nº 9.656, de 3 de junho de 1998. Dispõe sobre os planos de saúde e as operadoras de planos de saúde. *Diário Oficial da República Federativa do Brasil*, Brasília, DF, 4 jun. 1998. p. 1, coluna 1.

_____. Medida Provisória nº 2.012 de 30 de dezembro de 1999. Cria a Agência Nacional de Saúde Suplementar — ANS e dá outras providências. *Diário Oficial da República Federativa do Brasil*, Brasília, DF, 31 dez. 1999.

_____. Lei nº 9.961, de 28 de janeiro de 2000. Cria a Agência Nacional de Saúde Suplementar — ANS e dá outras providências. *Diário Oficial da República Federativa do Brasil*, Brasília, DF, 29 jan. 2000. Seção Extra. p. 5, coluna 2.

_____. Resolução da Diretoria Colegiada nº 95. Altera o regimento da Agência Nacional de Saúde Suplementar e dá outras providências. *Diário Oficial da República Federativa do Brasil*, Brasília, DF, 5 fev. 2002. Seção 1.

_____. Ministério da Saúde. Agência Nacional de Saúde Suplementar. *O impacto da regulamentação no setor de saúde suplementar*. Rio de Janeiro: ANS, 2001a. (Série ANS, 1).

_____. *Integração do setor de saúde suplementar ao sistema de saúde brasileiro (3 anos da lei 9.656)*. Rio de Janeiro: ANS, 2001b. (Série ANS, 2).

_____. *Relatório dos resultados da pesquisa de opinião pública com usuários de planos de saúde*. Rio de Janeiro: ANS, 2002a.

_____. *Tendências e desafios dos sistemas de saúde nas Américas*. Rio de Janeiro: ANS, 2002b. (Série ANS, 3).

BRESSER-PEREIRA, Luiz Carlos. Uma nova gestão para um novo Estado: liberal, social e republicano. *Revista do Serviço Público*, Brasília, Enap, v. 52, n. 1, p. 5-24, jan./mar. 2001.

_____; SPINK, Peter K. *Reforma do Estado e administração pública gerencial*. 4. ed. Rio de Janeiro: FGV, 2001.

CANCLINI, Nestor García. *Consumidores e cidadãos*: conflitos multiculturais da globalização. Rio de Janeiro: UFRJ, 1995.

DAMATTA, Roberto. *A casa e a rua*. 5. ed. Rio de Janeiro: Rocco, 1997.

DOUGLAS, Mary. *Como as instituições pensam*. São Paulo: Edusp, 1998.

DUMONT, Louis. *Homo hierarchicus:* o sistema de castas e suas implicações. São Paulo: Edusp, 1997.

FREITAS, Alexandre Borges de. Traços brasileiros para uma análise organizacional. In: MOTTA, Fernando C. Prestes; CALDAS, Miguel (Orgs.). *Cultura organizacional e cultura brasileira*. São Paulo: Atlas, 1997.

FREYRE, Gilberto. *Casa-grande e senzala*. 46. ed. Rio de Janeiro: Record, 2002.

GEERTZ, Clifford. *A interpretação das culturas*. Rio de Janeiro: LTC, 1989.

GIOVANELLA, Lígia; RIBEIRO, José Mendes; COSTA, Nilson do Rosário. Defesa dos consumidores e regulação dos planos de saúde. In: *Regulação e saúde*: estrutura, evolução e perspectivas da assistência médica suplementar. Rio de Janeiro: ANS, 2002.

HALL, Stuart. *A identidade cultural na pós-modernidade*. 6. ed. Rio de Janeiro: DP&A, 2001.

KOPYTOFF, Igor. The culture biography of things: commoditization as process. In: APPADURAI, Arjun (Ed.). *The social life of things*. Cambridge: Cambridge University Press, 1986.

MOTTA, Fernando C. Prestes; CALDAS, Miguel (Orgs.). *Cultura organizacional e cultura brasileira*. São Paulo: Atlas, 1997.

PAREKH, Bhikhu. *Rethinking multiculturalism:* cultural diversity and political theory. Cambridge: Harvard University Press, 2000.

SLATER, Don. *Cultura do consumo e modernidade*. São Paulo: Nobel, 2002.

TOENNIES, Ferdinand. [1887]. *Community and society*. New York: Harper & Row, 1963.

2

A escolha de planos de saúde pelo consumidor: uma visão antropológica

Flávio Alcoforado

Este capítulo pretende demonstrar a importância de uma visão antropológica do processo decisório do consumidor de serviços de assistência à saúde no Brasil, verificando como ele utiliza sua percepção de confiança na marca e nos valores e significados que a compõem para decidir-se sobre a contratação de um plano de saúde. Partimos da observação de que a marca do plano de saúde é uma variável importante e decisiva na contratação do serviço de uma empresa operadora do setor, pois influencia fortemente na formação do sistema de representações do consumidor sobre a empresa e o serviço, embora ele não saiba ao certo o que está contratando em termos de qualidade e quantidade.

A idéia de pesquisar o assunto surgiu quando o autor exercia funções na Agência Nacional de Saúde Suplementar (ANS), órgão regulador da atividade de planos de saúde no Brasil, mais especificamente na área de fiscalização, que compreende algumas atividades de atendimento ao consumidor desses serviços. Com base na literatura sobre regulação do mercado de planos de saúde e na prática verificada, constata-se que esse mercado é assimétrico em relação às informações sobre os produtos comercializados. Essa assimetria ocorre porque o consumidor não tem conhecimento técnico para formar juízo e realizar escolhas informadas. Investigamos como esse consumidor decide, dada essa assimetria, e constatamos que ele o faz com base nos elementos simbólicos disponíveis que lhe dão a sensação de segurança. Esses elementos simbólicos, relacionados a confiança e segurança, estão presentes na marca forte das empresas e são transmitidos ao consumidor pelos meios de comunicação de massa. Verificamos que, através dos métodos de observação e interpretação da realidade disponíveis na antropologia do consumo, seria possível explicar o fenômeno do significado presente no produto e nas relações estabelecidas nesse mercado, e assim entender, especificamente, a lógica da escolha, pelo consumidor, de um plano de saúde em detrimento de outro.

Para tanto foram utilizados dados da Agência Nacional de Saúde Suplementar (ANS), órgão regulador do setor, e de uma pesquisa de opinião pública com usuários de planos de saúde, bem como informações resultantes da aplicação de questionários próprios para este estudo.

Há uma relação entre as formas históricas de desenvolvimento do mercado de planos de saúde no Brasil, as tendências da cultura brasileira e o comportamento do consumidor desses planos. Partiremos de uma breve contextualização histórica para depois investigar como as escolhas se formam nesse contexto.

O consumidor de planos de saúde é, sem dúvida, o agente desse mercado que se encontra em maior desvantagem perante os demais, pois não detém todo o conhecimento técnico necessário para efetuar a compra e, na maioria das vezes, não compreende as regras contratuais que definem a sua relação com a operadora cujos serviços contratou. Além disso, não possui conhecimento especializado suficiente para estimar ou prever sua necessidade pessoal em matéria de saúde. A questão não se resume apenas à quantidade ou qualidade das informações disponíveis, mas envolve também o custo individual de processar e interpretar essas informações, pois a escolha adequada depende de inúmeros conhecimentos especializados que não estão ao alcance do consumidor isolado.

Isso o impede de avaliar todas as cláusulas do seu contrato de plano de saúde, e nossa pesquisa mostra que os consumidores têm apenas uma vaga informação sobre os mais corriqueiros procedimentos médicos a que eles ou conhecidos seus se submetem. O consumidor também desconhece suas garantias e direitos, já previstos em lei.

A pesquisa mostra, também, que a imagem das empresas de planos de saúde, tal como percebida pelos consumidores, é favorável porque, apesar de desconhecerem informações técnicas, eles consideram as empresas sólidas economicamente. Isso nos leva às questões centrais deste artigo: em que bases ou de que maneira o consumidor forma essa imagem? De que modo ela está vinculada ao seu processo decisório? Qual é a influência dessa escolha por marca ou imagem no funcionamento do mercado de saúde no Brasil? Ou, ainda, que implicações ela traz para uma concorrência saudável entre os planos? Serão essas questões pertinentes para a agência reguladora?

Tudo indica que o consumidor em geral tem uma percepção negativa do serviço público de assistência à saúde, de modo que precisa contratar um plano de saúde para se sentir protegido. Todas as justificativas apresentadas para não se ter um plano de saúde são de ordem financeira.

Nota-se, também, que o consumidor não escolhe entre ter ou não ter um plano de saúde: tão logo tenha condições financeiras de contratá-lo ele o fará, e o processo de escolha se efetua em relação à operadora a ser contratada.

Ademais, a pesquisa mostra que o principal dado que o consumidor leva em conta em sua escolha é a segurança, a qual é medida pelo porte da empresa a ser contratada. E esse porte é avaliado tão-somente por meio de informações diretas e/ou metáforas que estão presentes nas campanhas publicitárias das operadoras.

O sistema de saúde brasileiro: o público e o privado

Desde a formação do sistema de saúde brasileiro, sempre houve entidades públicas e privadas participando das atividades finalísticas da medicina como prestadores de serviços de saúde à população. Segundo Bahia e Viana (2002), as características e a organização desses mercados variam de acordo com o contexto histórico de cada país.

Com o advento do Sistema Único de Saúde (SUS) no Brasil, passou-se a definir de forma clara a participação das esferas pública e privada na prestação e controle dos serviços de saúde, de modo que a operação ou execução dos serviços ficou predominantemente nas mãos de instituições privadas que, conveniadas com a rede pública, executam os serviços finalísticos de atendimento à população. Essa orientação também está de acordo com os fundamentos da reforma do Estado iniciada em 1995.

O momento atual evidencia mudanças nas participações pública e privada. E, assim, estimula a reorganização institucional das relações entre essas instâncias, na área da saúde, em consonância com as transformações das funções e do papel do Estado. A presente fase dos sistemas de saúde caracteriza-se pela introdução de mecanismos de mercado na provisão dos serviços; pelas proposições de renúncia do Estado à responsabilidade por essas funções e pelo fortalecimento da oferta e das despesas privadas em saúde.[1]

Assim, os prestadores de serviços de saúde privados atendem tanto aos que são servidos pelo sistema público (qualquer cidadão) quanto àqueles que optaram por um atendimento especial, sem filas e esperas, vinculando-se a um plano de saúde ou adquirindo os serviços privados diretamente.

No plano da oferta, o sistema de saúde brasileiro é composto, principalmente, por serviços privados. E constitui-se num dos maiores mercados de compra e venda de serviços de saúde no mundo. Essa realidade forçou a separação, em nosso país, do financiamento e da provisão desses serviços antes mesmo que esta recomendação fosse incluída na de reformas do sistema sanitário. Esse grande mercado privado — profissionais médicos, ambulatórios, hospitais, serviços diagnóstico-terapêuticos, laboratórios — vende serviços de saúde tanto para o setor público quanto para os planos e seguros privados.[2]

Descrevendo a evolução do mercado de saúde no Brasil, Bahia e Viana salientam que inicialmente os planos de saúde eram planos hospitalares comercializados por hospitais específicos ou associados para prestar os serviços em suas próprias dependências. O foco dos planos de saúde era predominantemente coletivo, isto é, o interesse era vendê-los a empresas que os utilizavam como benefício para os seus empregados. Além disso, observava-se a coexistência do sistema público com os planos de saúde em redes credenciadas compartilhadas.

[1] Bahia e Viana, 2002:9.

[2] Ibid., p. 10.

> No início dos anos 80, havia cerca de 15 milhões de clientes dos planos de saúde — excetuando-se os de planos próprios — registrados pela Associação Brasileira de Medicina de Grupo (Abramge) e pela Federação das Unimeds. Esses números revelavam a persistência e a consolidação das empresas de planos de saúde como alternativas assistenciais para os trabalhadores especializados da região Sudeste. (...) No final da década de 80, revelou-se a existência do vultoso mercado de planos de saúde. Ao mesmo tempo, houve a intensificação da comercialização de planos individuais, a entrada decisiva de grandes seguradoras no ramo da saúde, a adesão de novos grupos de trabalhadores à assistência médica supletiva — em particular, funcionários públicos da administração direta, das autarquias e das fundações — e a vinculação inequívoca da assistência privada ao financiamento da assistência médica suplementar. Com esse processo de expansão, acentuou-se a organização de sub-redes, fragmentando-se cada vez mais o sistema. Assim, um hospital, conveniado, simultaneamente, com o SUS e com inúmeras empresas de assistência suplementar, podia tornar-se, também, empresa de plano de saúde.[3]

Ainda sobre a relação entre as esferas pública e privada no sistema de saúde brasileiro e sua segmentação e complementaridade, diz Negri (2002:3): "pensar o gerenciamento da saúde no Brasil leva ao estabelecimento de dois grandes blocos: o atendimento privado e o público". Segundo ele,

> O sistema privado de saúde começa nos anos 60 no ABC paulista, quando da introdução das grandes montadoras internacionais de veículos. A organização sindical e a forma de atuar daquelas empresas levaram à adoção de benefícios na área da saúde. Foi tal a expansão do modelo no país, que hoje cerca de 25% da população tem algum tipo de atendimento privado, dos planos ambulatoriais mais simples aos mais complexos. Apesar de sua dimensão, o setor ficou até recentemente sem regulamentação. Apenas em 1998 conseguiu-se aprovar no Congresso Nacional, com o apoio dos parlamentares sensíveis, um projeto que já esperava 10 anos.[4]

Quanto ao setor público, grande parte da população é dependente dele. Sua concepção e implementação duraram vários anos até sua consolidação na Constituição de 1988.

---

[3] Bahia e Viana, 2002:14.

[4] Negri, 2002:3.

O segundo bloco é representado pelo atendimento público, prestado através do Sistema Único de Saúde, consolidado na Constituição de 1988 após um desenvolvimento de vários anos. Seu financiamento deve ser partilhado entre os três níveis de governo, federal, estadual e municipal, basicamente por meio de recursos da seguridade social. Ao setor público compete, na prática, garantir o atendimento de cerca de dois terços da população, os chamados popularmente de SUS-dependentes, isto é, a parcela da população atendida exclusivamente por ele. Hoje o SUS possui perto de 60 mil unidades de saúde para atendimento ambulatorial espalhadas por todo o país, além de uma rede de 6.500 hospitais públicos, privados contratados e privados filantrópicos. O sistema público é responsável por 12 milhões de internações hospitalares e por um número maior ainda de atendimentos ambulatoriais, envolvendo milhares de profissionais.[5]

É importante ressaltar o tamanho do sistema público de saúde e a necessidade de seu fortalecimento, já que a esfera de saúde privada pressupõe, necessariamente, a capacidade de pagar uma mensalidade que não é acessível à maior parte da população. Entretanto, o sistema privado, que constitui a opção de uma parte dos cidadãos, termina por caracterizar-se como complementar ao SUS, que não é único mas é público, possibilitando aos cidadãos tornarem-se consumidores de assistência à saúde.

A necessidade de serviços públicos de saúde de caráter universal e a importância do Sistema Único de Saúde (SUS) na sua prestação são quase uma unanimidade entre os estudiosos, planejadores e implementadores de políticas na área de saúde. Apesar de todos os seus percalços, considera-se que o sistema público organizado no SUS significou um enorme avanço na democratização do atendimento à saúde no Brasil. Sabe-se que um contingente enorme de pessoas depende exclusivamente do sistema de saúde gratuito. Ribeiro (1993) estimava que cerca de 80% da população brasileira só tenham acesso aos serviços de saúde prestados pelo SUS.[6]

Os sistemas público e privado de assistência à saúde no Brasil atuam de forma complementar, e seu relacionamento e interdependência são importan-

---

[5] Negri, 2002:3.

[6] França, 2002:3.

tes para o funcionamento da política de saúde no país na medida em que, entre outras coisas, desoneram parte do sistema público através do deslocamento da parcela da população que opta pelo atendimento no sistema privado, considerado legalmente como suplementar.

O consumidor de planos de saúde

O consumidor geralmente escolhe seus médicos por meio de indicações de confiança, associando-os à esfera de conhecimento que representam, e assim procede também na escolha da empresa prestadora de serviços de assistência à saúde. É um bom método quando não se dispõe de informação objetiva e confiável sobre esses serviços. Mas, principalmente na escolha do plano de saúde, isso pode acarretar riscos imprevistos para o consumidor, pois nesse caso os serviços são de natureza continuada e criam-se direitos com o tempo de contratação com a empresa operadora. Se a empresa vier a ter problemas financeiros ou com a administração de sua rede credenciada, o investimento do consumidor ficará prejudicado, sobretudo no caso de idosos, que têm mais tendência a apresentar quadros clínicos e sintomas de doenças crônico-degenerativas. Vale lembrar que algumas operadoras sofreram intervenção da ANS, órgão público regulador do setor, por estarem em grave situação econômico-financeira, apesar da boa reputação conquistada entre a população, graças principalmente à propaganda maciça, inclusive através de depoimentos de figuras públicas de credibilidade. Foi o que ocorreu com as operadoras Unimed São Paulo, Miller e Adress, entre outras.

As operadoras de planos de saúde investem muitos recursos em campanhas de publicidade de massa que focalizam exclusivamente a confiança a ser transmitida à população, sem dar informações técnicas sobre seus produtos ou sobre as práticas, as garantias e o porte da própria empresa. Essas informações são essenciais para se analisar e escolher uma empresa para um contrato desse tipo, que pressupõe um relacionamento de longo prazo.[7]

---

[7] Segundo Marques (1999:117), "os contratos de planos e seguro-saúde são contratos cativos de longa duração a envolver por muitos anos um fornecedor e um consumidor, com uma finalidade em comum: assegurar para o consumidor o tratamento e ajudá-lo a suportar os riscos futuros envolvendo a saúde deste, de sua família, dependentes ou beneficiários".

O processo de escolha do consumidor

O debate sobre a assistência suplementar à saúde ocorre num contexto de dúvida em relação à capacidade do Estado para prover a universalização dos serviços de saúde prevista nas leis brasileiras. Primeiramente, para que um mercado venha a prestar um serviço suplementar, pressupõe-se que haja um principal e que, por algum motivo, este dá margem para oferecer aos cidadãos ou consumidores um outro serviço que, no caso da assistência à saúde, é denominado suplementar.

Essa dupla possibilidade de assistência faz com que o cidadão-consumidor, tão logo tenha condições financeiras para tanto, passe a realizar escolhas sobre o tipo de assistência à saúde que ele deseja ter, ou seja, entre o sistema de saúde público ou estatal, denominado SUS, ou o sistema de assistência privada, que é operado pelas empresas de planos de saúde.

Por si só, a existência de duas possibilidades de sistema de saúde já coloca o cidadão-consumidor diante de uma escolha. Ainda mais quando uma das duas opções apresenta uma desvantagem muito grande em relação à outra quanto à percepção da qualidade do serviço prestado. É o caso do SUS, que deixa o cidadão numa situação desfavorável quando o submete a horas de espera para a realização de uma consulta médica, ou meses, no caso de um procedimento médico mais elaborado, como uma cirurgia. Isso sem falar da eventual falta de medicamentos e equipamentos que se verifica em determinados organismos desse sistema.

O cidadão-consumidor, ao atingir uma faixa de renda que lhe permita optar entre os dois sistemas de saúde, passa a efetivar essa escolha migrando do sistema público para o privado ou, melhor dizendo, amplia o seu universo de possibilidades de assistência adquirindo um plano de saúde — já que isso não exclui a possibilidade de atendimento pelo SUS.

A assistência à saúde como serviço diferenciado

Os diversos bens e produtos passíveis de consumo não têm fugido à tendência da massificação como forma de obter maiores ganhos de escala de produção. Daí as empresas procurarem atingir seu público-alvo através dos meios de comunicação de massa. Isso seria benéfico para o consumidor se as informações para a formação do seu juízo de escolha fossem divulgadas. Se esse aspecto for regulado, será possível aumentar a racionalidade e diluir o custo da informação. Logicamente, essa regulação da informação não deve incluir todos os aspectos da publicidade das empresas, sob risco de oficializar a informação. O ideal seria criar alguns parâmetros que garantam a correta e essencial informação ao consumidor para melhor subsidiá-lo em sua escolha.

> A década de 1980 anunciou também a subordinação da produção ao consumo sob a forma de marketing: o *design*, a venda no varejo, a publicidade e o conceito de produto estavam em ascensão, retratados na teoria pós-moderna como o triunfo do signo e o embelezamento da vida cotidiana.[8]

Esse processo faz parte da relação do consumidor com o mercado e também das estratégias de competição das empresas. O Brasil, que há cerca de 40 anos adotou a prática da comercialização da assistência à saúde, concretizada no mercado de planos de saúde, não poderia ficar atrás da tendência mundial. Dessa forma, pode-se considerar o plano de saúde uma massificação do serviço de medicina privada, ainda mais quando a Lei nº 9.656 de 4 de junho de 1998, que regulamenta a atividade privada de assistência à saúde no Brasil, passa a prototipar[9] os produtos permitidos para comercialização. Por um lado, isso beneficia o consumidor, em situação desvantajosa por falta de informação e desconhecimento do assunto; por outro, pode criar dificuldades para as empresas operadoras ou mesmo para todo o mercado, pela pouca possibilidade de inovação e customização dos produtos.

> Esse processo é acompanhado pelo desenvolvimento maciço da infra-estrutura de varejo (não apenas lojas, mas também varejo múltiplo, encomenda por reembolso postal, integração vertical até o ponto de venda). Esse volume maciço de bens padronizados e baratos, vendidos racionalmente em mercados cada vez maiores, é vendido a uma população vista cada vez mais como consumidora: as pessoas não são vistas como classes ou gêneros que consomem, e sim como consumidores que, por acaso, estão organizados em classes e gêneros.[10]

---

[8] Slater, 2002:19.

[9] Leonard-Barton (1998) define a prototipagem como a adoção de modelos padronizados como meio de gerar aprendizagem nas organizações. Na lei em questão, esse recurso foi utilizado para unificar os produtos comercializados pelo mercado.

[10] Slater, 2002:22.

A questão, portanto, é complexa: padronizando-se o serviço, por um lado, reduz-se o problema da assimetria de informações; por outro, reduz-se também a possibilidade de escolha do próprio consumidor e inibe-se a inovação e diversificação da oferta. O problema é saber se devemos considerar o acesso à saúde nos mesmos termos que o consumo de outros bens, ou se essa categoria de serviço merece ser considerada à parte, pelas razões expostas adiante.

Limites do liberalismo para a compreensão do mercado de saúde

É importante ressaltar que o pensamento econômico liberal[11] da escola utilitarista pressupõe uma racionalidade por parte do consumidor, que toma suas decisões com base em avaliações que levam em conta o custo-benefício das opções à sua disposição.

> A natureza colocou o gênero humano sob o domínio de dois senhores soberanos: a *dor* e o *prazer*. Somente a eles compete apontar o que devemos fazer, bem como determinar o que na realidade faremos. (...) *O princípio da utilidade* reconhece esta sujeição e a coloca como fundamento desse sistema, cujo objetivo consiste em construir o edifício da felicidade através da razão e da lei.[12]

Essa mesma doutrina defende que a liberdade das pessoas está atrelada às suas possibilidades de escolhas de consumo.

> Ser um consumidor é fazer escolhas: decidir o que você quer, pensar na maneira de gastar o dinheiro para obtê-lo. Esse exercício de escolha é, em princípio, ainda que nunca de fato, ilimitado: ninguém tem o direito de lhe dizer o que comprar, o que querer. "A soberania do consumidor" é uma imagem extremamente sedutora de liberdade: além do direito moderno de escolher nossos parceiros amorosos, ela oferece uma das poucas experiências tangíveis e mundanas de liberdade que parece

---

[11] Segundo Bentham (1984:viii), "o liberalismo econômico defendia uma posição de não-intervenção no andamento da economia, considerando que o mercado deveria ser regido exclusivamente pela lei de oferta e procura".

[12] Bentham, 1984:3.

> pessoalmente significativa para o sujeito moderno. (...) A escolha do consumidor é apenas a versão mundana dessa noção mais ampla de liberdade privada, individual.[13]

Slater (2002) considera a teoria da utilidade[14] eficaz para compreender certos aspectos da escolha do consumidor, na medida em que este é, realmente, marcado por uma forte racionalidade. Mas, segundo ele,

> Todo ato particular do consumo é privado no sentido de não ter importância pública. Não consumimos com a finalidade de construir uma sociedade melhor, para sermos pessoas melhores e viver uma vida autêntica, mas para aumentar os prazeres e confortos privados.[15]

Nesse sentido, o culto ao consumo, visto como um meio de maximizar os prazeres individuais e suprimir a dor, pode levar o indivíduo a comportamentos hedonistas, quando essa "medida das conseqüências de nossas ações é sua utilidade, no sentido de utilidade como um bem em si mesmo".[16] Portanto, seria plausível intuir que o consumidor compra um plano de saúde para o seu prazer, mesmo que simbólico, pois não tê-lo pode implicar grande sofrimento, por causa de doença ou despesas com saúde.

> os utilitaristas mais modernos tratam de comparar uma situação, presente e futura, em sua totalidade perceptível, com outra situação, também presente e futura (...) toda a motivação humana decorre do desejo de ter prazer e de evitar a dor.[17]

---

[13] Slater, 2002:35.

[14] Bentham (1984:4) define utilidade: "O termo utilidade designa aquela propriedade existente em qualquer coisa, propriedade em virtude da qual o objeto tende a produzir ou proporcionar benefício, vantagem, prazer, bem ou felicidade (...), ou (...) a impedir que aconteça o dano, a dor, o mal, ou a infelicidade para a parte cujo interesse está em pauta; se esta parte for a comunidade em geral, tratar-se-á da felicidade da comunidade, ao passo que, em se tratando de um indivíduo particular, estará em jogo a felicidade do mencionado indivíduo".

[15] Slater, 2002:35.

[16] Thiry-Cherques, 2002:300.

[17] Ibid., p. 301.

Destarte, o pensamento econômico liberal considera o consumidor soberano em relação às suas decisões, fazendo sempre escolhas racionais de acordo com o seu interesse,[18] o que lhe permite aumentar os seus ganhos e maximizar a utilização de seus recursos. É importante considerar, também, que o pensamento liberal que prega a não-interferência estatal nos mercados ignora o poder dos mercados sobre os consumidores, pressupondo que eles exerçam o seu poder através das escolhas racionais.

> Na tradição do liberalismo, soberania do consumidor significa duas coisas: primeiro, que os consumidores são soberanos de suas próprias necessidades, desejos, vontades, identidades. Os indivíduos têm tanto o direito quanto a capacidade de formular seus próprios planos e projetos. Em outras palavras, as necessidades e desejos são peculiares a cada um: os indivíduos (ou as famílias) constituem uma esfera privada na qual as autoridades sociais externas, que poderiam querer definir e impor objetivos e projetos sociais universais, não podem interferir. Para o liberalismo, o Estado é a mais ameaçadora de todas as autoridades públicas no tocante às necessidades; mas a empresa monopolista, exemplificada como o publicitário manipulador, também pode ameaçar a soberania do consumidor.[19]

No entanto, isso não quer dizer que os liberais concordem que não deva haver intervenção nos mercados quando há excesso ou concentração de poder, ou quando a publicidade é usada para manipular alguma coisa, especialmente quando há assimetria de informação constatada ou, ainda, nos casos de monopólio, que não pode ser admitido pelo liberalismo.

Falando-se ainda em soberania do consumidor, é importante lembrar que o processo de escolha racional somente pode existir em condições de concorrência perfeita em determinado mercado e, ainda, se considerarmos que os consumidores realizam suas escolhas com base apenas em critérios racionais[20]

---

[18] Segundo Bentham (1984:4), "diz-se que uma coisa promove o interesse de um indivíduo, ou favorece o interesse de um indivíduo, quando tende a aumentar a soma total dos seus prazeres, ou então, o que vale afirmar o mesmo, quando tende a diminuir a soma total de suas dores".

[19] Slater, 2002:41.

[20] Segundo Mill (2000:32), "nenhum ser humano inteligente consentiria em ser um tolo, nenhuma pessoa instruída em ser ignorante, nenhum homem com sentimento e consciência em ser um egoísta e ignóbil, mesmo que estivessem persuadidos de que o néscio, o bronco e o biltre estão mais satisfeitos com o seu destino do que eles com o seu. Eles não renunciariam ao que possuem a mais do que os outros em troca da plena satisfação de todos os desejos que possuem em comum".

e dispondo de todas as informações necessárias à tomada de decisão. O pensamento econômico liberal generaliza as regras de funcionamento dos mercados, especialmente no tocante a comportamentos de consumo baseados nessa lógica racionalista, defendendo um grande potencial dos consumidores em relação às empresas por conta dessa também suposta racionalidade.

> Ao alocar seus meios escassos (dinheiro) entre os bens disponíveis em termos do grau de satisfação que podem obter deles a um determinado preço, os consumidores seguram uma espada muito convincente sobre a cabeça dos produtores. Os consumidores são soberanos, portanto, no sentido de que as empresas só sobrevivem satisfazendo seus desejos de forma acurada e eficiente. É claro que isso só se aplica quando os consumidores já são soberanos no primeiro sentido (de que eles, e não as empresas ou o Estado, têm a liberdade de definir suas próprias necessidades) e quando os pré-requisitos da concorrência já existem.[21]

O pensamento econômico liberal prega a liberdade de escolha do cidadão-consumidor como símbolo principal de sua supremacia e como instrumento de seu poder diante dos mercados, junto com o pressuposto da conseqüente maximização de valores por parte desse consumidor, levando em consideração, como principal variável, o preço e a busca da sua felicidade. Mas, como demonstramos aqui, há uma limitação nessa doutrina econômica quando é necessário levar em conta outros aspectos do consumo que não os estritamente racionais, pois nesse caso, assim como no da assistência à saúde, o preço é apenas um referencial para a escolha da prestadora do serviço, a qual se efetua principalmente em função de outras variáveis. Afinal, a escolha pela aquisição do serviço não é feita em relação ao preço, pois o consumidor, quando tem condições financeiras para contratar um plano de saúde, o faz sem hesitar. A escolha diz respeito, portanto, não à contratação do serviço propriamente, e sim às empresas operadoras que estão na mesma faixa de preço, considerando-se então outras variáveis simbólicas que estão carregadas de valores. Além disso, o consumo de planos de saúde não pode ser visto como um serviço de consumo e interesse exclusivo do indivíduo, uma vez que escolhas inadequadas acabam por repercutir em todo o sistema e sobrecarregar a esfera pública. Assim,

---

[21] Slater, 2002:42.

> O preço não é, para o pensamento econômico liberal, um reflexo do "valor" dos bens: este é considerado um conceito metafísico. O preço é somente uma acomodação social entre as listas de necessidades apresentadas por cada indivíduo. É mais um agregado ou uma média de decisões individuais do que uma entidade social com vida própria. O preço também é o denominador comum em relação ao qual os indivíduos (produtores e consumidores) podem orientar-se. (...) Portanto, o preço é considerado um mecanismo eficiente para alocar recursos sociais em termos do único princípio que o liberalismo reconhece: as preferências dos indivíduos. (...) A orientação para o preço é um processo formalmente racional: dados meios limitados (dinheiro) e desejos ilimitados de bens, que padrão de gasto vai maximizar minha satisfação? As razões que eu vier a dar para uma escolha específica dos bens não se referem à natureza específica dessas satisfações, mas somente à estrutura lógica de meus cálculos.[22]

Além disso, o utilitarismo liberal não contempla boa parte da "racionalidade substantiva" do consumidor, a qual se manifesta, segundo Slater (2002), quando "relacionamos determinados desejos e atos a determinados valores e razões". É a racionalidade substantiva que leva o consumidor a buscar, através da contratação do plano de saúde, outros valores diferentes dos racionais e relacionados à aplicação de seu dinheiro e à deliberada busca da felicidade. Um exemplo seriam os valores referentes a segurança, os quais, muito embora possam garantir alguma felicidade, não partem de escolhas objetivamente racionais.

> Quando pensamos nos consumidores em termos de vida cotidiana, tendemos a pensar no *que* as pessoas querem, em suas necessidades e desejos particulares, em determinados objetos, atividades e experiências que podem satisfazê-las: "Eu quero *isto*". Pensamos nos consumidores *substantivamente*, como pessoas que têm necessidades concretas, reais, específicas. (...) A racionalidade substantiva é uma forma de pensamento que tem muito de cultural: no caso da cultura de consumo, pensamos nas necessidades e nas mercadorias em termos de seus significados dentro de um modo de vida, valores e relações sociais específicos.[23]

---

[22] Slater, 2002:48-49.

[23] Ibid., p. 49.

A racionalidade do consumidor e a assimetria de informações

Mesmo admitindo-se que a opção pela operadora de plano de saúde que dá maior segurança ao consumidor seja uma avaliação racional (pois, de certa forma, maximizaria a utilidade), não se pode dizer, no caso brasileiro, que haja nisso alguma fundamentação racional se a informação disponível somente é acessível por meio de um conjunto de conhecimentos especializados.

Além disso, se considerarmos, como o faz o pensamento econômico liberal, que é pela escolha racional, enfocando a utilidade, que se pauta a conduta dos indivíduos, teremos uma visão míope, simplista e deturpada do comportamento do consumidor, a qual ignora a natureza humana e a busca de satisfações não apenas materiais ou de utilidade calculável, principalmente quando não se dispõe da informação adequada.

> Ao se restringir à análise formal, ao cálculo da racionalidade, a teoria econômica liberal abstém-se de fazer qualquer julgamento das necessidades e desejos substantivos dos indivíduos. (...) O liberalismo rigoroso faz dos indivíduos as únicas autoridades sobre seus desejos, e de sua capacidade de pagar o único mecanismo a determinar se esses desejos devem ou não ser satisfeitos. (...) Dizer que as forças do mercado devem decidir tudo é dizer que os desejos não podem ser julgados moralmente, só pragmaticamente (podem ser satisfeitos dando lucro?).[24]

É importante ressaltar que, no processo de escolha de um plano de saúde pelo consumidor, a visão do pensamento econômico liberal pode ter um papel complementar ao da razão substantiva, pois é claro que as forças econômicas de demanda e oferta também têm influência na decisão do consumidor — só não se pode dizer que sejam determinantes.

> Se os economistas e outros continuarem procurando a racionalidade formal desarraigada em sociedades não-modernas (e em muitas das sociedades modernas), vão descobrir que elas são irracionais, porque ali o provisionamento se dá por meio de relações e razões substantivas (...). (...) em termos do consumidor (que, ironicamente, recebeu muito pouca atenção da nova sociologia econômica que nasceu des-

[24] Slater, 2002:52.

ses argumentos), a conclusão teria de ser que tanto a racionalidade formal quanto a substantiva, em íntima relação, estão sempre envolvidas, e que uma abordagem que as coloque em esferas e disciplinas diferentes não será muito útil.[25]

Num ambiente econômico capitalista,[26] e considerando que o consumidor, para escolher quaisquer objetos de consumo, precisa de informação sobre os mesmos, cabe ressaltar que, embora a ANS já esteja com toda a sua programação implantada e com parte de suas ações de fiscalização e orientação ao consumidor em funcionamento, os dados existentes na central de atendimento mostram que ainda há muita desinformação. Prova disso é que cerca de 89% dos consumidores que fazem consultas por telefone não conhecem ou não entendem os termos do contrato de seus planos de saúde.

Assim, o consumidor escolhe principalmente em função do significado que tem para ele o bem consumível, deixando sua funcionalidade para avaliação posterior. Segundo Baudrillard,

> Há uma produção social, um sistema de troca, de materiais diferenciados, de um código de significados e valores constituídos. A funcionalidade dos bens vem depois, se auto-ajustando, racionalizando e ao mesmo tempo reprimindo esses mecanismos estruturais fundamentais.[27]

A utilidade do consumo de planos de saúde só pode ser compreendida em relação a uma sociedade que produz um indivíduo que deve contar consigo mesmo, mesmo nas questões mais difíceis da vida. E que adquire um plano de saúde por responsabilidade, autonomia, sucesso econômico e percepção de inserção no universo da cidadania. Mas o pleno significado de um plano de saúde só é totalmente compreensível quando se percebe o impacto da dissolução dos laços de solidariedade tradicionais e da destruição dos outros mecanismos de

---

[25] Slater, 2002:58-59.

[26] Partindo do pressuposto de que no Brasil vigora uma economia de mercado, especialmente no mercado de planos privados de assistência à saúde, onde existem mais de 2.400 operadoras e cerca de 35 milhões de consumidores.

[27] Apud Sahlins, 2003:177.

construção da segurança ontológica com o surgimento de outros mecanismos de segurança, como veremos adiante.

Corroborando esse entendimento, a literatura de marketing também explora o conceito de percepção como um processo de atribuição de significados em que o indivíduo atua logo na primeira etapa do processamento da informação que lhe é transmitida pelos produtos e marcas.[28]

Cabe supor que o consumidor escolhe seu plano de saúde em função de algum elemento simbólico, como a marca, que o faz perceber alguma segurança naquilo que está adquirindo. A marca passa a ser então uma fonte[29] de informação para o consumidor, que interpreta as mensagens que lhes são transmitidas por associação ou através de símbolos que já expressam algum significado cultural. Daí ele passa a perceber os significados atribuídos aos bens de consumo através da imagem da marca.

> Os princípios da psicologia da forma (*Gestalt*) trazem uma contribuição importante para a nossa compreensão do mecanismo perceptual. Eles salientam a necessidade de se recorrer a dimensões subjacentes ou atributos (a proximidade, a similaridade, o contraste etc.) para organizar nossas percepções.[30]

É importante notar que o cálculo racional do pensamento utilitarista-liberal não pode, por si só, ser considerado para a satisfação de necessidades básicas, mesmo quando o patamar financeiro do indivíduo e/ou de sua família não lhes permite fazer escolhas. Segundo Slater (2002:131), até mesmo as necessidades mais básicas dos indivíduos são culturalmente satisfeitas, na medida em que o significado cultural organiza a busca da satisfação das necessidades, pois as categorias culturais vêm antes das necessidades.

A especificidade do consumo de planos de saúde

Um dado que leva a acreditar que a opção pela empresa prestadora dos serviços de planos de saúde seja algo simbólico — expresso, nesse caso, pela força da marca e sua representação para o consumidor — é que, segundo Giddens

---

[28] Ver Karsaklian, 2000.

[29] Segundo Karsaklian (2000:165), "a fonte é o emissor das mensagens. É ela que determina seu conteúdo e seu formato".

[30] Karsaklian, 2000:181.

(1997), a crença nos sistemas especialistas é uma precondição para o funcionamento da sociedade contemporânea. Assim, por terem *expertise* em saúde, as operadoras de planos gozam de credibilidade entre os consumidores. Para Giddens, a pessoa toma decisões baseadas em sistemas que lhe dêem segurança:

> Analiticamente, é mais preciso afirmar que todas as áreas da atividade social vêm a ser governadas por decisões — com freqüência, mas não universalmente — desenvolvidas com base em exigências de conhecimento especializado de um tipo ou de outro. (...) Há muitos tipos de especializações, e o que conta em qualquer situação em que o especialista e o leigo se confrontam é um desequilíbrio nas habilidades ou na informação que — para um determinado campo de ação — torna alguém uma "autoridade" em relação ao outro.[31]

A partir da crença nesse sistema especialista — no caso, o de assistência à saúde —, o consumidor estabelece com as empresas operadoras do setor uma relação de confiança, vendo nelas a garantia de um conhecimento que ele, consumidor, não tem. Ainda segundo Giddens (1997:110-111),

> Esta situação influencia decisivamente a natureza das relações de confiança entre os especialistas e os indivíduos leigos, assim como a confiança nos sistemas abstratos, encabeçados pelos especialistas. (...) Em uma multiplicidade de sistemas abstratos, a confiança é uma parte necessária da vida cotidiana da atualidade, quer isto seja ou não conscientemente reconhecido pelos indivíduos em questão.

Além da confiança em sistemas especialistas ou peritos, o consumidor também se utiliza de outros mecanismos que lhe dêem a segurança necessária para agir, como a "segurança ontológica", que possibilita confiar mais nas pessoas.

> A expressão se refere à crença que a maioria dos seres humanos têm na continuidade da sua auto-identidade e na constância dos ambientes de ação e material circundantes. (...) A segurança ontológica tem a ver com "ser" ou, nos termos da fenomenologia, "ser-no-mundo". Mas trata-se de um fenômeno emocional ao invés de cognitivo, e está realizado no inconsciente.[32]

---

[31] Giddens, 1997:105.

[32] Id., 1991:95, 100.

Giddens fala da existência de quatro contextos localizados de confiança que tendem a predominar nas culturas pré-modernas e que poderíamos aqui relacionar com o processo de escolha do consumidor:

> O primeiro contexto de confiança é o sistema de parentesco, que na maioria dos cenários pré-modernos proporciona um modo relativamente estável de organização de "feixes" de relações sociais através do tempo e do espaço. (...) os parentes podem em geral ser vistos com confiança no sentido de cumprirem uma gama de obrigações mais ou menos independentemente de sentirem simpatia pessoal para com os indivíduos específicos envolvidos. (...) O mesmo pode ser dito da comunidade local. (...) Na grande maioria dos cenários pré-modernos, inclusive na maioria das cidades, o meio local é o lugar de feixes de relações sociais entrelaçadas, cuja pequena extensão espacial garante sua solidez no tempo.[33]

Os outros dois contextos localizados de confiança por ele mencionados são a *cosmologia religiosa*, através de crenças religiosas que "proporcionam interpretações morais e práticas da vida pessoal e social, bem como do mundo natural, o que representa um ambiente de segurança para o crente", e a *tradição*, "manifestada pela orientação para o passado como forma de organizar o futuro".

> A tradição, diferentemente da religião, não se refere a nenhum corpo particular de crenças e práticas, mas às maneiras pelas quais estas crenças e práticas são organizadas, especialmente em relação ao tempo. A tradição reflete um modo distinto de estruturação da temporalidade (que também tem implicações diretas para a ação através do espaço). (...) A orientação para o passado que é característica da tradição não difere da perspectiva da modernidade apenas em ser voltada para trás ao invés de para frente; (...) Pelo contrário, nem o "passado" nem o "futuro" são um fenômeno discreto, separado do "presente contínuo", como no caso da perspectiva moderna. O tempo passado é incorporado às práticas presentes, de forma que o horizonte do futuro se curva para trás para cruzar o que se passou antes.[34]

---

[33] Giddens, 1991:103-105.

[34] Ibid., p. 108-107.

É importante utilizar aqui as características dos ambientes de confiança e risco que influenciam o consumidor em seu processo de escolha. De acordo com as características predominantes em determinada sociedade, pode-se transitar entre o moderno e o pré-moderno, como se pode ver no quadro.

Ambientes de confiança e risco nas culturas pré-modernas e modernas

	Pré-modernas	Modernas
	Contexto geral: ênfase excessiva na confiança localizada.	*Contexto geral*: relações de confiança em sistemas abstratos desencaixados.
Ambiente de confiança	1. *Relações de parentesco* como dispositivo de organização para estabilizar os laços sociais através do tempo-espaço. 2. A *comunidade local* como um *lugar*, propiciando um meio familiar. 3. *Cosmologias religiosas* como formas de crença e práticas rituais fornecendo uma interpretação providencial da vida humana e da natureza. 4. *Tradição* como um meio de conectar presente e futuro; orientada para o passado em tempo reversível.	1. *Relações pessoais* de amizade ou intimidade sexual como meios de estabilizar os laços sociais. 2. *Sistemas abstratos* como meios de estabilizar as relações através de extensões indefinidas de tempo-espaço. 3. Pensamento contrafatual *orientado para o futuro* como forma de conectar passado e presente.
Ambiente de risco	1. Ameaças e perigos emanando da *natureza*, como a prevalência de doenças infecciosas, insegurança climática, inundações ou outros desastres naturais. 2. A ameaça de *violência humana* por parte de exércitos pilhadores, senhores da guerra locais, bandidos ou salteadores. 3. Risco de *perda da graça religiosa* ou de influência mágica maligna.	1. Ameaças e perigos emanando da *reflexividade* da modernidade. 2. Ameaça de *violência humana* a partir da industrialização da guerra. 3. Ameaça de *falta de sentido pessoal* derivada da reflexividade da modernidade enquanto aplicada ao eu.

Fonte: Giddens, 1991:104.

Giddens afirma que é importante a complementaridade entre a confiança nos sistemas abstratos e a utilização de mecanismos fornecedores de segurança ontológica. No consumo de planos de saúde, isso se verifica quando o consumidor recorre em sua escolha tanto às marcas fortes e reconhecidas de grandes empresas do mercado (como legitimação da crença no sistema especialista de plano de saúde) quanto às indicações de parentes e amigos que conhecem o plano de saúde.

> As rotinas que estão integradas aos sistemas abstratos são centrais à segurança ontológica em condições de modernidade. Contudo, esta situação cria também novas formas de vulnerabilidade psicológica, e a confiança em sistemas abstratos não é psicologicamente gratificante como a confiança em pessoas o é. (...) A confiança em sistemas abstratos contribui para a confiabilidade da segurança cotidiana, mas por sua própria natureza ela não pode fornecer nem a mutualidade nem a intimidade que as relações de confiança pessoal oferecem.[35]

Além disso, os chamados "pontos de acesso", ou seja, os locais ou "braços" dos sistemas abstratos onde o consumidor tem contato direto com o agente que representa tal sistema, podem reforçar ou refutar a confiança depositada no sistema, pois é justamente aí que se testa toda a presunção de confiança depositada em algo que se conhece apenas com base no conhecimento do sistema especialista. É por isso que várias empresas utilizam artistas famosos ou figuras públicas para dar depoimentos nas peças publicitárias de seus produtos. Os "pontos de acesso" das operadoras são, principalmente, os seus prestadores de serviço médico, os quais, por meio do atendimento prestado aos consumidores, podem transmitir e reforçar a confiança no sistema abstrato e na operadora que o representa.

> A este respeito as religiões tradicionais são completamente diferentes dos sistemas abstratos modernos, porque suas figuras personalizadas permitem uma transferência direta da confiança individual, com grandes elementos de mutualidade. No caso dos sistemas abstratos, em contraste, a confiança pressupõe fé em princípios impessoais, que "retrucam" apenas de uma maneira estatística quando não cumprem com os resultados buscados pelo indivíduo. Esta é uma das principais razões pelas quais os indivíduos nos pontos de acesso se esforçam para se mostrar confiáveis: eles proporcionam o elo entre a confiança pessoal e a do sistema.[36]

---

[35] Giddens, 1991:116-117.

[36] Ibid., p. 117.

Transpondo tudo isso para a situação verificada no Brasil, levando em conta os elementos predominantes de sua cultura, especialmente as características híbridas de que se revestem as relações pessoais — como os conceitos de *casa* e *rua* definidos por DaMatta (2000) para as relações públicas e privadas dos indivíduos —, verifica-se que o consumidor se utiliza tanto da crença nos sistemas abstratos quanto das relações tradicionais ligadas à instância local.

É importante perceber também que, no contexto brasileiro, a segurança nos sistemas especialistas — representados, no caso, pelas operadoras de planos de saúde — costuma não ser tão grande quanto faz supor a leitura de Giddens, pelos motivos apresentados por Ana Heloísa da Costa Lemos no capítulo 3 desta coletânea. No entanto, no caso da saúde, a confiança no sistema especialista é reforçada pelo entendimento de que o arcabouço institucional do Estado, representado pelo conjunto das leis e mais especificamente pela ANS, é adequado, podendo-se portanto recorrer a ele. Esse entrelaçamento institucional amplia a confiança no sistema como um todo, mas pode deixar o consumidor numa posição demasiado frágil.

O cuidado com o corpo, a saúde e a doença como manifestação da cultura

Em relação ao bem "assistência à saúde", há uma tendência das pessoas para cultuar a vida, por meio de cuidados com o corpo, alimentação balanceada e tentativa de prevenir doenças. Poder-se-ia incluir aí até a chamada consciência ecológica, tão em voga nas discussões públicas atuais e que tem mobilizado pessoas, estados e empresas para a proteção ao meio ambiente. Segundo Phillips (2003:11), "hoje as pessoas têm mais medo de morrer do que no passado. Há uma preocupação desmedida com o envelhecimento, com acidentes e doenças. É como se o mundo pudesse existir sem essas coisas". Complementando essa visão, cabe citar Lasch:

> Conforme o mundo vai assumindo um aspecto cada vez mais ameaçador, a vida torna-se uma interminável busca de saúde e bem-estar através de exercícios, dietas, drogas, regimes espirituais de vários tipos, auto-ajuda psíquica e psiquiatria. Para aqueles que perderam o interesse pelo mundo exterior, exceto na medida em que ele permanece uma fonte de gratificação e frustração, o estado de sua própria saúde torna-se uma preocupação totalmente absorvente.[37]

---

[37] Apud Giddens, 1991:125.

Assim é que, muitas vezes, o consumo de um produto ou serviço de saúde simboliza para o consumidor maior segurança na preservação de sua própria saúde, um meio de aumentar a sua vitalidade. Para Slater (2002), o "consumo cultural" é a forma com que se organizam os sistemas de significados numa sociedade; "é a forma pela qual as necessidades, as coisas e os usos são organizados ou constituídos".

O sagrado e o preço

Segundo Kopytoff (1986), há nas sociedades ocidentais um processo de comoditização das coisas em geral, ao mesmo tempo em que se observa uma tendência à singularização de diversos bens, levando a uma sacralização através da agregação de valores e simbolismos específicos a cada cultura. Essa questão é explorada por Sônia Barone no primeiro capítulo desta coletânea, mas cabe aqui citar Kopytoff (1986:73) para aprofundar a discussão:

> E se, conforme preconizou Durkheim, as sociedades necessitam preservar certas partes de seu ambiente, transformando-as em "sagradas", a singularização é um meio para se atingir essa finalidade. A cultura garante que algumas coisas permaneçam inequivocamente singulares; ela resiste à comoditização de outras e, às vezes, ressingulariza o que foi comoditizado.

O processo de sacralização do bem "saúde" está presente nos mais diversos diplomas legais do país, o que na verdade reflete os valores gerais da cultura local referentes ao tema ou, pelo menos, dos legisladores. A própria Constituição Federal, que tem um capítulo exclusivo sobre a saúde, preceitua nos arts. 196 e 197, seção 2:

> *Art. 196.* A saúde é direito de todos e dever do Estado, garantido mediante políticas sociais e econômicas que visem à redução do risco de doença e de outros agravos e ao acesso universal e igualitário às ações e serviços para sua promoção, proteção e recuperação.
>
> *Art. 197.* São de relevância pública as ações e serviços de saúde, cabendo ao poder público dispor, nos termos da lei, sobre sua regulamentação, fiscalização e controle, devendo sua execução ser feita diretamente ou através de terceiros e, também, por pessoa física ou jurídica de direito privado.

Fica, pois, evidente que a Constituição Federal estabelece uma espécie de proibição da comoditização da saúde, fortalecendo o seu processo de sacralização. Como diz Kopytoff (1986:73):

> Em toda sociedade há coisas que são publicamente impedidas de serem comoditizadas. Algumas dessas proibições são culturais e coletivamente embasadas. Nas sociedades organizadas como Estados, muitas dessas proibições são garantidas e defendidas pelo Estado, com o costumeiro entrelaçamento entre o que serve a toda a sociedade, o que serve ao Estado e o que serve aos grupos específicos que estiverem ocupando o poder.

Tendo em vista o que dispõe a Constituição Federal sobre a real natureza da saúde, cabe considerar a polêmica existente na sociedade brasileira em torno desse tema: se se trata de um bem ou de um direito personalíssimo, ligado ao indivíduo. Tratando da singularização e conseqüente sacralização de coisas que não são bens, Kopytoff considera mais fáceis de serem sacralizadas as coisas para as quais é difícil estipular culturalmente um preço:

> A singularização é, às vezes, extensiva a coisas que habitualmente não são consideradas como bens — com efeito, os bens são singularizados ao serem excluídos de sua usual categoria de bens. (...) Se a sacralização pode ser alcançada através da singularização, a singularização, por si só, não garante a sacralização. O fato de ser uma não-mercadoria não garante, por si, *status*, e muitas coisas singulares (ou seja, não trocáveis ou comercializáveis) podem valer muito pouco. (...) Ser uma não-mercadoria é "não ter preço", no sentido mais completo da expressão, desde o particularmente valioso até o particularmente sem valor.[38]

No tocante à saúde, podemos estender a sua significação na sociedade brasileira à assistência adequada para a obtenção de saúde. Até o Código Penal prevê como crime a não-prestação de assistência, considerada "omissão de socorro". Conforme disposto no Capítulo III do Código Penal brasileiro, que tem como título "Da periclitação da vida e da saúde":

[38] Kopytoff, 1986:74.

> *Art. 135*. Deixar de prestar assistência, quando possível fazê-lo sem risco pessoal, à criança abandonada ou extraviada, ou à pessoa inválida ou ferida, ao desamparo ou em grave e iminente perigo; ou não pedir, nesses casos, o socorro da autoridade pública (...).

Ainda com relação a essa sacralização da saúde como direito de todas as pessoas e considerada um bem intangível em nossa sociedade, cabe citar mais uma vez Kopytoff:

> Certamente, em nossa sociedade, há certas esferas bem definidas de troca que são quase unanimemente aceitas e aprovadas. Entretanto, somos inflexíveis quanto a manter separadas a esfera dos objetos materiais e a das pessoas (...). "Todos" são contra a comoditização[39] do que foi publicamente considerado como singular e transformado em sagrado: parques públicos, monumentos nacionais, o Lincoln Memorial, a dentadura de George Washington em Mount Vernon. (...) Quando julgamos que um Rembrandt ou um bem de família está sendo vendido por um preço vil, a explicação para essa atitude é que os chamados objetos de "arte" ou "históricos" são superiores ao mundo do comércio.[40]

Kopytoff fala também da preocupação moral das sociedades ocidentais com a comoditização de certos atributos humanos — entre os quais, por associação, poderíamos incluir a saúde:

> Há, assim, uma preocupação moral perene no pensamento ocidental, qualquer que seja a posição ideológica do pensador, com a comoditização de atributos humanos tais como o trabalho, a inteligência, a criatividade ou, mais recentemente, os órgãos humanos, a capacidade reprodutiva feminina e os ovários. O lastro moral desses problemas vem parcialmente do longo debate sobre a escravidão e a vitória da abolição da escravatura.[41]

---

[39] Também poder-se-ia dizer coisificação. Kopytoff a define como o ato de conferir a algo ou alguém o *status* de coisa ou objeto intercambiável.

[40] Kopytoff, 1986:77.

[41] Ibid., p. 84.

Assim, por conta dessa sacralização da saúde, os consumidores envidam os esforços necessários para preservá-la como um bem singular e sagrado, donde a forte tendência para adquirirem um plano de saúde quando alcançam condição financeira para tanto. E procuram escolhê-lo recorrendo aos conhecimentos e informações que estejam ao seu alcance e que lhes transmitam mais confiança. Isso tem a ver com a dificuldade de associar preço a um serviço de saúde, pois, quando se passa a questionar o preço cobrado, por via simbólica também se questiona a qualidade do serviço prestado. No caso da saúde, a falta de qualidade confere ao prestador de serviço uma noção de imoralidade que inexiste em relação a outros serviços.

Por associação, em nossa sociedade, a percepção geral de segurança na preservação da saúde por meio de um plano de saúde influencia a sua compra. Judith Williamson ilustra esse fato com um exemplo "paradigmático" de como esse processo de associação ocorre:

> Um anúncio do Chanel nº 5 na mídia impressa simplesmente justapõe duas imagens — um vidro de perfume e o rosto de Catherine Deneuve. É claro que não existe nenhuma conexão inerente entre essas duas imagens, entre um líquido perfumado e um rosto de mulher, mas o fato de serem postos lado a lado leva-nos a supor que haja uma conexão. A conexão é feita em função do que significa o rosto de Deneuve: segundo os códigos e construções convencionais de feminilidade, Deneuve representa o ideal francês de beleza feminina, clássica e elegante. Esses significados são transferidos para o vidro de Chanel, de modo que este último passa a conotar (a prometer, na verdade) esse tipo de beleza: de fato, a feminilidade estilo Deneuve passa a se mostrar como uma propriedade do perfume. (...) O perfume parece (magicamente) possuir feminilidade. A conotação transforma categorias culturais em elementos aparentemente naturais do mundo material (...).[42]

A questão do risco

O consumidor, em tempos de modernidade, por estar mais consciente de alguns riscos que envolvem a sua existência, trata de empregar os meios que estejam ao seu alcance para diminuir esses riscos e viver com mais segurança. Entre os riscos conhecidos, Giddens destaca:

---

[42] Apud Slater, 2002:138.

> 5. *Consciência do risco como risco*: as "lacunas de conhecimento" nos riscos não podem ser convertidas em "certezas" pelo conhecimento religioso ou mágico. 6. *A consciência bem distribuída do risco*: muitos dos perigos que enfrentamos coletivamente são conhecidos pelo grande público. 7. *Consciência das limitações da perícia*: nenhum sistema perito pode ser inteiramente perito em termos das conseqüências da adoção de princípios peritos.[43]

Em tempos de modernidade, consumir um plano de saúde como alternativa ao sistema de saúde público existente equivale a assumir o risco diferencial, que, segundo Beck, são os riscos diferentemente distribuídos entre os privilegiados e os despossuídos, apesar de haver também outros aspectos nos riscos que transcendem todos os diferenciais sociais e econômicos.

> Qualquer um que conceba a modernização como um processo de inovação autônoma deve contar até mesmo com a obsolescência da sociedade industrial. O outro lado dessa obsolescência é a emergência da sociedade de risco. Este conceito designa uma fase no desenvolvimento da sociedade moderna em que os riscos sociais, políticos, econômicos e individuais tendem cada vez mais a escapar das instituições para o controle e a proteção da sociedade industrial.[44]

A partir dessa confiança estabelecida pelo consumidor no sistema especialista em assistência suplementar à saúde — e devido à existência de muitos especialistas na mesma matéria, dentro de um mesmo mercado —, o consumidor recorre à sua percepção dos signos estabelecidos e disponíveis através das marcas das empresas que operam nesse mercado. Assim, nessa economia sígnica,[45] as marcas que mais se aproximam de determinados consumidores, transmitindo-lhes maior confiança na especialização requerida e maior segurança no que eles buscam para si, são aquelas que conseguem convencê-los de sua especialidade, muito embora eles continuem ignorando o conteúdo do produto a ser contratado. Segundo Kotler (1998:51), existem também outros fatores, além do conhecimento sobre o produto, que os levam a escolher determi-

---

[43] Giddens, 1991:127.

[44] Beck, Giddens e Lash, 1997:15.

[45] Ver Baudrillard, 1995.

nada empresa fornecedora: "acreditamos que os consumidores estimam qual oferta entregará o maior valor. São maximizadores de valor, limitados pelos custos, conhecimento, mobilidade e renda. Formam uma expectativa de valor e agem sobre ela".

No caso da saúde, os principais aspectos que o consumidor leva em conta na sua decisão de compra são a segurança e confiança. Daí a responsabilidade e a importância da marca nesse mercado em que a informação é assimétrica. Segundo Kotler (1998:393),

> Marca é um nome, termo, sinal, símbolo ou combinação dos mesmos que tem o propósito de identificar bens ou serviços de um vendedor ou grupo de vendedores e de diferenciá-los de concorrentes. (...) Essencialmente, uma marca representa a promessa de o vendedor entregar um conjunto específico de características, benefícios e serviços aos compradores. As melhores marcas trazem uma garantia de qualidade.

Portanto, cabe à ANS, como especialista estatal na regulação do setor de mercado de assistência suplementar à saúde, estar atenta às informações que são transmitidas ao consumidor através das marcas dos planos de saúde, induzindo-lhes diferentes níveis de confiança, pois elas não oferecem elementos suficientes que permitam decisões racionais sobre os produtos e empresas que representam.

> Nesse sentido podemos falar em informação como valor que consiste na riqueza de escolhas possíveis, individualmente ao nível da mensagem-significante; informação que só se reduz quando a mensagem-significante, reportada a determinados léxicos, transforma-se em mensagem-significado e, portanto, em escolha definitiva realizada pelo destinatário.[46]

Isso significa que o contexto geral da propaganda influencia o modo pelo qual o significado das informações — mesmo as aparentemente mais neutras em relação à sua capacidade de formação de valor da marca — é decodificado pelo receptor.

Além disso, é importante que o órgão regulador, complementarmente à devida supervisão da disseminação das informações entre e pelos agentes do

[46] Eco, 1997:47.

setor, atente também para a eventual necessidade de certificação dos produtos e serviços que são objeto da regulação, como forma de atestar a confiança neles depositada pelos consumidores.

> Em acréscimo, há freqüentemente forças reguladoras além e acima das associações profissionais com o intuito de proteger os consumidores de sistemas peritos — organismos que licenciam máquinas, mantêm vigilância sobre os padrões dos fabricantes de aeronaves, e assim por diante.[47]

A comunicação de massa utilizada pelas empresas de planos de saúde para divulgar seus produtos procura transmitir ao consumidor principalmente a sensação de segurança no sistema especialista que elas representam, pois é esse fator que irá determinar a sua escolha por esta ou aquela empresa. Tal processo de comunicação é bem conhecido das agências publicitárias e amplamente estudado nos cursos de comunicação social.

> A função estética dá-nos, portanto, alguma coisa que ainda desconhecíamos e pela qual não esperávamos: e isso porque realiza cotas de informação aos vários níveis da mensagem, porque funde de modo inesperado os níveis entre si, porque nos obriga a individuar um novo idioleto que é a lei estrutural da obra isolada, porque questiona o código, ou melhor, os códigos de base, cujas possibilidades insuspeitadas nos revela. Como ficou visto, a função estética fundamenta-se numa dialética entre informação e faixas de redundância que a sustêm, mas a redundância tem como objetivo dar maior realce à informação. A mensagem estética contrapõe-se à referencial, moderadamente redundante, tendente a reduzir ao máximo toda ambigüidade e a eliminar toda tensão informativa a fim de não encorajar a contribuição pessoal do destinatário. Mas na maioria das nossas relações comunicacionais, as várias funções, dominadas pela emotiva, tendem a realizar uma mensagem persuasiva.[48]

Os economistas de formação liberal negam esse impacto manipulador da publicidade e tendem a vê-la por seu aspecto puramente informativo.

---

[47] Giddens, 1991:36-37.

[48] Eco, 1997:72.

Com isso, ignoram que as empresas e as agências conhecem e utilizam amplamente as teorias de comunicação social que estudam esse fenômeno a seu favor. Negar esses mecanismos informativos é, de certa forma, ignorar o valor que é criado pela propaganda e seu impacto na produção do valor das marcas, razão pela qual as empresas estão dispostas a investir tanto em contas com as melhores agências. O órgão regulador deve realmente preocupar-se com as mensagens passadas nas peças publicitárias das operadoras de planos de saúde, já que o produto comercializado tem significado "sagrado" na nossa sociedade e o consumidor não tem o conhecimento necessário para avaliar a segurança e confiança que lhes são transmitidas por essas empresas.

> Ao usar a semiótica para desenterrar a estrutura profunda de um texto, o analista pode conhecer tanto o verdadeiro significado do anúncio quanto o objeto de consumo (um significado do qual o consumidor real pode não ter consciência) e o tipo de subjetividade que vai produzir no consumidor.[49]

O significado dos bens numa cultura de consumo deve ter grande importância na análise feita por qualquer órgão regulador, assim como já o tem para o mercado que os opera e que se preocupa em maximizar a demanda dos consumidores através dos meios de comunicação de massa disponíveis e das técnicas de marketing de relacionamento existentes.

> Esse relacionamento semiótico sistemático constitui a dinâmica subjacente da cultura do consumo contemporânea, pois a produção, o marketing e a venda no varejo estão cada vez mais voltados para oferecer aos consumidores conceitos de modos de vida atraentes, coordenados e coerentes, a compra de um modo de vida, conselhos sobre um modo de vida etc., que dão tanto ao consumidor quanto ao bem de consumo uma sólida identidade social no interior de um universo significativo.[50]

Segundo Slater (2002), "Baudrillard afirma que o consumo de signos substituiu o consumo de bens", daí a importância de se entender o consumo como

---

[49] Slater, 2002:141.

[50] Ibid.

cultura e não se ater ao sentido utilitarista da visão econômica liberal. Para Baudrillard,

> A origem do significado nunca se encontra na relação entre um sujeito (considerado *a priori* autônomo e consciente) e um objeto produzido para fins racionais — isto é, propriamente, a relação *econômica*, racionalizada em termos de opção e cálculo. Mas encontra-se, ao contrário, na diferença, sistematizável em termos de um código (em contraposição ao cálculo privado) — uma estrutura diferencial que estabelece a relação social, e os sujeitos como tais.[51]

Muito embora ainda exista polêmica sobre a regulação estatal no país e seja questionável a abrangência de ação de uma agência reguladora, é importante que esses órgãos existam e interfiram das mais diversas formas, buscando o equilíbrio nas ações dos atores do mercado. Afinal, se esse equilíbrio já existisse e se os atores tivessem a mesma capacidade de mobilização e de pressão, não se justificaria a existência de um órgão estatal para intervir nesse mercado.

> Afirmar simplesmente que os mercados capitalistas devem ser "regulados" no sentido de remover suas características erráticas nos leva a um dilema. A submissão dos mercados a um controle centralizado de uma agência totalmente abrangente não é economicamente eficaz e leva ao autoritarismo político. Deixar os mercados livres para operarem mais ou menos sem nenhuma restrição, por outro lado, produz grandes disparidades entre as condições de vida de diferentes grupos e regiões. Um sistema pós-escassez, contudo, nos conduz para além deste dilema. Pois quando os bens principais da vida já não são mais escassos, os critérios do mercado podem funcionar apenas como dispositivos de sinalização, ao invés de serem também os meios de manutenção da privação em larga escala.[52]

Sendo a marca uma importante fonte de informação para o consumidor de planos de saúde, é evidente que a regulação estatal deve preocupar-se com as informações transmitidas pela publicidade das operadoras do setor. Essa regulação da informação já é realizada, em parte, quando o próprio órgão regu-

---

[51] Apud Slater, 2002:144.

[52] Giddens, 1991:164.

lador tem acesso aos dados das empresas, tanto cadastrais[53] quanto econômico-financeiros. Mas essa informação pode e deve ser disponibilizada ao consumidor em linguagem acessível para que ele forme o seu juízo acerca das ofertas disponíveis no mercado.

Como o elemento mais importante para o consumidor na escolha de seu plano de saúde é a segurança, a qual se manifesta através da confiança por ele percebida em relação às empresas do setor, a ANS deve preocupar-se não somente com informações técnicas pontuais, mas também com campanhas de esclarecimento aos consumidores sobre as suas ações junto aos agentes do mercado e a importância delas no histórico da operadora de planos de saúde. Talvez com medidas mais proativas a agência possa vir a suprir essa lacuna de segurança.

Ademais, essas ações de comunicação aos consumidores — usuários do sistema — podem e devem ser compartilhadas entre o órgão regulador e as operadoras do setor. Afinal, a confiança buscada pelo consumidor é principalmente na empresa operadora, e não no órgão regulador, cujas funções ainda são pouco claras para grande parte da população.

A metodologia da pesquisa

Cabe tecer alguns comentários sobre o método de pesquisa empregado neste estudo e também sobre a utilização de teorias sociais como a antropologia do consumo e suas práticas no exercício de interpretação da realidade.

Spink (2000) diz que a intenção da pesquisa social é "dar sentido ao mundo" que se manifesta nas relações do nosso dia-a-dia através das práticas discursivas construídas por toda uma multiplicidade de vozes, idéias, categorias e conceitos. Além disso, é importante considerar também a opinião sobre o sentido das coisas a partir da interpretação fornecida pelo senso comum, em contraposição à pesquisa científica, como vem sendo feito na moderna sociologia, buscando desfazer a rigidez dessas duas posições.

> Deparamos, assim, com um grande divisor de águas que coloca, de um lado, as práticas científicas — aquilo que obedece a determinados princípios, regras e métodos definidos pela comunidade científica, passível, portanto, de produzir o conhecimento legítimo — e, de outro, em contraposição (quando não em franca oposição), o

---

[53] Incluindo a composição societária, seus conselhos e administradores.

> senso comum — o conhecimento pouco sistemático e com fins práticos. Entretanto, a discussão epistemológica contemporânea (...) vem contribuindo para desfazer essa dicotomização rígida.[54]

Portanto, as atividades científicas e as atividades cotidianas são igualmente importantes, pois ambas têm a função de dar sentido aos eventos e fenômenos do mundo, embora a aproximação delas não reduza uma atividade à outra. A pesquisa científica é, pois, tanto uma prática reflexiva e crítica quanto social, donde as diferentes metodologias ou posições de diversos autores diante dos critérios utilizados para estabelecer o *status* de cientificidade. Minayo diz que "a pesquisa remete-nos a um processo inacabado e contínuo que exige uma postura de busca permanente, seja no campo teórico, seja no metodológico".[55]

Spink menciona dois modelos ao falar das possibilidades de utilizar formas diferentes para a pesquisa científica: o monismo metodológico e a epistemologia da diferença. Enquanto o monismo metodológico "prega a unidade do método científico para todos os empreendimentos de investigação", a epistemologia da diferença "defende a necessidade de métodos apropriados para as ciências humanas". E acrescenta:

> É nesse contexto de afiliação ao monismo e adesão à epistemologia da diferença que se desempenha a infeliz distinção entre métodos qualitativos e quantitativos. Usamos a expressão *infeliz* pela resultante dicotomia que associa mensuração com rigor e tudo o que não pode ser mensurado com subjetividade. Tal postura leva, de um lado, à entronização do número, numa apropriação ingênua do universo numérico em que a diferença entre as escalas — nominais, ordinais e de intervalo — são ignoradas; e, de outro lado, à excessiva simplificação da objetividade em pesquisa, numa tentativa igualmente ingênua de controlar a subjetividade do pesquisador.[56]

É importante destacar a importância dos métodos qualitativos que têm como fundamento a observação participante, além dos que se utilizam de entrevistas. Aliás, o emprego de métodos de pesquisa cuja credibilidade já foi

---

[54] Spink, 2000:63-64.

[55] Apud Spink, 2000:65.

[56] Spink, 2000:69.

comprovada é mais fácil para o pesquisador, que assim não precisa justificar suas escolhas com fundamentos epistemológicos consagrados.

> Essa discussão metodológica, na leitura de Lüdke, explicita a preocupação dos pesquisadores diante da ampliação do leque de possibilidades de escolhas metodológicas, que se por um lado proporcionava "uma riqueza de possibilidades de realização" no campo da pesquisa, por outro tinha como conseqüência o aumento de responsabilidade em face dessas escolhas, o que envolve, por exemplo, a clareza necessária diante dos fundamentos epistemológicos que embasam sua metodologia. O caminho marcado por regras inquestionáveis era mais fácil de ser trilhado. Com a ampliação do leque de possibilidades, "muitos caminhos são possíveis, mas todos são questionados", exigindo muita seriedade e cuidado.[57]

Falando das "abdicações do empirismo", Bourdieu ressalta a importância da construção teórica e dos métodos sociológicos de construção e explicação dos fatos, afirmando que os dados, sem o contexto, podem não significar nada ou ficar à mercê da interpretação do pesquisador que os analisa.

> Basta ter tentado uma vez submeter à análise secundária o material coletado em função de outra problemática, por mais neutra que esta possa ser na aparência, para saber que os *data* mais ricos nunca estariam em condições de responder completa e adequadamente a questões para as quais e pelas quais não foram construídos. (...) Os que estão à espera de milagres a partir da tríade mítica — arquivos, *data* e computadores — ignoram o que separa esses objetos construídos que são os fatos científicos (coletados por questionário ou inventário etnográfico) dos objetos reais que são conservados nos museus e que, pela sua "excessiva concretude", oferecem à interrogação ulterior a possibilidade de construções indefinidamente renovadas. (...) O positivismo que trata os fatos como dados está condenado a proceder a reinterpretações inconseqüentes porque se ignoram como tais, ou a simples confirmações obtidas em condições técnicas semelhantes.[58]

Além disso, fica claro que o próprio pesquisador, suas crenças, valores e visão dos objetos de estudo influenciam o modo como serão tratados os dados e informações obtidos na pesquisa.

---

[57] Spink, 2000:71.

[58] Bourdieu, 1999:49-50.

> Em contraste com a visão tradicional, Woolgar aponta que o conhecimento científico é determinado pelas relações sociais, sistemas de crenças e valores das comunidades científicas, e não pelo "caráter efetivo do mundo físico". Nessa perspectiva, nos estudos sociais da ciência "o que conta como conhecimento científico bem-sucedido é um *constructo* social.[59]

Neste estudo, pode-se considerar a utilização de um viés construcionista quando são combinadas as três diferentes formas de coleta de dados utilizadas para confirmar a construção teórica elaborada para explicação do fenômeno social pesquisado. Portanto, aqui a postura metodológica é orientada pelas formas de coleta que efetivamente confirmam a teoria construída ao longo do trabalho.

> É o posicionamento no debate entre realismo e construcionismo que informa a postura metodológica. O método propriamente dito, uma vez definido o alinhamento epistemológico, pode ser único ou múltiplo, combinando estratégias quantitativas e qualitativas, como na triangulação metodológica. O debate desloca-se, dessa forma, da dicotomia entre quantidade e qualidade para a dicotomia entre realismo e construcionismo.[60]

Em relação ao conceito de construcionismo, cabe lembrar as palavras de Gergen, citado por Spink (2000:76) no trecho seguinte:

> O cerne do construcionismo, na perspectiva da teoria do conhecimento, é a compreensão de que "os termos em que o mundo é compreendido são artefatos sociais, produtos das trocas historicamente situadas entre as pessoas" (...). Nessa perspectiva, a investigação construcionista tem como foco principal a explicação dos processos pelos quais as pessoas descrevem, explicam ou contabilizam o mundo no qual vivem, incluindo a si mesmas.

Ainda reforçando a opção metodológica deste trabalho, Giddens e Turner (1999:10) afirmam que é importante considerar a ciência "como um esforço interpretativo, de modo que problemas como significado, comunicação e tra-

---

[59] Spink, 2000:73.

[60] Ibid., p. 75-76.

dução se tornam imediatamente relevantes para as teorias científicas". Segundo esses autores, "não raro se acrescenta o fato de o estudo do comportamento humano ser necessariamente uma causa litigiosa: apenas numa sociedade totalitária poderia existir um único esquema incontestável de análise da conduta social humana". E mais adiante:

> Alexander não rejeita completamente a idéia de que as leis da vida social possam ser descobertas, mas insiste em que jamais se chegará ao consenso sobre essas leis e sobre o fato de que a natureza dos dados da ciência social nunca as tornará definitivas. A seu ver, a análise social envolverá sempre discursos e debates quanto aos pressupostos das teorias e à relevância dos dados de verificação dessas teorias.[61]

Wilson reafirma essa posição, ressaltando o papel participativo do pesquisador social na interpretação da pesquisa: "uma vez que a ciência social deve assumir como temas próprios as emoções, objetivos, atitudes e disposições subjetivas dos atores, as assertivas teóricas e empíricas serão 'intencionais', envolvendo interpretações de significado por parte dos analistas sociais".[62]

O estudo aqui realizado verifica, à luz das teorias sobre culturas organizacionais, antropologia do consumo e regulação, a influência da marca no comportamento do consumidor do mercado de planos privados de assistência à saúde no Brasil, no que diz respeito à sua percepção das operadoras e de seus produtos quando da avaliação para a contratação do serviço.

Em relação ao método, a pesquisa é exploratória e descritiva. Exploratória porque trata de aspectos sobre os quais há pouco conhecimento acumulado e sistematizado, como a importância da informação e dos signos na regulação estatal de determinado mercado. E descritiva porque trabalha com características já existentes em determinado fenômeno, verificando o comportamento de suas variáveis. Além disso, pode-se dizer que a pesquisa é seccional, pois os dados foram coletados num período específico, e os resultados dizem respeito a esse período.

---

[61] Giddens e Turner, 1999:14.

[62] Apud Giddens e Turner, 1999:14.

Referências bibliográficas

ANS (Agência Nacional de Saúde Suplementar). *Pesquisa de opinião pública com usuários de planos de saúde*. Rio de Janeiro: ANS, 2002.

BAUDRILLARD, Jean. *Para uma crítica da economia política do signo*. Rio de Janeiro: Elfos; Lisboa: Edições 70, 1995.

BECK, Ulrich; GIDDENS, Anthony; LASH, Scott. *Modernização reflexiva:* política, tradição e estética na ordem social moderna. São Paulo: Universidade Estadual Paulista, 1997.

BENTHAM, Jeremy. *Uma introdução aos princípios da moral e da legislação*. 3. ed. São Paulo: Abril Cultural, 1984. (Coleção Os Pensadores).

DAMATTA, Roberto. *O que faz o brasil, Brasil?* Rio de Janeiro: Rocco, 2000.

ECO, Humberto. *A estrutura ausente*. São Paulo: Perspectiva, 1997. (Coleção Estudos).

GIDDENS, Anthony. *As conseqüências da modernidade*. 6. ed. São Paulo: Unesp, 1991.

_____. A vida em uma sociedade pós-tradicional. In: BECK, Ulrich; GIDDENS, Anthony; LASH, Scott. *Modernização reflexiva:* política, tradição e estética na ordem social moderna. São Paulo: Universidade Estadual Paulista, 1997.

KARSAKLIAN, Eliane. *Comportamento do consumidor*. São Paulo: Atlas, 2000.

KOPYTOFF, Igor. The cultural biography of things: commoditization as process. In: APPADURAI, Arjun (Org.). *The social life of things:* commodities in cultural perspective. New York: Cambridge University Press, 2001.

KOTLER, Philip. *Administração de marketing:* análise, planejamento, implementação e controle. 5. ed. São Paulo: Atlas, 1998.

LEONARD-BARTON, Dorothy. *Nascentes do saber:* criando e sustentando as fontes de inovação. Rio de Janeiro: FGV, 1998.

MILL, John Stuart. *O utilitarismo*. São Paulo: Iluminuras, 2000.

PHILIPS, Adam. Freud está vivo. *Veja*, São Paulo, v. 36, n. 10, p. 11-15, 2003.

SAHLINS, Marshall. *Cultura e razão prática*. Rio de Janeiro: Jorge Zahar, 2003.

SLATER, Don. *Cultura do consumo e modernidade*. São Paulo: Nobel, 2002.

THIRY-CHERQUES, Hermano Roberto. A economia moral da utilidade. *Revista de Administração Pública — RAP*, Rio de Janeiro: FGV, v. 36, n. 2, mar./abr. 2002.

3

Empreendedorismo no Brasil: uma atividade sem "espírito"?

Ana Heloísa da Costa Lemos

Em pesquisa elaborada em 2002 pelo Global Entrepreneurship Monitor (GEM), o Brasil aparece em sétimo lugar num *ranking* que ordena 37 países em função de suas taxas de empreendedorismo. Esse resultado não difere muito dos anteriores: em 2001 o país obteve o quinto lugar e em 2000 era o primeiro da lista. Apesar de surpreendentemente elevados, sugerindo uma forte dinâmica empreendedora no país, esses dados não têm sido devidamente valorizados nos estudos mais recentes sobre a dinâmica econômica do país. As interpretações que procuram dar conta das causas desse fenômeno ora limitam-se a relatar os resultados das pesquisas recentes sobre empreendedorismo,[1] ora analisam os dados como indicadores da precarização do mercado de trabalho brasileiro, que empurra os indivíduos para o auto-emprego travestido de empreendedorismo.[2] A dinâmica do movimento empreendedor no Brasil con-

[1] Ver GEM, 2000, 2001 e 2002.

[2] Ver Silva, 1999; Campos, 2003.

trasta com a parcimônia das análises recentes elaboradas sobre o tema, exceção feita aos estudos do Sebrae, instituição que presta incentivo, assessoria e capacitação técnica às pequenas e médias empresas e que tem sido a principal difusora das iniciativas empreendedoras no país.

Mas, afinal, o que tem levado os brasileiros a criarem empresas num ritmo tão intenso? Somos um povo empreendedor ou tão-somente "nos viramos" para sobreviver e enfrentar as adversidades? E, se "nos viramos", isso nos torna empreendedores de "segunda classe"? Ser empreendedor no Brasil é bom ou ruim? Vício ou virtude? Quais as raízes culturais que nos ajudam a entender nossa prática empreendedora e o juízo que fazemos dessa prática?

Diante desse conjunto de indagações, este capítulo tem por objetivo sugerir caminhos para explicar o empreendedorismo "à brasileira" a partir dos possíveis condicionantes culturais do fenômeno. O interesse em buscar essas respostas resulta não só da constatação do crescimento do empreendedorismo na última década no país, mas também da percepção de que a literatura destinada a explicar "o que faz o brasil, Brasil" não sugere respostas satisfatórias à pergunta sobre o que faz de nós um povo empreendedor. Nossos conhecidos paternalismo, passividade, patrimonialismo e dependência do Estado, para citar os traços culturais mais debatidos nas interpretações sobre o Brasil, não oferecem respostas a essas indagações. À falta de explicações para nosso impulso empreendedor recente (e talvez por causa disso) vem somar-se o julgamento negativo que a atividade empresarial tende a receber no Brasil. Para o senso comum, o empresário é um ser ganancioso, individualista, que só pensa em ganhar dinheiro. Aquele que empreende movido por interesse econômico é freqüentemente malvisto pela sociedade e pelos trabalhadores que emprega, que se sentem explorados pelo patrão. Em oposição à visão heróica do empreendedor norte-americano, a imagem do empresário brasileiro é associada a ganância e exploração. Este anti-herói, quiçá vilão, não desperta simpatias no povo, nos governantes nem nas camadas intelectualizadas, responsáveis pela formulação das interpretações sobre o Brasil.

O entendimento dos motivos pelos quais a visão da atividade empresarial no Brasil tende a ser negativa torna-se tanto mais relevante no contexto atual em que se discutem novas formas de relacionamento entre as empresas e os consumidores, discussões estas que reforçam a importância de associar a imagem da empresa e, conseqüentemente, sua marca a ações consideradas éticas. Em outros termos, o debate atual sobre responsabilidade social e cidadania corporativa no Brasil não pode prescindir de uma reflexão sobre o julgamento moral que ordinariamente fazemos da atividade empresarial. Correm o risco de ser pouco eficazes as ações empreendidas pelas empresas com o intuito de demarcar sua opção por uma atuação mais responsável socialmente, se não tentarmos entender os motivos pelos quais a opção pela atividade empreendedora é eivada de preconceitos, sendo vista por muitos como desprovida de ética. O que se pretende é chamar a atenção para a necessidade de compreendermos melhor os motivos que nos levam a julgar negativamente a atividade empresarial e a depositar expectativas muito grandes nas empresas quando o tema da responsabilidade social é trazido à baila.

Sem a pretensão de oferecer explicações definitivas para o empreendedorismo "à brasileira" ou para o fato de a representação social da atividade empresarial no Brasil ser tão controversa, queremos iniciar aqui um debate capaz de contribuir para o entendimento desse fenômeno no país.

Povo empreendedor

Como já foi dito, o relatório elaborado pelo Global Entrepreneurship Monitor (GEM) estima que, em 2002, 14,4 milhões de brasileiros estavam envolvidos em atividades empreendedoras, o que situa o país em sétimo lugar na classificação que engloba 37 países, com uma taxa de empreendedorismo (TAE)[3] da ordem de 13,5%. Apenas Tailândia (18,9%), Índia (17,9%), Chile (15,7%), Coréia (14,5%), Argentina (14,2%) e Nova Zelândia (14%) apresentaram taxas maiores do que a brasileira. Os EUA — país paradigmático do *ethos* empreendedor — apresentaram, naquele ano, uma taxa de 10,5%. O referido relatório chama a atenção para a dinâmica e variabilidade desse resultados, já que nos anos anteriores o Brasil apresentara taxas de 14,2% (2001) e 20,4% (2000), apesar

[3] Total de atividade empreendedora", que engloba as seguintes situações: "a) iniciar um novo empreendimento; b) ser proprietário/administrar um jovem empreendimento (menos de 42 meses de idade); c) atividade empreendedora motivada por oportunidade; d) atividade empreendedora motivada por necessidade; e) empreendedorismo feito por homens; f) empreendedorismo feito por mulheres; g) esforços empreendedores com a expectativa de criar novos nichos de mercado; h) esforços empreendedores com a expectativa de criar 20 ou mais empregos em cinco anos; i) esforços empreendedores com a expectativa de exportar bens e serviços para fora do país; j) esforços empreendedores com a expectativa de criar novos nichos de mercado e 20 ou mais empregos em cinco anos; e k) empreendimentos de alto potencial" (GEM, 2002:57).

de os números indicarem que o país vem apresentando uma dinâmica que o coloca entre os 10 mais empreendedores do mundo, nos últimos três anos.

O mesmo relatório destaca a necessidade de se verem esses números com ressalvas, pois, do total de indivíduos envolvidos em alguma atividade empreendedora em 2002, 55,6% alegaram fazê-lo não por oportunidade de desenvolver novos produtos, serviços ou processos, mas por necessidade, isto é, por não terem outra forma de obter rendimentos. Esse percentual coloca o país em primeiro lugar no que se refere ao empreendedorismo por "necessidade". Essa distinção entre as diferentes motivações dos empresários, tratada no âmbito do GEM como auto-evidente, mereceria uma discussão à parte, pois as necessidades são socialmente construídas, refletindo valores e aspirações materiais que só fazem sentido em contextos determinados.[4] Isso quer dizer que o conceito de necessidade na Índia ou no Japão é bastante diferente daquele utilizado no Brasil, o que torna pouco explicativa a comparação entre as diferentes taxas nacionais de empreendedorismo por necessidade e por oportunidade.

Para além dessa questão controversa, outros dados importantes merecem ser destacados no relatório, como a predomínio de empresas familiares — mais de 50% dos empreendimentos relacionados na pesquisa de 2002 tinham essa característica — e de atividades ligadas a setores econômicos tradicionais como comércio e serviços. Nesse particular, a ênfase recai na área de alimentação, englobando comércio varejista, indústria de transformação e serviços relacionados ao setor. Os homens são maioria no universo de empreendedores, mas a participação feminina é expressiva: 42% do total, índice superior à média mundial de 39,9%. A faixa etária que concentra maior número de empreendedores situa-se entre 25 e 34 anos (27%), e a escolaridade predominante está entre cinco e 11 anos de estudo.

O predomínio dos empreendedores por necessidade é visto no âmbito do GEM como uma limitação da potencialidade desses empreendimentos, por estar a motivação de seus proprietários mais ligada ao auto-emprego do que ao aproveitamento de novas oportunidades, mas a pesquisa revela que as expectativas de criar postos de trabalho não varia muito de um tipo de empreendimento para o outro: dos que são motivados por necessidade, 36% esperam abrir mais de cinco vagas nos próximos cinco anos, o mesmo ocorrendo com 42%

---

[4] Ver Slater, 1998.

dos que são motivados por oportunidade. Dessa forma, ao menos no que diz respeito à possibilidade de criar empregos, as potencialidades parecem depender menos da motivação do empreendedor e mais do êxito do empreendimento. Pouco animadora, entretanto, é a capacidade global do país para criar empreendimentos considerados de alto potencial de crescimento e inovação: a TAE brasileira, próxima de zero, é interpretada na pesquisa como resultante de condições estruturais desfavoráveis. Na avaliação feita em 2002 pelo GEM, o Brasil figura entre os países com condições mais desfavoráveis para o desenvolvimento de atividades empreendedoras — 31º lugar entre 34 países pesquisados —, em decorrência de fatores relacionados a política governamental, qualidade da força de trabalho, pesquisa e desenvolvimento e suporte financeiro às empresas. Além desse dado negativo, a produtividade do país também é baixa: 46ª posição no *ranking* do *Global Competitiveness Report*[5] de 2002. Apesar das adversidades, alguns fatores são apontados como favoráveis ao empreendedorismo no Brasil nos últimos anos: disseminação da cultura empreendedora, infra-estrutura física disponível e oportunidades de novos negócios.

> A existência de oportunidades para novas frentes de negócio, a percepção de sua existência e a capacidade de aproveitá-la constituem sem dúvida um ingrediente essencial para que o empreendedorismo aconteça, e, nesse aspecto, a avaliação dos especialistas coloca o brasileiro em condições bastante próximas às da Nova Zelândia.[6]

No mesmo relatório são relacionados, com base em entrevistas com especialistas, os seguintes fatores que diferenciam o país e favorecem positivamente o empreendedorismo: elevada capacidade de identificar oportunidades; diversidade étnica e cultural e tolerância às diferenças; receptividade à inovação; criatividade, flexibilidade e maleabilidade; capacidade de adaptação a ambientes hostis, acumulando uma história de convivência com o risco e a incerteza, entre outros. A julgar pelo resultado dos relatórios, os maiores entraves ao desenvolvimento dos novos empreendimentos no Brasil não estão nas motivações dos aspirantes a empresários — sejam eles classificados como por "ne-

---

[5] Apud GEM, 2002:28.

[6] GEM, 2002:39.

cessidade" ou por "oportunidade" —, mas nas condições institucionais e macroeconômicas do país. A partir desse conjunto de informações pode-se vislumbrar o Brasil como um país de empreendedores, não obstante as limitações e obstáculos mencionados.

Weber onipresente

A análise weberiana, convertida em paradigma, influenciou muito as interpretações sobre o Brasil no último século, em especial aquelas que procuram analisar os entraves ao desenvolvimento econômico brasileiro e nossa relação com o trabalho e a atividade empresarial. A importância de Weber no país foi tema de publicação recente organizada por Souza (1999), procurando mostrar a influência desse autor nas principais leituras acerca do Brasil. Conforme ressalta Vianna (1999), o diagnóstico de nosso desenvolvimento econômico — ou do nosso "atraso" — é reflexo direto das análises weberianas marcadamente evolucionistas acerca do desenvolvimento do Ocidente.

O notável desenvolvimento econômico dos EUA, desde o início do século passado, suscitou inevitáveis comparações entre o Brasil e aquele país. Enquanto os EUA parecem ter encontrado o rumo para o desenvolvimento num contexto de economia de mercado, nosso país procura até hoje o caminho capaz de conduzi-lo a patamares de riqueza econômica e desenvolvimento social que nos aproximem um pouco dos nossos vizinhos do Norte.

Para entender as raízes culturais do nosso "atraso", a análise weberiana tem sido a principal chave interpretativa utilizada por importantes pensadores no Brasil. Weber inspirou leituras consagradas sobre o Brasil, como as de Faoro (1984) e Holanda (1988), que por sua vez influenciaram gerações posteriores de estudiosos nacionais. Apesar do mérito das obras desses autores, as quais, entre outras coisas, permitiram superar as explicações de cunho racial para o nosso "atraso", a ênfase na herança protestante para explicar a relação peculiar dos norte-americanos com o trabalho, a poupança e o lucro acabou por restringir as leituras sobre o desenvolvimento e a atitude empreendedora, atribuindo-os quase que exclusivamente ao *ethos* protestante. A adoção do referencial weberiano para entender a ação voltada para a busca do lucro iluminou as análises sobre os fatores culturais que influenciaram as atividades de natureza empresarial nos EUA, mas deixou sem explicações satisfatórias comportamentos também voltados para o ganho material cujas motivações diferiam do tipo ideal do empreendedor capitalista, visto que foram classificadas por Weber como tradicionais e, por isso, tidas como atrasadas. Mas seria equivocado atribuir a lacuna nas interpretações sobre o empreendedorismo no Brasil somente à adoção do referencial weberiano. A trajetória da atividade empresarial no país é bastante recente, e não houve no Brasil um desenvolvimento econômico assentado na iniciativa empresarial privada, como ocorreu nos EUA. O apelo àquele autor deve-se, em grande medida, ao interesse dos estudiosos brasileiros em entender os motivos pelos quais a atividade empreendedora tardou em fincar raízes por aqui.

Se foi a análise weberiana que forneceu a lente que nos ajudou a entender a incipiente tradição empreendedora no Brasil, foi também esse referencial que acabou por obscurecer o entendimento de nossa capacidade empreendedora nas décadas mais recentes. A posição central que as idéias de Weber ocuparam na sociologia do dilema brasileiro talvez explique o motivo pelo qual fatos de incontestável relevância histórica — como os surtos de industrialização para substituição de importações durante as duas guerras mundiais ou o crescimento industrial na década de 1970 — nunca receberam a devida atenção de nossos cientistas sociais. A adoção de referencial weberiano, funcionando quase como um veredicto sobre a nossa incapacidade de empreender, somada à hegemonia do pensamento marxista na historiografia brasileira a partir da década de 1960 acabaram por deixar sem explicações satisfatórias o desenvolvimento empresarial brasileiro forjado nas últimas cinco décadas.

Devemos a Weber, no entanto, a percepção de que a ideologia econômica capitalista — e não o capitalismo, como ressalta o autor — surgiu a partir de uma base religiosa: o protestantismo ascético. Essa vertente religiosa forneceu as estruturas mentais que permitiram conceber a atividade empresarial, e o acúmulo de capital dela proveniente, como um dever, como um valor em si. Em *A ética protestante e o espírito do capitalismo*, Weber evidencia o encontro entre uma prática econômica bastante antiga e a disposição interna de um grupo de pessoas para abraçar essa prática com um senso de dever, como meio de obter algo mais sublime do que o ganho material: a salvação. Assentado em uma base moral que valoriza o trabalho duro, a austeridade e a honestidade, o ato de desenvolver e fazer prosperar um negócio passou a ser visto como legítimo, digno de admiração e emulação. De acordo com Weber, o protestantismo forneceu as bases morais para uma prática econômica, mas não deve ser visto como determinante dela. Sua importância histórica não foi desenvolver o capitalismo, e sim fornecer os fundamentos da ideologia capitalista.

A interpretação de Weber pode ser limitada para explicar o impulso empreendedor no Brasil, mas fornece referências que nos ajudam a compreender melhor as razões que nos levam a avaliar negativamente essa prática. A ausência do *ethos* protestante não impediu que nos tornássemos empreendedores de fato, mas talvez nos ajude a entender os motivos pelos quais julgamos negativamente a atividade empresarial e o lucro dela proveniente. Desprovido da base moral que a religião protestante imprime ao trabalho motivado pelo ganho material, o empreendedorismo brasileiro carece de uma filosofia capaz de legitimá-lo e enobrecê-lo. Distante do virtuosismo do empreendedor protestante — que concebe sua prática material como algo que transcende ao ganho financeiro —, o empreendedor brasileiro é visto como ganancioso e materialista, e o lucro expressa não um dom divino, mas uma ambição indesejada, sendo obtido através da exploração do semelhante.

A diferença entre os significados associados às atividades empresariais no Brasil e nos EUA é ressaltada por Barbosa (2001) ao discutir o conceito de cultura organizacional nessas duas sociedades. Conforme ressalta a autora, enquanto nos EUA a empresa privada é uma instituição fundamental, peça-chave não só de seu sistema econômico, mas também de seu processo civilizatório, tendo sido um instrumento de conquista e integração territoriais, no Brasil a empresa não teve esse mesmo papel, pois coube à Coroa portuguesa a responsabilidade pela conquista e integração do país. Nos EUA "a empresa privada é talvez a instituição que melhor sintetiza os princípios ideológicos fundamentais da cultura norte-americana",[7] representando valores fundamentais para essa sociedade, como a livre-iniciativa, a liberdade econômica e a igualdade de oportunidades. A esses valores soma-se uma ética do trabalho que concebe o lucro como resultado legítimo do trabalho honesto, o que leva os norte-americanos a verem a atividade empresarial como expressão das principais virtudes de sua sociedade. A origem protestante dos EUA, conforme ressaltou Weber, explicaria a mística construída em torno do trabalho do empreendedor, do homem que "faz a América", que obtém riqueza graças ao trabalho árduo e à iniciativa.

Diferentemente do que aconteceu nos EUA, no Brasil a atividade empresarial não foi importante em nosso processo civilizatório, sendo recente a sua

---

[7] Barbosa, 2001:146.

incorporação à formação econômica nacional. Também tomando Weber como referência, Barbosa ressalta a ausência de uma ética do trabalho e a desvalorização do trabalho manual, visto como atividade menor, reservada aos escravos. A autora menciona, ainda, a falta de estímulo à iniciativa individual e à atividade empresarial, o que colocou indivíduos como Irineu Evangelista de Souza, o barão de Mauá, em posição marginal na sociedade. A hostilidade despertada por esse empresário crescia em razão direta de seus lucros, refletindo a mentalidade vigente em sua época, que via com desconfiança aqueles cujas atividades eram diretamente motivadas pelo ganho material. A leitura do livro de Caldeira (2004) é bastante elucidativa para aqueles interessados em entender por que nossa industrialização foi tardia: na segunda metade do século XIX, o Brasil ainda era visto como país de "vocação agrícola", as iniciativas empresariais de Mauá eram desprezadas por serem motivadas por "interesse pessoal", e seus discursos enaltecendo o trabalho soavam ofensivos às elites do Império. Em referência direta aos obstáculos enfrentados por Mauá, Barbosa (2001:149) sintetiza as diferenças entre a valorização da atividade empresarial no Brasil e nos EUA ao afirmar que:

> Uma sociedade que concebe lucro, empreendimento individual e visão empresarial como indícios de desvios de caráter e ameaças ao bem comum não associa à instituição empresa o mesmo conjunto de valores que outra que vê nessas categorias sentidos simétricos inversos.

Eis a origem dos diferentes significados atribuídos ao empreendimento privado nessas duas sociedades, em parte resultantes do papel histórico que nelas tiveram as empresas. Ademais, a forma com que as empresas privadas se consolidaram no Brasil, em estreita simbiose com o Estado, restringiu a percepção da atividade empresarial como marcadamente pioneira, desbravadora. Desse ponto de vista, cabe especular se as imagens negativas associadas à atividade empresarial no Brasil são fruto somente de uma lógica cultural de origem católica e ibérica ou da noção segundo a qual, ante nosso precário desenvolvimento institucional, o progresso do empreendedor dependia inexoravelmente de relações promíscuas com o Estado.[8] Na verdade, a compreensão da visão brasilei-

[8] Ver Caldeira, 2004.

ra do empreendedor precisa ser matizada e contextualizada numa dialética histórica mais complexa. Isso é importante para as empresas na atualidade, pois seu sucesso em criar imagens éticas e relacionamentos de confiança com a sociedade pode estar vinculado à sua capacidade de demonstrar independência dos esquemas das elites tradicionais e do jogo relacional e promíscuo que se estabelecia em seu seio.

A partir dessas reflexões podemos postular que, se é a apropriação de Weber que limita nosso entendimento das raízes culturais do empreendedorismo à brasileira — na medida em que esse autor não valoriza iniciativas empreendedoras movidas por estímulos diferentes do "espírito capitalista" —, é essa mesma referência que serve de lente para a compreensão dos motivos que nos levam a encarar de forma negativa essa prática. A condição periférica que a empresa privada ocupou historicamente no desenvolvimento brasileiro, somada à ausência de uma base moral capaz de legitimar o ganho material e à tradição católica que condena a usura e o lucro são dados importantes para entendermos nossa rejeição à atividade empresarial.

Raízes do Brasil

A apropriação de Weber aos estudos sobre o Brasil tem em *Raízes do Brasil*, escrito em 1936, um de seus principais marcos. Nesse livro, Sergio Buarque de Holanda (1988) apresenta importante análise sobre o caráter do brasileiro e que influenciou gerações posteriores de estudiosos do Brasil. As interpretações do autor contribuíram para o entendimento dos motivos que nos fazem atribuir pouco valor ao trabalho produtivo e aos ganhos materiais dele provenientes. Em oposição ao colono anglo-saxão, o colonizador português que aqui aportou estava mais empenhado em extrair as riquezas disponíveis em abundância do que em construir uma civilização nos trópicos. Após fazer distinção entre trabalho e aventura como princípios orientadores da atividade humana, o autor identifica nossos colonizadores como aventureiros, isto é, aqueles cujo ideal é "colher o fruto sem plantar a árvore",[9] dando pouca atenção aos processos intermediários, que ignoram dificuldades e fronteiras, visando tão-somente o objetivo final. Ao contrário do aventureiro, o trabalhador "enxerga primeiro a

[9] Holanda, 1988:13.

dificuldade a vencer, não o triunfo a alcançar",[10] é persistente, disciplinado e mais limitado em seus horizontes.

Em nítida referência à obra weberiana, Buarque de Holanda opõe a "ética do trabalho" à "ética da aventura", esta última constituindo-se na herança que nossos colonizadores nos legaram, em oposição à herança protestante anglo-saxã. Ao invés das virtudes do protestante laborioso, o tipo aventureiro teria como características "audácia, imprevidência, irresponsabilidade, vagabundagem — tudo, enfim que se relacione com a concepção espaçosa do mundo".[11] Por valorizarem a recompensa imediata em detrimento do esforço metódico, "nada lhes parece mais estúpido e desprezível do que o ideal do trabalhador".[12] Nem mesmo a grande lavoura introduzida com nítidos objetivos comerciais expressaria, na visão do autor, a valorização do trabalho previdente e sistemático, uma vez que "a grande lavoura, conforme se praticou e ainda se pratica no Brasil, participa por sua natureza perdulária quase tanto da mineração quanto da agricultura", e "o que o português vinha buscar era, sem dúvida, a riqueza, mas a riqueza que custa ousadia, não riqueza que custa trabalho".[13] O trabalho, o esforço físico ficavam a cargo dos escravos. Por causa dessa natureza perdulária, as técnicas de cultivo brasileiras teriam permanecido primitivas, rudimentares, pois não havia preocupação em praticar uma agricultura mais produtiva.

A aversão dos portugueses pelo esforço físico não foi destacada somente por Holanda; o escritor português Clenardo já havia constatado esse traço ao afirmar que "se há algum povo dado à preguiça sem ser o português, então não sei onde ele exista".[14] A rejeição ao trabalho manual reflete-se também na valorização do trabalho intelectual, no culto ao bacharelismo no universo dos senhores de escravos, onde o diploma e o anel de grau eram exibidos como brasões de nobreza. Valorizava-se essa atividade menos por seus aspectos práticos e mais por sua oposição ao trabalho, considerado indigno.

---

[10] Holanda, 1988:13.

[11] Ibid.

[12] Ibid.

[13] Ibid., p. 18.

[14] Apud Holanda, 1988:19.

Apesar das disposições negativas do tipo aventureiro, Holanda reconhece que foi justamente o desejo do ganho imediato que lançou os portugueses às conquistas ultramarinas. Em última instância, o ímpeto aventureiro foi decisivo para a colonização da América. E ele se pergunta se a "ânsia de prosperidade sem custo, de títulos honoríficos, de posições e riquezas fáceis, tão notoriamente característica da gente de nossa terra, não é bem uma das manifestações mais cruas do espírito de aventura?".[15] Mas o espírito aventureiro não explica somente nossas características menos abonadoras, pois a adaptabilidade do brasileiro também deriva desse espírito.

> E, no entanto, o gosto da aventura, responsável por todas essas fraquezas, teve influência decisiva (não a única, é preciso, porém, dizer-se) em nossa vida nacional. Num conjunto de fatores tão diversos, como as raças que aqui se chocaram, os costumes e padrões de existência que nos trouxeram, as condições mesológicas e climatéricas que exigiam longo processo de adaptação, foi o elemento orquestrador por excelência. Favorecendo a mobilidade social, estimulou os homens, além disso, a enfrentar com denodo as asperezas ou resistências da natureza e criou-lhes as condições adequadas a tal empresa.[16]

O desprezo pelo trabalho decorreria também da valorização da condição de fidalgo e das virtudes e ideais da nobreza portuguesa, que inspiravam não só aqueles tradicionalmente ligados a essa condição, mas também a burguesia emergente, o que funcionou como um entrave à consolidação dos valores ligados a essa classe em ascensão, que obtém sua fortuna através do trabalho e da habilidade em comerciar.

> nenhuma das virtudes econômicas tradicionalmente ligadas à burguesia pôde, por isso, conquistar bom crédito (...). Boa para genoveses, aquelas virtudes — diligência pertinaz, parcimônia, exatidão, pontualidade, solidariedade social — nunca se acomodariam perfeitamente ao gosto da gente lusitana.[17]

---

[15] Holanda, 1988:15.

[16] Ibid., p. 16.

[17] Ibid., p. 78.

Esse trecho destaca aquelas que seriam as raízes da pouca valorização do trabalho e do esforço empreendedor no contexto brasileiro. Diferentemente dos EUA, onde as atividades empresariais e mercantis fundam novas disposições não só comportamentais mas também cognitivas, em Portugal e, por extensão, no Brasil, a realização de atividades tipicamente burguesas não contribuiu para a incorporação de novos valores à sociedade.

O desprezo pelo trabalho e a valorização do estilo de vida da nobreza também ajudariam a explicar a maior aceitação que os índios gozavam no seio da sociedade colonial — tendo inclusive inspirado escritores como Gonçalves Dias e José de Alencar. Enquanto os negros eram a personificação do trabalho aviltante, a ociosidade, a imprevidência e a aversão ao trabalho disciplinado aproximavam os índios do estilo de vida da nobreza. Para Buarque de Holanda, nossa herança lusitana explicaria, em grande medida, a pouca inclinação para o trabalho intenso e disciplinado, a desvalorização das práticas mercantis, consideradas inferiores, e a ausência de uma base moral capaz de legitimar essas atividades.

Sociedade sem indivíduos

Além da ausência de um *ethos* capaz de atribuir sentido positivo à atividade empreendedora, outra dimensão cultural deve ser ressaltada para auxiliar o entendimento da rejeição a essa atividade no Brasil: a adesão limitada à ideologia individualista. Em seu clássico *Carnavais, malandros e heróis*, DaMatta (1979) discorre sobre a incompletude da noção de indivíduo no país, ao opor as construções de *indivíduo* e *pessoa*. Alternando a incorporação da ideologia individualista e igualitária, típica das sociedades ocidentais modernas, e a adesão a uma ideologia coletivista e tradicional, o Brasil combina o individualismo e a impessoalidade requeridos pelo Estado moderno com o personalismo que predomina nas relações tradicionais.

A incorporação da ideologia individualista tem como ponto central a valorização do indivíduo como sujeito normativo das instituições sociais. Essa ideologia pressupõe que o indivíduo deve ser livre para fazer suas escolhas e defender seus interesses e, na defesa desses interesses, ele contribui para a construção de uma coletividade forte. Subjacente ao individualismo está a valorização da noção de interesse, entendido como legítima manifestação das individualidades e garantia de equilíbrio numa sociedade igualitária.

A centralidade da figura do indivíduo e a valorização da noção de interesse fornecem bases ideológicas compatíveis com a atividade empreendedora e a ausência delas explica, em grande medida, o julgamento negativo que fazemos daqueles que empreendem motivados por interesse pessoal. Voltando ao exemplo americano, deve-se acrescentar que, além da herança protestante, a ideologia individualista também contribuiu de forma decisiva para a valorização do empreendedorismo, na medida em que a iniciativa individual é o grande vetor de construção daquela sociedade. Em oposição, podemos pensar que, no Brasil, a incorporação limitada dessa mesma ideologia contribuiu para a rejeição da atividade empreendedora, pois, longe de ser valorizada, a iniciativa individual ora é vista como interesse particular e, nesse sentido, contrária ao interesse coletivo, ora como insubordinação do indivíduo que se recusa a aceitar a sociedade como um dado, querendo mudar a "ordem natural das coisas", entendida esta como a primazia do interesse coletivo sobre o individual.

A visão negativa de indivíduo na sociedade brasileira, destacada por DaMatta (1979), pode explicar, em parte, a resistência à figura do empreendedor em nossa sociedade. Se, no Brasil, individualismo é sinônimo de egoísmo, de falta de solidariedade e de sujeito auto-referente, o empresário — indivíduo que persegue seus interesses particulares — não pode ser visto como alguém capaz de agregar, de fortalecer a sociedade. O exemplo das resistências enfrentadas pelo barão de Mauá reforça a percepção de que o interesse particular é encarado no Brasil como um atentado contra a coletividade. Em oposição à leitura anglo-saxã que concebe o indivíduo como vetor de uma sociedade civil forte, no Brasil o individualismo é visto como o responsável pela fragilidade da sociedade civil.

Conclusão

Conforme dito inicialmente, o principal objetivo deste texto foi evidenciar a limitação das leituras tradicionais sobre o Brasil para abordar o tema empreendedorismo, ao mesmo tempo em que se procurou explorar as raízes da rejeição enfrentada pela atividade empresarial no país.

Não se deve atribuir às leituras clássicas sobre o Brasil a responsabilidade pela representação negativa da atividade empresarial no país, mas pode-se postular que essa literatura — influenciada pelo pensamento weberiano — não oferece chaves interpretativas que permitam apreender em toda a sua complexidade nossa cultura empresarial peculiar. Esse vácuo interpretativo acaba por limitar as análises sobre a iniciativa empreendedora no Brasil a uma confrontação com o que ocorreu nos EUA, sendo o empreendedorismo brasileiro retratado como algo que *não foi* (empreendedorismo norte-americano), e não interpretado como algo que *é*, com suas particularidades e limitações. Isso quando não se lança mão do referencial analítico marxista, que contribui de forma inequívoca para consolidar a rejeição à atividade empresarial privada, vista como sinônimo de exploração e usurpação. Se Weber é limitado para entender nossa cultura empreendedora, Marx é a sentença de morte para qualquer tentativa de valorizar essa cultura.

Mas, afinal, quem é o empreendedor brasileiro? Quais as suas motivações? Por que, não obstante o ambiente institucional desfavorável ao empreendedorismo, são criadas tantas empresas no Brasil? A resposta a essa pergunta não pode limitar-se a reproduzir leituras monolíticas — como a tese protestante — e ao mesmo tempo não pode perder de vista essa interpretação. A compreensão desse fenômeno deve trilhar o caminho de produções recentes que procuram entender as dimensões culturais do mundo social a partir da perspectiva do multiculturalismo.[18] Em outros termos, a tentativa de produzir *uma* leitura do Brasil acaba por deixar de fora aspectos do Brasil que não cabem nessa leitura.

Conforme ressalta Berger (2004) ao discutir a globalização, é grande a tentação de produzir uma única interpretação desse fenômeno, embora os fatos evidenciem que há nele nuanças, diferenças e assimetrias. Da mesma forma, pode-se pensar que o Brasil que empreende é tão real quanto o Brasil que vive à custa do Estado, e o desafio é dar conta dessa realidade plural, desses diversos "brasis" que podem ser contraditórios e paradoxais em muitos aspectos. Como entender nossa identidade cultural sem reduzi-la a estereótipos limitantes, sem concebê-la estática, acabada? No que tange ao empreendedorismo, pesquisas voltadas para conhecer o perfil e as motivações desse sujeito pouco compreendido (o empresário) podem contribuir não só para o entendimento mas também para a valorização da dinâmica empreendedora no Brasil. Conforme ressaltam Axt e Schüler, esforços de reinterpretação da nossa identidade cultural contribuem para trazer à tona aspectos da realidade social pouco explorados, evidenciando que, embora se possa falar de uma "identidade brasileira"

---

[18] Ver Parekh, 2000; Berger, 2004; Axt e Schüler, 2004.

expressando traços comuns aos nascidos no Brasil, essa identidade não é um produto acabado, e sim um conceito em construção, pois "cada interpretação da identidade processada pela sociedade converte-se em parte dessa identidade, e, por isso, estamos em permanente estado de mutação".[19] É por entendermos o caráter dinâmico da cultura que vemos reforçado o nosso interesse em contribuir para a reinterpretação dessa dimensão específica da cultura brasileira: a valorização/desvalorização da atividade empresarial.

Como já foi dito, sem a pretensão de oferecer respostas definitivas sobre a natureza e a motivação do empreendedorismo no Brasil, ressaltamos que a carência de representações positivas da atividade empresarial contribui para a desvalorização dessa prática no imaginário da sociedade brasileira, embora o empreendedorismo seja um expediente do qual um número crescente de indivíduos lança mão para sobreviver. Nosso empreendedorismo acaba sendo periférico, envergonhado, por falta de um repertório simbólico capaz de legitimá-lo e dignificá-lo. Isso é tanto mais preocupante porque, numa sociedade capitalista como a nossa, a atividade empresarial é a principal propulsora do desenvolvimento econômico. Portanto, não seria exagero dizer que é difícil pensar o desenvolvimento brasileiro sem uma revisão da imagem que a empresa privada e os empresários têm no imaginário coletivo nacional. Ademais, como já foi ressaltado, é fundamental que o setor empresarial compreenda que o julgamento negativo que os consumidores possam fazer a seu respeito transcende a simples análise objetiva do negócio, pois reflete uma ideologia avessa a qualquer atividade empresarial. Desnecessário dizer que os desafios do empresariado brasileiro são ainda maiores nesse contexto de não-legitimação de seu papel social.

Referências bibliográficas

AXT, Gunter; SCHÜLER, Fernando (Orgs.). *Intérpretes do Brasil*. Porto Alegre: Artes e Ofícios, 2004.

BARBOSA, Lívia. *Igualdade e meritocracia:* a ética do desempenho nas sociedades modernas. 3. ed. Rio de Janeiro: FGV, 2001.

BERGER, Peter; HUNTINGTON, Samuel (Orgs.). *Muitas globalizações*. Rio de Janeiro: Record, 2004.

[19] Axt e Schüler, 2004.

CALDEIRA, Jorge. *Mauá:* empresário do Império. São Paulo: Companhia das Letras, 2004.

CAMPOS, Marilene de Souza. *A empresa como vocação:* o Sebrae e o empre-endedorismo na cultura da informalidade como problema público. Tese (Doutorado) — Iuperj, Rio de Janeiro, 2003.

DAMATTA, R. *Carnavais, malandros e heróis:* para uma sociologia do dilema brasileiro. Rio de Janeiro: Zahar, 1979.

_____. *O que faz o brasil, Brasil?* Rio de Janeiro: Rocco, 2000.

FAORO, Raymundo. *Os donos do poder*. 6. ed. Porto Alegre: Globo, 1984.

GEM — Global Entrepreneurship Monitor. *Empreendedorismo no Brasil.* Relatório Global. 2000.

_____. *Empreendedorismo no Brasil.* Relatório Global. 2001.

_____. *Empreendedorismo no Brasil.* Relatório Global. 2002.

GOMES, Laura; BARBOSA, Lívia; DRUMMOND, José A. (Orgs.). *O Brasil não é para principiantes:* carnavais, malandros e heróis 20 anos depois. Rio de Janeiro: FGV, 2000.

HOLANDA, Sergio Buarque de. *Raízes do Brasil.* 20. ed. Rio de Janeiro: José Olympio, 1988.

PAREKH, Bhikhu. *Rethinking multiculturalism:* cultural diversity and political theory. Cambridge: Harvard University Press, 2000.

SILVA, Luís Antonio Machado. Trabalhadores brasileiros: virem-se. *Inteligência,* v. 1, n. 5, p. 60-65, dez. 1999.

SLATER, Don. *Consumer, culture and modernity.* Cambridge: Polity, 1998.

SOUZA, Jessé (Org.). *O malandro e o protestante:* a tese weberiana e a singularidade cultural brasileira. Brasília: UnB, 1999.

VIANNA, Luís Werneck. Weber e a interpretação do Brasil. In: SOUZA, Jessé (Org.). *O malandro e o protestante:* a tese weberiana e a singularidade cultural brasileira. Brasília: UnB, 1999.

WEBER, Max. *A ética protestante e o espírito do capitalismo.* São Paulo: Companhia das Letras, 2004.

4

Hierarquia, escassez e abundância materiais: um estudo etnográfico no universo de consumo das empregadas domésticas*

Carla P. Barros

Este capítulo se propõe a discutir questões relativas aos significados do consumo para um grupo pertencente às camadas populares urbanas brasileiras — as empregadas domésticas —, focalizando, ainda, o modo pelo qual a área de marketing vem lidando com o universo de consumo desses mesmos segmentos sociais. Mercado "popular", "emergente" ou de "baixa renda"[1] são alguns dos termos utilizados para designar segmentos que, apesar de representarem numericamente uma significativa parcela da população brasileira, têm sido relegados a segundo plano, seja pelas empresas, como público-alvo, seja pelos institutos de pesquisa, como grupos a

* A autora agradece o apoio do Instituto Coppead de Administração — UFRJ e da Escola Superior de Propaganda e Marketing — RJ.

[1] O uso de aspas, bastante comum em textos antropológicos, serve para destacar termos ou expressões próprios do universo dos informantes, ou seja, os membros do grupo pesquisado. Em outros casos, serve também para realçar conceitos sobre os quais não há consenso na área em que foram criados.

serem investigados, seja ainda por acadêmicos de marketing, como objeto de estudo. Visando contribuir para o estudo do consumo nas sociedades contemporâneas, especialmente na área de marketing, este trabalho tem como orientação principal a abordagem antropológica do consumo, a qual se constitui numa alternativa às abordagens reducionistas e positivistas e às pesquisas experimentais predominantes nos estudos mercadológicos, sobretudo na área de comportamento do consumidor.

Desde autores seminais como Marcel Mauss e Thorstein Veblen, passando por Mary Douglas, Marshall Sahlins, Jean Baudrillard, Colin Campbell e Daniel Miller, para citar apenas alguns dos nomes mais importantes, o campo da antropologia do consumo vem-se constituindo a partir da crítica às análises economicistas, utilitaristas e reducionistas[2] desse fenômeno. A preocupação nessa arena de debates sempre foi mostrar o consumo como um fato social total, um código, um índex simbólico e um grande sistema classificatório, ao mesmo tempo em que se procurava relativizar a idéia de universalidade do "homem econômico" e da própria noção de indivíduo por meio de diversos estudos etnográficos. Os autores que constituíram o campo de saber da antropologia do consumo deixam de ver esse fenômeno como mero reflexo da produção e o transformam em objeto central de análise capaz de produzir um discurso sobre as relações sociais. Abandona-se, assim, a visão utilitária do consumo que prevalece no viés economicista para se dar a devida atenção ao significado cultural contido nesse fenômeno e em suas práticas. O consumo é um fato social refratário a explicações que o reduzam ao plano individual, mas é passível de interpretações que envolvam significados culturais e públicos. É preciso enfatizar esse ponto, pois existe uma tendência, nos estudos aplicados, em ver o consumo como algo individual. A própria denominação do campo específico do marketing (com-

---

[2] O campo de estudos da antropologia do consumo se constituiu sobretudo a partir de uma crítica às interpretações apoiadas em teorias econômicas que reduziam o fenômeno do consumo à esfera do indivíduo, visto como um ser racional que realiza a compra procedendo a uma escolha que visa maximizar a utilidade. O consumidor distribuiria seus gastos de modo a obter de seus recursos (limitados) o maior retorno possível. A lógica calculista embutida no modelo economicista não considerava a dimensão simbólica e social do consumo, que passou a ser investigada por pioneiros como Thorstein Veblen e Marcel Mauss.

portamento do consumidor) reflete uma tradição behaviorista[3], reificando o indivíduo como o eixo a partir do qual se pensa o consumo.

Veblen (1965), Douglas (1978), Sahlins (1979) e Rocha (1985), particularmente, defenderam a idéia de se entender o consumo como um grande sistema classificatório ou, ainda, um modo privilegiado de comunicação que pode criar "barreiras ou pontes", nas palavras de Douglas, aproximando ou afastando indivíduos e grupos, criando distinções, hierarquizando, como um grande sistema totêmico, como sugeriu Rocha, tomando por base o trabalho de Lévi-Strauss (1970).

Este capítulo procura inserir a discussão sobre o consumo popular na tradição antropológica que concebe esse fenômeno como um sistema classificatório de matriz cultural e simbólica — e não como mero reflexo de uma razão prática[4] —, não podendo, portanto, ser reduzido ao plano do indivíduo racional nem explicado a partir da inserção dos sujeitos em determinadas classes socioeconômicas, como é comum na área de marketing.

Os modos de classificação dos consumidores e a invisibilidade dos segmentos de baixa renda

Podemos, a partir de agora, discutir a limitação das análises que pretendem compreender os fenômenos do consumo exclusivamente a partir do eixo

---

[3] O estudo do comportamento do consumidor foi fortemente influenciado pelo behaviorismo, escola da psicologia criada por B. F. Skinner que concebe o ser humano como uma página em branco que vai sendo preenchida pela interação com o ambiente. Os estímulos do meio suscitariam respostas que seriam recompensadas ou punidas, reforçando ou extinguindo determinados comportamentos. Nessa perspectiva, a análise verdadeiramente científica deveria explicar e predizer o comportamento humano tal como fazem as ciências naturais. Trabalha-se, assim, apenas com aspectos diretamente observáveis e registráveis: os estímulos do ambiente e as correspondentes respostas comportamentais. O ser humano é assim reduzido ao seu comportamento, única variável observável e tangível em termos cientificamente aceitáveis. O comportamento de compra seria uma resposta a um estímulo externo ao sujeito, de modo que aquilo que possa existir entre estímulo e resposta não é passível de qualquer registro objetivo, não merecendo, aos olhos dos behavioristas, ser investigado.

[4] Sahlins (1979) faz uma contundente crítica à idéia de que as culturas são criadas a partir de uma atividade prática ou, ainda, de um interesse utilitário. No universo da razão prática, a cultura se conformaria a pressões materiais, visto ser concebida como uma derivação da atividade racional dos indivíduos na perseguição de seus melhores interesses. À idéia de razão prática Sahlins contrapõe a de razão simbólica, que seria para ele a verdadeira qualidade distintiva do ser humano, ou seja, o fato de o homem viver de acordo com um esquema significativo criado coletivamente através da cultura.

de classe. No campo das análises sociológicas tradicionais — incluindo aí as marxistas — , o consumo foi usualmente concebido como mero reflexo da produção. O conceito de "classe trabalhadora", que define a posição dos indivíduos a partir de sua inserção no universo da produção, não consegue explicar a diversidade das práticas de consumo encontradas numa mesma classe predefinida.

No campo de pesquisa das ciências sociais brasileiras, os grupos de baixa renda da população foram tradicionalmente marcados pelo signo da "carência material". Até os anos de 1980, a maioria dos estudos — inventariados de forma abrangente por Sarti (1996) — definia esses grupos essencialmente a partir de suas relações de trabalho. Tanto em abordagens marxistas quanto nos trabalhos que pesquisavam as "estratégias de sobrevivência" das camadas populares, o foco de análise recaia sobre os mecanismos que as famílias estudadas usavam para garantir sua "sobrevivência material". Como destacou Sarti, a dimensão simbólica não encontrava espaço nesse tipo de análise, pois tudo parecia mover-se graças a uma "razão prática" que permitia às pessoas sobreviverem num ambiente de grande escassez material. Tratava-se de uma verdadeira lógica da "falta", seja de bens, de trabalho ou de "consciência de classe". Somente a partir da década de 1980 esse quadro se altera, com o surgimento de vários estudos etnográficos abordando temas como o cotidiano e as relações de família e gênero. Esses estudos passaram, pois, a enfatizar o modo de vida e as representações sociais das camadas populares urbanas, mostrando como é a dimensão simbólica e cultural que, de fato, instaura a vida social.

Passando à área de pesquisa de mercado, verificamos um reducionismo presente nos modos de segmentação que estabelecem determinadas classes econômicas ou socioeconômicas a partir de critérios como a posse de determinados bens de consumo, a escolaridade do chefe de família e/ou a renda, como é o caso do "critério Brasil",[5] que utiliza os dois primeiros. O erro aqui está em

---

[5] Momento marcante na história das pesquisas de mercado no Brasil foi o estabelecimento de um critério único de classificação econômica da população — o "critério Brasil" — em 1997. A Associação Brasileira de Anunciantes, a Associação Nacional de Empresas de Pesquisa e a Associação Brasileira de Institutos de Pesquisa de Mercado se uniram para lançar a nova fórmula, que na verdade se baseava na mesma lógica de classificações anteriores, com o objetivo de permitir uma leitura do potencial de consumo da população a partir de uma segmentação baseada em dados como posse de bens, presença de empregada doméstica mensalista e grau de escolaridade do chefe de família. Essa segmentação, que compreende cinco letras, de *A* a *E*, com algumas subdivisões, estabelece que o consumidor de baixa renda seria aquele pertencente aos extratos *C*, *D* e *E*.

reduzir a complexidade simbólica do consumo a algo que se explica apenas pela inclusão dos indivíduos no mercado a partir do momento em que adquirem determinados produtos. Ao contrário dessa perspectiva, a análise do consumo como um elaborado sistema cultural da sociedade contemporânea deve levar em conta as diferenças simbólicas que se inscrevem a partir da equalização dos pré-requisitos econômicos implícitos na compra de qualquer bem.

Assim, tanto no campo das ciências sociais — pelo menos até os anos de 1980 — quanto no das pesquisas de mercado, os consumidores de baixa renda foram sistematicamente percebidos e classificados a partir de uma lógica da "falta". Por não terem os bens considerados necessários para incluí-los plenamente na sociedade de consumo, acabaram, inclusive, sendo desqualificados como consumidores. As restrições da vida material foram vistas como propulsoras de uma motivação para o consumo de ordem essencialmente prática, como se eles vivessem na esfera da "sobrevivência", fazendo cálculos para melhor aproveitarem seus escassos recursos econômicos. De que adianta pesquisar quem não tem potencial de consumo e só compra em função das melhores ofertas de preço, a fim de obter o melhor retorno possível? Esse parece ter sido o pensamento amplamente difundido no imaginário dos profissionais de pesquisas de mercado durante décadas, donde a ausência desses consumidores de baixa renda como objeto de investigação. Como mostrou Almeida (2003, 2004), essa postura chega a desqualificar esses segmentos como consumidores de fato, como fica claro no depoimento da diretora de estratégia e planejamento de uma agência publicitária à revista *Mercado Global* em 1983, reproduzido a seguir. A publicitária, em seu discurso, ao chamar o mercado de baixa renda de "marginal", não só o exclui da esfera do consumo, como também de qualquer interesse de pesquisa.

> Há dois mercados: o ativo e o marginal. Em comparação com a população total, a porcentagem de consumidores ativos é extremamente limitada. Reúne entre 25 e 28% da população brasileira que você pode chamar de classe média. É uma faixa da população que tem poder aquisitivo. O resto tem aspirações de consumo, *mas quase nenhum poder de consumir*. Configura um *mercado marginal*. (...) A diminuição do orçamento doméstico é flagrante. Pode-se notar que cerca de 10% das pessoas que eram tidas como classe média passaram para a classe C. Isso não significa que alguns segmentos não melhoraram seu padrão de vida. Mas eles são muito poucos quando

comparados com o todo. Devemos lembrar *que as classes que consomem efetivamente*, A, B e C, representam cerca de 28% da população brasileira.[6]

Esse depoimento é exemplar em termos do discurso aqui investigado, pois explicita a dicotomia entre as classes que "consomem efetivamente" e as que quase "não teriam poder de consumir". Nessa perspectiva, que dominou por décadas a área de pesquisa de mercado, um primeiro Brasil é o que realmente consome, ativo, representado preferencialmente pelas classes A e B, e com menos destaque, pela C. Esse seria o país a ser investigado pelos institutos de pesquisa, e os resultados desses estudos deveriam servir de base para as estratégias e ações dos profissionais de marketing e de publicidade. O segundo Brasil, que formaria um "mercado marginal", é descartado, pois teria apenas "aspirações de consumo", sem poder real de compra.

Vale ressaltar que essa significativa indiferença para com as classes C, D, e E, especialmente para com as duas últimas da "base da pirâmide" (D e E), foi parcialmente suspensa após o advento do Plano Real em 1994, quando artigos de revistas de negócios e reportagens de jornais começaram a comentar o surpreendente crescimento de consumo dessas classes e as oportunidades que surgiam nesse novo cenário de crescimento socioeconômico das populações de baixa renda.

Em 1995, uma edição da revista *Mercado Global*, publicação direcionada para profissionais de marketing e publicidade, exibia, significativamente, o seguinte título como chamada de capa: "É hora de preencher os vazios do mercado", referindo-se à falta de interesse das empresas brasileiras e multinacionais pelo mercado de baixa renda. A matéria tratava do abandono em que se achava esse mercado justamente numa época em que a situação parecia estar mudando com o advento do Plano Real e o aumento do consumo das classes de baixa renda foi notável. O crescimento nas vendas de produtos como o frango e o iogurte ganhou destaque na imprensa, transformando esses dois alimentos em verdadeiros ícones do momento econômico então vivido pelo país.

Quase 10 anos depois da reportagem da revista *Mercado Global*, apareceram alguns artigos em revistas acadêmicas e de negócios chamando a atenção para o persistente desinteresse pelo mercado popular e a enorme fonte de oportunidades para negócios que ali se escondia. Num desses artigos, publicado em 2003, a revista *Exame* mostrava como algumas grandes empresas vinham mu-

[6] Apud Almeida, 2004:11. Grifos meus.

dando a atitude "histórica" de ignorar esse mercado e passando a desenvolver estratégias diretamente voltadas para os consumidores "emergentes" das classes C, D e E, público que no Brasil é estimado em torno de 31 milhões de lares.

Um dos maiores defensores dessa idéia no plano internacional é o guru de estratégia C. K. Prahalad, que em 2002 publicou um artigo na revista *HSM Management* intitulado "O pote de ouro na base da pirâmide", onde propõe a prática de um "capitalismo mais inclusivo" que, ao atender os consumidores de baixa renda (segundo ele, a "camada 4" da pirâmide), traria grandes oportunidades de lucro para as empresas. Prahalad acusa as multinacionais de terem tido até então um comportamento bastante tímido em relação a esse mercado, não percebendo que o grande potencial de ganhos econômicos não estava na pequena elite ou na classe média, e sim nos bilhões de pobres dos países em desenvolvimento. Em seu livro *A riqueza na base da pirâmide*, Prahalad (2005) relata 12 casos de empresas que se voltaram com sucesso para o mercado popular. Nesse estudo, uma das empresas analisadas pelo autor indiano é a brasileira Casas Bahia, que se notabilizou pelo seu crescimento junto aos segmentos de baixa renda a partir da implantação de uma vitoriosa política de crédito aos clientes.

Assim, por um lado, a maioria das empresas, tanto no Brasil quanto no mundo, mostra-se ainda pouco ousada no atendimento a esse mercado emergente, apresentado por estrategistas como Prahalad como uma oportunidade ímpar de crescimento e lucros no mundo dos negócios. Por outro lado, a área de pesquisas de marketing no Brasil acaba por reforçar essa atitude verificada no meio empresarial, dando pouca atenção à análise desse enorme público consumidor,[7] o que leva a uma certa invisibilidade desse segmento diante de outros mais favorecidos economicamente.

---

[7] A pesquisa sobre o comportamento de consumo dos segmentos de baixa renda está praticamente ausente do campo de interesse acadêmico da área de marketing: não aparece nenhuma vez como tema nos trabalhos apresentados no Enanpad, segundo levantamento feito pela autora em 1997-2003. Na busca realizada no banco de teses e dissertações do portal Capes relativo à produção das escolas de administração no país, de 1987 até junho de 2004, o resultado é inexpressivo em termos numéricos, tendo sido encontrados apenas três estudos relativos ao tema: o de P. Emílio Carreiro, *Diga-me como compras e eu te direi quem és: um estudo comparativo sobre o comportamento dos consumidores de alta e baixa renda* (mestrado, UFMG, 1993); o de José Vicente Eduardo, *O financiamento para a habitação popular na Bahia* (mestrado, UFBA, 1998); e o de Renata Giovinazzo, *Um estudo sobre o desempenho e a estratégia de empresas que atuam no mercado de bens populares no Brasil* (mestrado, USP, 2003).

Essa invisibilidade do mercado popular pode ser explicada pelo enfoque dado pelos profissionais de marketing e publicidade ao consumo desses grupos: se entre eles domina a lógica da carência material e da razão prática, não haveria praticamente espaço para a escolha, que é o processo característico do ato de consumo. É como se os grupos de baixa renda — como na teoria da hierarquia de necessidades de Maslow — fossem movidos pela necessidade básica de luta pela sobrevivência, desenvolvendo estratégias e cálculos para obter o maior retorno e assim priorizando a compra de produtos mais acessíveis e adequados ao seu restrito orçamento familiar.

Um exemplo marcante dessa lógica da carência material aplicada aos grupos de baixa renda ocorreu quando a rede de supermercados Pão de Açúcar adquiriu, em 1998, a rede Barateiro, voltada para as camadas populares. À época, o Pão de Açúcar pôs em prática uma estratégia que consistia em retirar os produtos líderes das prateleiras, colocando em seu lugar opções mais baratas, que supostamente trariam vantagens para a população de baixa renda. Por trás dessa tática pode-se perceber a lógica comentada anteriormente: as camadas populares, como não consomem (e, conseqüentemente, não escolhem), apenas sobrevivem, ficariam motivadas ao encontrar um supermercado que desse prioridade aos produtos baratos. Essa estratégia revelou-se uma das mais equivocadas do segmento de varejo dos últimos tempos, o que foi reconhecido pelos próprios donos da empresa. O que se viu foi uma enorme rejeição do público popular a uma loja que só oferecia produtos baratos, vistos como "de segunda linha". Os consumidores queriam a presença das marcas líderes no supermercado, mesmo que não pudessem comprá-las na mesma quantidade e com a mesma constância que as classes mais favorecidas economicamente. Não queriam, certamente, sentir-se excluídos da sociedade de consumo.

Portanto, para compreender os sentidos do consumo para as camadas populares, urge abandonar a lógica utilitarista da sobrevivência e da carência material, passando a qualificar esses consumidores por uma outra perspectiva. Trata-se de validar novos critérios de segmentação que levem em conta valores e visões de mundo, ou seja, a lógica cultural subjacente aos comportamentos sociais. Os consumidores com menor poder aquisitivo também processam suas escolhas e hierarquizam suas opções em termos de uma escala de valores, assim como os consumidores de outros extratos sociais. Cabe, pois, investigar quais são esses valores de base simbólica — e não-prática — que orientam sua lógica de consumo.

Estudos sobre o universo social das camadas populares

Sem querer, evidentemente, negar as dificuldades de sobrevivência material dos grupos de trabalhadores urbanos numa sociedade com enormes desigualdades sociais como a brasileira, a questão aqui, na verdade, é outra. Como revela um dos estudos etnográficos pioneiros[8] sobre as estratégias de sobrevivência de um grupo de mendigos nas ruas de uma cidade norte-americana, mesmo num ambiente de extrema carência material existe uma hierarquia de escolhas moldada socialmente e que orienta o modo de consumo adotado.

A definição do que vêm a ser as camadas populares urbanas não pode ser reduzida a um único eixo de classificação, especialmente aquele que a confina a uma questão de carência material. O foco na *falta* encobre a dimensão cultural e simbólica que organiza e cria sentido para a vida de qualquer grupo social, como já foi assinalado. Logo, um primeiro passo importante seria conceituar os grupos de "pobres urbanos", como dizem alguns, ou as "classes trabalhadoras urbanas", como querem outros, a partir das dimensões centrais de sua visão de mundo — num plano mais geral, a importância do valor "hierarquia"[9] para a compreensão do modo como o mundo é concebido, e dos valores da família e do trabalho, impregnados pela moralidade que orienta a vida desses grupos sociais.[10]

A análise da chamada "cultura operária" teve como importante marco o trabalho de Maurice Halbwachs (1970) intitulado *A classe operária e os níveis de vida*, publicado pela primeira vez em 1913, onde o autor busca a explica-

---

[8] Ver Hill e Stamey, 1990.

[9] Dumont (1972) argumenta que a noção de indivíduo é o princípio estruturador da ideologia moderna segundo a qual as partes (indivíduos) prevalecem sobre o todo (sociedade). Na sociedade moderna, o indivíduo é concebido como o valor supremo e definido como um ser autônomo, livre das amarras sociais. A esse modelo Dumont contrapõe a noção de hierarquia, em que o todo tem sempre precedência sobre as partes. Aqui a identidade das pessoas se constitui a partir de uma série de relações predefinidas pela totalidade social nas quais um termo da relação tem primazia sobre o outro: homem sobre mulher, velhos sobre novos, e assim por diante. No esquema hierárquico, a determinação de valores está fundamentalmente em esferas localizadas fora do indivíduo, como a religião, a família, a comunidade e a tradição. A hierarquia estudada por Dumont aparece em sua obra não apenas como uma propriedade do sistema de castas da Índia, mas como um princípio de classificação presente em qualquer sociedade.

[10] Ver Duarte, 1986; Sarti, 1996; Zaluar, 2002.

ção das práticas culturais nas relações de produção estabelecidas na sociedade industrial. A partir do estudo de orçamentos de famílias operárias, Halbwachs estabelece um vínculo entre o modo de trabalho operário e as formas de consumo em seu meio social. Outro trabalho de referência na área é *A cultura do pobre: estudo sobre o estilo de vida das classes populares na Inglaterra*, de Richard Hoggart (1970), publicado primeiramente em 1957, onde o autor apresenta uma detalhada descrição da cultura operária e de sua relação com a cultura burguesa abrangente, procurando identificar sua especificidade, apesar das mudanças ocorridas nas condições materiais de vida dos operários e do desenvolvimento dos meios de comunicação de massa. Hoggart elege um aspecto central no modo de vida das classes populares: o forte sentimento de vínculo com uma comunidade, levando a uma dicotomia do mundo social entre "eles" e "nós". Essa dicotomia se traduziria num conformismo cultural e, no plano específico da vida "material", em escolhas de alocação de recursos que privilegiariam os bens de consumo coletivo, reforçando assim a solidariedade familiar.

É importante ressaltar que estudos como os de Hoggart e de Oscar Lewis (1975), que também trabalhou com a noção de "cultura da pobreza", trazem em si um risco: o de se adotar uma visão essencialista e reificadora dessa cultura, como se ela fosse formada por valores permanentes.

Interessa no presente capítulo apreender o "ponto de vista nativo", partindo do pressuposto de que ele não seja um bloco monolítico onde o valor hierarquia reine de modo hegemônico. O grupo estudado vive num meio social onde dialogam os valores da hierarquia e do individualismo presentes na sociedade brasileira, algumas vezes de modo antagônico e conflituoso, o que mostra como a vida social é formada de sutilezas e nuanças.

Feita a ressalva, pode-se supor que em diversos contextos das camadas populares urbanas existam grandes descontinuidades culturais em relação ao ideário individualista moderno, como vêm mostrando alguns estudiosos na área de ciências sociais, como Duarte (1986), Sarti (1996) e Zaluar (2002), entre outros. Como ressaltou Sarti, a pobreza é uma categoria relativa que não pode ser reduzida a um único eixo de classificação: o da "carência material". Cabe, então, procurar a dimensão simbólica e social que organiza o universo de valores das camadas populares.

Entre os estudos brasileiros, vale destacar o de Duarte (1986), que chama a atenção para um ponto fundamental no entendimento da visão de mundo das classes trabalhadoras: a preeminência da noção de pessoa em relação à de indivíduo, tomando como base de sua análise o já citado trabalho de Louis Dumont (1972). Ao estudar a "doença nervosa", Duarte mostra como, nesse meio, a doença, longe de estar associada à idéia de um "mal da individualidade", como propõe a psicanálise, está baseada na idéia de "perturbação", que concebe o aparecimento da "doença nervosa" como uma manifestação da desarmonia da pessoa com o universo social e hierárquico em que vive. Segundo Duarte, entre as classes trabalhadoras o valor central não é a concepção de um indivíduo autônomo e livre das amarras sociais, como no credo individualista; ao contrário, nesse meio, a *pessoa* prevalece como uma entidade visceralmente ligada aos laços sociais e à hierarquia.

As relações familiares nesse universo social seguem um padrão tradicional de autoridade e hierarquia em que o todo (a família) tem precedência sobre as partes (os indivíduos). A hierarquia se manifesta através de uma forte ascendência do homem sobre a mulher, dos pais sobre os filhos, dos mais velhos sobre os mais jovens etc. A moralidade na qual se assentam as relações familiares não está limitada ao universo da casa, pois se expande para fora criando um sistema de valores que orienta o modo pelo qual os pobres pensam o mundo social e sua posição nele.

Segundo Sarti (1996), através do estudo da moralidade do grupo podemos chegar à compreensão do modo como se constroem suas identidades sociais, pois a autodefinição dos pobres é elaborada segundo uma concepção da ordem social como ordem moral.

O homem, visto como provedor (Zaluar, 2002), é o responsável pelo "sustento" da casa, o que só pode ser garantido pelo acesso ao mercado de trabalho. O trabalho surge, portanto, como forte elemento de identidade social, conferindo dignidade moral aos indivíduos, que se percebem como pobres *e* trabalhadores, o que os distinguiria não só dos que "nada têm" — nem trabalho nem casa — mas também dos "ricos".

A escassez nas sociedades modernas e o consumo "potlachiano"

Passando a uma análise antropológica do consumo no contexto da cultura brasileira, cabe supor que, a um olhar ascético e protestante, nos termos de Max Weber (1985), muitas das práticas encontradas em nossa sociedade devem parecer marcadas pelo signo do "excesso", do "desperdício" ou do "imediatismo". DaMatta (1985) lembra, por exemplo, as festas do subúrbio carioca que terminam com uma espécie de consumo "potlachiano"[11] onde se celebra a abundância material através de uma "guerra" de pastéis e cerveja entre os convidados até o "extermínio" total. Algumas pesquisas da área de administração, marketing e comunicação sobre o "consumo popular"[12] mostram surpresa com os "paradoxos" encontrados nas camadas de baixa renda da população brasileira: "excesso" de compras de aparelhos eletroeletrônicos, especialmente TVs (inclusive a cabo), aparelhos de DVD e celulares, consumo "exagerado" de bens como sabão em pó e amaciantes de roupas, refeições "fartas" no almoço e jantar etc. Esses estudos destacam o "enorme potencial de consumo" do chamado mercado popular ou "mercado emergente", relegado a segundo plano, como já foi dito, não só pelas empresas em geral, mas também pelos institutos de pesquisa que "mapeiam" e classificam os consumidores no país.

DaMatta (1993), ao analisar a representação da natureza no Brasil, estabelece uma distinção entre dois universos: de um lado, o individualismo igualitário e as idéias de progresso material e de controle do homem sobre a natureza; de outro, uma visão de mundo hierárquica e a concepção "luso-brasileira" de uma natureza rica e exuberante que existe para ser desfrutada e explorada pelo homem. Esta última é uma visão relacional da natureza, em que a pessoa está "com o mundo", e oposta à primeira, em que o indivíduo está "contra o mundo", tendo que dominar, controlar e transformar os obstáculos naturais; nesse caso, surgem o modelo de causalidade, para explicar os acontecimentos, e o ideal do trabalho como instrumento privilegiado de transformação da realidade.

Na concepção "luso-brasileira", portanto, a natureza é como uma dádiva de que se pode desfrutar a qualquer momento, ou seja, os recursos naturais são

---

[11] Mauss (1974) analisa a forma "potlachiana" de consumo, comum em tribos do noroeste norte-americano e também presente, com variações, na Melanésia. Nessas tribos, a rivalidade e o antagonismo entre os clãs se expressam através de um consumo em que a riqueza suntuária é totalmente exterminada, de modo a acentuar a hierarquia de um clã em relação a outro. Trata-se de uma forma de "matar a riqueza" numa celebração da abundância material que põe em evidência o prestígio de cada clã dentro de um amplo sistema de prestações sociais totais.

[12] Ver *Classe D*. Disponível em: <www.twistmix.com.br/central_MKT2.htm>; *Mercados pouco explorados: descobrindo a classe C*. Disponível em: <www.bcg.com>; e *O paradoxo do alto consumo de baixa renda*. Disponível em: < www.estadao.com.br>.

tidos como ilimitados. Seguindo o caminho apontado por DaMatta, poderíamos associar, no contexto brasileiro, a idéia de natureza exuberante e de recursos ilimitados, bastante comum, à vivência do consumo como abundância e excesso.

Sahlins (2004) já se dedicara relativizar a idéia de escassez econômica ao comentar certos estudos sobre as condições de vida no Paleolítico, usualmente definidas como "precárias", já que as "necessidades materiais" dos caçadores e coletores não eram satisfeitas na vida cotidiana. Na verdade, segundo ele, tais estudos deixaram de levar em conta que a idéia de escassez foi uma construção cultural específica das modernas sociedades capitalistas ocidentais, não se constituindo de modo algum em valor universal e atemporal:

> O sistema industrial e de mercado institui a escassez, de um modo completamente ímpar e num grau que não encontra equivalente em parte alguma. Quando a produção e a distribuição se ordenam por meio do comportamento dos preços, e quando todas as formas de sustento dependem do obter e do gastar, a insuficiência dos recursos materiais transforma-se no ponto de partida explícito e calculável de toda a atividade econômica. (...) A expressão "vida de trabalho árdua" foi-nos transmitida de um modo singular. A escassez é o juízo decretado por nossa economia — como é também o axioma de nossa ciência econômica: a aplicação de recursos escassos a fins alternativos no intuito de derivar o máximo de satisfação possível nas condições vigentes.[13]

Sahlins mostra que a idéia de escassez é fruto de um determinado momento histórico e cultural: a formação do modo de organização capitalista, que tem na insuficiência dos recursos econômicos o seu princípio estruturador. A partir dessa argumentação podemos, num primeiro plano de análise, fazer um contraponto entre a concepção presente em sociedades de tradição anglo-saxã, que tem como valor central a idéia de escassez econômica e da necessidade de luta contra a natureza visando sua transformação a partir do trabalho, e a concepção luso-brasileira, em que prevalece a idéia de uma visão relacional com a natureza segundo a qual seus frutos podem ser colhidos a qualquer momento, o que predispõe a um modo de consumo mais voltado para o signo da abundância material.

---

[13] Sahlins, 2004:108-109.

A seguir veremos, a partir de alguns exemplos, como as práticas de consumo podem variar dentro da polaridade escassez e comedimento, de um lado, e abundância e imediatismo, de outro.

Diferentes contextos de consumo: classe média londrina, trabalhadores chilenos e grupos marginalizados

Seria possível contrapor, nesse ponto, o modo brasileiro "desmedido" ao "consumo controlado" descrito por Miller (1998). Em sua etnografia do consumo de donas-de-casa de classe média de um bairro londrino, ele mostra como as pessoas, na verdade, economizam através das compras. Nesse contexto, "poupar dinheiro" seria uma questão transcendental, um ato de amor inserido numa ética fortemente baseada no ascetismo, no controle, na continência e na modéstia em termos de alimentação e comportamento.

O estudo de Miller se concentrou em famílias da classe média londrina, onde se evidenciou a idéia anglo-saxã de escassez material e recursos limitados. Focalizando um segmento das classes trabalhadoras chilenas, Stillerman (2004), por sua vez, procurou mostrar que o consumo, nesse caso, não está relacionado à competição por *status* ou ao desejo de gratificação pessoal, e sim a relações de família, gênero e classe. Sua análise se afasta da idéia de que os segmentos de baixa renda querem imitar as elites: ele acredita, como Bourdieu, que as diferentes classes adotam diferentes modelos de consumo para estabelecer fronteiras com outras classes — através de seu comportamento comedido, por exemplo. Sua etnografia mostra como homens e mulheres tomam suas decisões sobre despesas, poupança e uso dos bens com base em papéis e ideologias de gênero, responsabilidades familiares e identidade de classe específica. Haveria aí a influência persistente de ideologias tradicionais de gênero: as mulheres não querem aumentar sua renda trabalhando fora, preferindo reproduzir o tradicional papel de donas-de-casa e tendo o apoio dos homens nessa decisão; estes, por sua vez, têm mais influência do que as mulheres no uso da renda e nas decisões de compra "mais importantes". Homens e mulheres, através de suas escolhas de compras, reafirmam seu relacionamento com parceiros, crianças e pais, evidenciando como o consumo é capaz de moldar as relações sociais. Outro aspecto importante revelado nessa análise é que os hábitos de compra do grupo refletem as identidades de classe expressas na noção de "economia" ou parcimônia". Os informantes afirmam seu valor moral como "financeiramente responsáveis", em contraste com os mais ricos e outros trabalhadores, que prefeririam o "prazer" às responsabilidades sociais e à segurança financeira. Essa ênfase na escassez os distinguiria desses grupos sem autodisciplina, reforçando sua identidade de classe.

Outro estudo de interesse para as questões aqui levantadas é o de Day, Papataxiarches e Stewart (1999), que fizeram uma análise comparativa de alguns grupos, como prostitutas londrinas, ciganos húngaros, camponeses gregos, índios huaorani da Amazônia e "caboclos" brasileiros, entre outros, procurando evidenciar certas similaridades em seu modo de vida. Vivendo "à margem da sociedade" num ambiente de "pobreza material", recusam-se a adotar uma ética "burguesa" que enfatiza o trabalho, a produtividade e o planejamento econômico a longo prazo. Ao contrário, sua existência é marcada pelo signo da abundância material percebida como natural — inexiste aqui a idéia de estocar ou poupar para o futuro, pois tudo que se deseja estaria de alguma forma disponível "aqui e agora" no mundo. O estudo procura, de modo geral, estabelecer uma conexão entre "desvantagem social" e comprometimento com o presente. Os autores argumentam que essa atitude "antieconômica" por excelência está intimamente ligada a determinadas representações sobre tempo, pessoa e comunidade. A abundância material é celebrada em rituais que criam uma comunidade de indivíduos "iguais e autônomos", invertendo assim sua posição de "marginalidade social" e afirmando um significativo espaço para a autonomia pessoal. Os indivíduos pertencentes a esses grupos estariam, portanto, na contramão dos valores *mainstream* do trabalho diligente e do comedimento, chegando a ser percebidos, em muitas situações, como uma ameaça a esse modo de vida produtivo. Seu interesse de vida é fundamentalmente voltado para o "aqui e agora", visto como fonte máxima de prazer e satisfação, ao contrário da sociedade abrangente que concebe o momento presente como uma etapa de sofrimento e trabalho árduo a ser recompensada num futuro glorioso e redentor. Ao viverem intensamente cada dia sem planejar ou poupar, os grupos pesquisados invertem sua condição de "marginalidade" na estrutura social colocando a si próprios no centro de seu universo moral.

A análise desses estudos será retomada no último tópico do capítulo, relacionando-os com observações colhidas na etnografia e procurando evidenciar a especificidade das práticas do consumo no contexto brasileiro pesquisado.

Etnografia de um grupo de empregadas domésticas: valores, ethos religioso e mídia

Serão apresentados a seguir os resultados parciais de uma etnografia que está sendo realizada com um grupo de empregadas domésticas moradoras do bairro da Posse, em Nova Iguaçu (RJ), com a finalidade de confrontar esses dados com as questões levantadas anteriormente. A pesquisa tem como objetivo compreender a lógica de consumo do grupo, investigando valores e visões de mundo que se expressam no cotidiano das relações familiares e no seu universo do trabalho, dando especial ênfase ao relacionamento das empregadas com suas patroas.

A opção por fazer a etnografia com empregadas resulta, em primeiro lugar, do fato de elas serem "mediadoras" entre dois mundos. Muitas dormem no trabalho, só voltando para casa no fim de semana. Convivem, assim, intensamente com um universo de "riqueza material" durante a semana, alternando-o com seu mundo familiar de "limitados" recursos econômicos. Os mediadores são personagens importantes num país de estrutura hierarquizada como o Brasil. O sistema social brasileiro é marcado primordialmente por uma estrutura hierárquica com muitas gradações, como já mostraram as clássicas análises de Gilberto Freyre (1987) e Roberto DaMatta (1981). Nesse sistema, mediadores são figuras fundamentais por facilitarem a comunicação entre as diversas partes do sistema.

Em segundo lugar, a escolha do universo das empregadas está ligada às características de sua relação de trabalho, marcada por fortes elementos de paternalismo, expresso nas dádivas, gratificações e informalidade que moldam as trocas entre patroa e empregada. É comum encontrar situações em que a patroa se recusa a reconhecer a empregada como pessoa que tem seus direitos garantidos por lei, como em qualquer outra relação de trabalho. O vínculo entre patroa e empregada pode consistir num relacionamento visto como "harmonioso" pelas duas partes, quando a empregada é considerada "parte da família", ou envolver grande desconfiança mútua e ressentimentos. É curioso notar o paradoxo, apontado por Brites (2003) em sua etnografia sobre um grupo de empregadas domésticas no Espírito Santo, entre a abordagem de estudiosos, evidenciando o aspecto de dominação presente nesse contexto de trabalho através de relações clientelistas, e a visão "positiva" das empregadas, que valorizavam esse modo de relacionamento com suas patroas. No entender das informantes, o que caracterizava uma "boa patroa" eram justamente as "práticas clientelistas", tais como dar roupas usadas ou sobras de comida para a empregada e sua família.

Um ponto importante no estudo etnográfico seria procurar perceber como as empregadas circulam nesses dois mundos de condições materiais tão diversas — o delas mesmas e o das patroas — e assim verificar como se procedem as trocas de informações, hábitos e práticas de consumo entre ambos os universos.

O grupo estudado compõe-se de empregadas domésticas que têm intensa convivência com suas patroas — algumas dormem na casa da patroa e outras trabalham de três a cinco dias por semana, retornando para casa no final do dia. As informantes moram no bairro da Posse, povoado majoritariamente por uma população de baixa renda e localizado na cidade de Nova Iguaçu, na Baixada Fluminense do Rio de Janeiro. As empregadas levam em média duas horas para chegar ao trabalho, já que as casas de suas patroas ficam localizadas em bairros da Zona Sul do Rio de Janeiro, onde se concentra a população de maior poder aquisitivo da cidade. Existe, assim, uma enorme diferença entre as condições materiais de vida de patroas e empregadas, em termos de poder aquisitivo, acesso a bens de consumo e infra-estrutura dos respectivos bairros. O trabalho de campo, no momento de elaboração deste capítulo, havia sido iniciado há dois meses e incluía observação participante e realização de entrevistas nos dois universos — o bairro da Posse em Nova Iguaçu e a Zona Sul da cidade.

Um primeiro ponto a ser ressaltado no *ethos* das empregadas é a centralidade de uma visão hierárquica do mundo, expressa no grupo através de pares complementares, como homem/mulher, pobre/rico, patroa/empregada. O "ideal" seria que a mulher não trabalhasse, devendo o homem assumir o seu papel de provedor; mas, como isso não é possível, "aceita-se" o trabalho feminino. Este é visto, pois, como algo "necessário": a mulher *tem que* trabalhar, seja para complementar a renda familiar, seja porque ela é chefe de família. Nota-se, porém, certa dificuldade em lidar com essa situação: por exemplo, as freqüentes suspeitas sobre a mulher "fora de casa" e as possíveis traições que ela estaria cometendo. As esferas dos universos masculino/feminino são nitidamente demarcadas, como na tradicional separação entre o público e o privado. Quando, por exemplo, por algum motivo o homem tem que cozinhar, surgem brincadeiras sobre sua masculinidade ou boatos de que a situação estaria invertida em sua casa — a mulher que trabalha e chega mais tarde pode estar cometendo traição.

Entre as famílias evangélicas, entretanto, há maior aceitação do trabalho feminino. Mariz e Machado (1997) apontam algumas "conseqüências não-intencionais" da adesão religiosa, como o abandono de certo fatalismo e mudanças nas relações familiares e com a sociedade abrangente. No caso das mulheres, especificamente, haveria maior autonomização. A teoria da prosperidade da Igreja Universal, por exemplo, as encorajaria a participar na luta econômica e a aumentar o orçamento doméstico ingressando no mercado de trabalho, "obrigação" antes atribuída ao homem. O fatalismo é abandonado, e a mulher passa a considerar-se capaz de contribuir para a melhoria das condições de vida da família, que se insere cada vez mais no "mercado de consumo".

A adesão a determinado *ethos* religioso parece implicar diferentes modos de inserção no universo do consumo. A aquisição de bens, assim como o trabalho diligente,[14] seriam sinais *evidentes* de prosperidade e de eleição, como também mostraram alguns estudos sobre a vivência do pentecostalismo no universo de pobres urbanos. Por exemplo, algumas de minhas informantes evangélicas criticam as pessoas "acomodadas" e que ficam "esperando as coisas acontecerem", explicitando assim um discurso em que se valoriza a força da "vontade individual". Mas um outro aspecto chama a atenção na etnografia: embora haja, sem dúvida, maior aceitação do papel da mulher "emancipada" nas famílias evangélicas, a divisão hierárquica de gênero pode se reproduzir em outro nível. É o que acontece, por exemplo, na família de Lourdes, que além de trabalhar como empregada faz salgadinhos para festas e vende xampu feito em casa: o marido atualmente ganha menos do que ela, mas é responsável pela compra do "básico", ou seja, o "mais importante", o "essencial" para o sustento da família. É ele inclusive quem faz essas compras "importantes", cabendo a Lourdes comprar "coisas menores", além de produtos para a filha. Eis, portanto, um esquema que reproduz a subordinação homem/mulher característica de um universo hierárquico e tradicional.

No contexto estudado há uma rede de sociabilidade, formada por familiares e vizinhos, que é o veículo privilegiado para as mais diversas práticas de consumo. Aí circulam bens, dádivas, empréstimos e favores, revelando um universo marcado por mútuas obrigações. A todo momento se fazem pequenos empréstimos, para compras miúdas, para tomar uma cerveja no bar etc. No caso de compras maiores, um vizinho ou parente pode emprestar seu documento

---

[14] Ver Weber, 1985.

de identidade para que alguém com nome "sujo" possa abrir um crediário. Porém, vale registrar que essa rede de sociabilidade não é marcada apenas pelos signos da harmonia e da cooperação, como poderia sugerir uma visão idealizada desse universo. Certos casos observados na etnografia mostram alguns impasses e conflitos no dia-a-dia dessa rede de sociabilidade e reciprocidade: o irmão de Regina, mãe solteira, cobra dela R$ 15 por mês para buscar suas duas filhas na escola, ameaçando deixar de fazer o "trabalho" quando ela diz não ter dinheiro; Tereza pediu à mãe para fazer um crediário e comprar móveis para sua casa, mas não está conseguindo "honrar" o pagamento e isso causa constantes brigas entre as duas; Marlene tomou de volta o celular dado à neta porque quem o estava usando de fato era a filha, com quem anda brigada. Esse último caso é interessante porque revela como funciona a lógica da moralidade nesse universo de reciprocidade. O presente dado não pertence exclusivamente a quem o recebeu — existe ainda uma ligação com a pessoa que o ofereceu, expressa na exigência de que ele seja "bem usado". No caso, a avó toma de volta o celular à neta, mas retoma o circuito da dádiva com uma proposta a seus olhos vantajosa: a filha devolve-lhe R$ 200 (aproximadamente o valor do celular), e ela dá de presente à neta o mesmo celular, junto com uma bicicleta nova.

A relação com os vizinhos e outros moradores do bairro não raro é marcada pelo consumo conspícuo,[15] capaz de comunicar e de distinguir pessoas. Em primeiro lugar, o fato de poder morar numa casa já mostra que o grupo não é "favelado" nem recorre à mendicância para sobreviver. Em relação aos pares, alguns comportamentos são adotados em busca de distinção — não deixar que as filhas estudem no Ciep (onde estudam as crianças de famílias "mais pobres"), levar a neta ao "melhor cabeleireiro de Nova Iguaçu" (outra moradora do bairro levou a filha a um salão de categoria inferior), e assim por diante.

Também é comum as empregadas adotarem hábitos de consumo das patroas, como certas marcas de xampu e alimentos. Espelhar-se no modo de vida das classes superiores adotando seus hábitos de consumo é o fundamento da teoria *trickle-down*, analisada por Simmel e Veblen e atualizada por McCracken (1988). Vale notar, no entanto, que esse processo não se verifica com a mesma passividade descrita na teoria, como se houvesse uma assimilação inequívoca do que é padrão nas classes dominantes. Se por um lado nota-se admiração e

---

[15] Ver Veblen, 1965.

fascínio pelo estilo de vida da patroa, por outro existe a afirmação de um *outro senso estético* que reprova e/ou mesmo ironiza esse estilo. Esse "jeito" pode ser criticado como simples demais: Beth, por exemplo, comentou com sua patroa: "a senhora nem parece que é rica, o povo olhando pra esse seu jeito simples nem vai imaginar; a senhora devia se vestir igual à dona Hebe (Camargo)". Bernadete e Tereza, por sua vez, recusaram algumas das roupas dadas por suas patroas — "muito fechadas", comentou Bernadete. Esses desencontros e mal-entendidos entre os dois universos foram tratados com muita perspicácia por Coelho (2001) em seu estudo sobre trocas de presentes entre patroas e empregadas, mostrando como as primeiras ficam ressentidas com o que consideram "ingratidão" de suas empregadas, quando recusam ou desdenham certos presentes por elas oferecidos. Tratando do uso do sári na Índia, Miller (2004) mostra que o modo como a empregada se veste é importante para a construção da imagem social da patroa, o que remete à questão do consumo vicário.[16] Nesse contexto, a empregada faz parte de um circuito de troca de sáris, o que a torna uma pessoa "quase" da família. É interessante notar que também aí existem divergências entre as concepções da patroa e da empregada sobre qual seria o melhor modo de se vestir para esta última, que rejeita muitos dos presentes recebidos.

A conversa sobre programas de televisão, por sua vez, é um modo privilegiado de troca de informações, julgamentos morais e aprendizagem entre o mundo das empregadas e o das patroas. De acordo com o conceito de "comunidade imaginada", proposto por Anderson (1983), as diferenças entre as nações encontram-se nas várias formas pelas quais elas são imaginadas. Como sugere Hamburger (1998, 2003), a televisão, de modo geral, e as telenovelas, em particular, podem ser um meio de elaborar e reelaborar "imaginários nacionais". Assim como, segundo Anderson, a leitura dos jornais diários contribui para que as pessoas de um mesmo país se sintam pertencentes a uma mesma comunidade, o ato de assistir a telenovelas propicia o mesmo compartilhamento. Ao analisar quatro novelas da TV Globo, Hamburger (2003) mostra como suas narrativas se desenvolvem em torno de "uma tensão principal, entre modernidade e tradição", e uma série de outras oposições secundárias, tais como as referentes à representação do Brasil como "país do futuro", em que diversas forças

---

[16] Ver Veblen, 1965.

políticas se posicionam, seja reforçando a "tradição", seja buscando a "modernidade".

No trabalho de campo com as empregadas domésticas é possível perceber como essa "comunidade imaginada" se estrutura e fortalece no dia-a-dia — por exemplo, quando empregadas e patroas conversam a respeito de telenovelas, fazendo comentários sobre a conduta moral dos personagens, especialmente os "vilões". Numa sociedade tão hierarquizada como a brasileira, assistir a esses programas permite às empregadas compartilharem um mesmo universo cultural com as patroas.

No caso da novela *Celebridade*, exibida pela TV Globo no primeiro semestre de 2004, pudemos ver como os conteúdos aí apresentados são adaptados e incorporados ao cotidiano das pessoas. No bairro da Posse, em Nova Iguaçu, onde moram as informantes, uma das empregadas acha que está grávida. Como seu namorado é "preto" e ela é "branca", os vizinhos estão sempre perguntando "quando é que Marlin vai nascer".[17] Vale destacar que a própria idéia de "celebridade", sendo percebida como pertencente ao mundo dos ricos, exerce um grande fascínio. Marlene, após conceder-me uma entrevista, falou ao telefone com uma amiga dizendo que "agora ela era uma celebridade" porque tinha sido entrevistada. Uma das filhas de Regina, por sua vez, ganhou um dicionário na escola e, segundo a mãe, a primeira coisa que ela fez foi procurar nele o significado da palavra "celebridade".

Através da telenovela, como observou Almeida (2003) num instigante estudo etnográfico, determinados segmentos sociais podem tomar conhecimento dos modos de vida de outros grupos aos quais somente têm acesso dessa forma. Esse compartilhamento verificado através das conversas sobre telenovelas nos permite inclusive conhecer o modo como se estabelecem as relações entre esses atores sociais. Assim, por exemplo, após ter visto uma cena de *Celebridade* em que uma personagem arrogante e esnobe pedia com maus modos à empregada uma bebida, a filha de Bernadete perguntou-lhe: "mãe, lá no seu trabalho a dona Lúcia fala assim? 'Empregada, traz um copo de água!' Você tem que levar tudo pra ela na mão?" Ao que Bernadete respondeu: "não, não, ela me

[17] Nessa novela, uma das personagens de maior repercussão popular era Darlene, representada por Débora Secco. Em sua busca da fama a qualquer preço, num dado momento sua estratégia fracassa e, após engravidar do personagem Tadeu, negro e pobre, ela acaba dando à luz os gêmeos Marlin e Darlin, mulatos. Isso foi bastante explorado no desenrolar da trama, já que o plano de Darlene era ter filhos com um outro personagem, rico, louro e de olhos azuis.

chama pelo nome, fala assim: 'Bernadete, traz um suco, por favor'. E eu não fico levando tudo pra ela na mãozinha, não; ela entra na cozinha e pega as coisas sozinha".

Lembrando o que Almeida (2003) chamou de "processo reflexivo" desencadeado pela novela, no qual que as pessoas repensam suas vidas a partir da análise moral do comportamento das personagens, quero aqui destacar um outro aspecto importante. Diferentemente do contexto analisado por Almeida, onde parece haver uma valorização e adesão aos comportamentos mais "modernos" apresentados na trama, as empregadas condenam ou elogiam as atitudes das personagens estabelecendo uma comparação com suas próprias vidas. Tomarei como exemplo o caso de Regina. Os comentários do namorado e das filhas visam quase sempre a "regular" o seu comportamento, mostrando como ela às vezes pode ser "desmiolada" ou "brigona". O namorado "checa" constantemente as opiniões dela sobre as personagens para dizer o que está "certo" ou "errado" em suas avaliações. Assim, por exemplo, beijar um amigo "não é coisa que se faça" (como fez a Cida, babá que se tornou vencedora do "Big Brother Brasil-4", programa da TV Globo veiculado em 2004), assim como "ficar com quem não se ama" (como no caso da personagem Maria Clara, de *Celebridade*, se "ficasse" com o Hugo sem gostar dele). O comportamento "certo" é recomendado a Regina tanto em sua casa, pelo namorado e filhas, quanto pela patroa. Em casa, as conversas giram preferencialmente em torno do comportamento moral dos personagens, enquanto na casa da patroa podem se estender a considerações políticas sobre os rumos da nação, quando a patroa normalmente se encarrega de "esclarecer" a empregada sobre a importância de um comportamento ético para livrar o país de suas mazelas. Até mesmo a discussão no plano público é pautada por uma visão de que o mundo pode ser definido — ou redefinido — por uma mudança no comportamento moral das pessoas. No ambiente doméstico da empregada, a discussão em torno da novela não raro enfatiza a importância de se adotar um padrão adequado de comportamento feminino, através de atitudes "certas", o que acaba por valorizar os modelos mais tradicionais de gênero — por exemplo, não se embriagar, não "ficar" com uma pessoa sem amá-la etc.

Outro aspecto importante revelado no trabalho de campo é que as novelas propiciam um intenso aprendizado para a imersão na sociedade de consumo.[18] Aprende-se em primeiro lugar a perceber como os bens são adequados

---

[18] Ver Almeida, 2003.

para expressar distinções sociais — os produtos são mostrados dentro de determinados contextos sociais e consumidos por pessoas específicas. Alguns deles são reconhecidos como próprios para serem usados pelo espectador ou, ainda, desejados exatamente por "pertencerem" ao universo de outros segmentos sociais. Esse aprendizado pode estar relacionado à troca de informações entre mães, filhas e patroas sobre os padrões estéticos veiculados nos programas. A filha de Marlene, ao assistir a "Malhação", perguntou-lhe o que a patroa comia e depois passou a pedir iogurte *light* e pão integral. A mãe diz que essas "comidas de dieta" são muito caras. As informantes — com exceção das evangélicas, que não demonstraram esse tipo de preocupação com a estética corporal — e suas filhas procuram de alguma forma se adequar ao modelo de "magreza" difundido em certos programas, o que não impede certa admiração por esse mesmo padrão. A filha de Marta, de oito anos, ora diz: "mãe, você relaxou, tá gordinha" ou "quando eu crescer não vou querer ter pneuzinho, não", ora pergunta: "será que nunca uma gorda vai ganhar o Big Brother Brasil?".

Considerações finais: qualificando os consumidores de baixa renda

Os resultados parciais da etnografia aqui apresentados revelam alguns pontos importantes a serem aprofundados. É possível perceber de que modo o consumo torna manifesto um grande sistema classificatório, como uma espécie de totemismo — conforme comentado inicialmente — que distingue os pobres dos "pobres mesmo", aproxima os pobres dos ricos e diferencia pessoas dentro da mesma vizinhança, através do consumo conspícuo, por exemplo. O consumo pode, ainda, classificar pessoas dentro do mesmo gênero, como no caso dos homens, maridos e namorados das empregadas, estabelecendo, como no totemismo, uma relação entre objetos e pessoas. Os homens de *status* mais elevado na comunidade tomam a melhor marca de cerveja ou usam perfume da marca O Boticário, por exemplo. A identificação freqüentemente é verbalizada de modo direto, como na afirmação do namorado de Sandra: "eu não sou homem de cerveja de R$ 1, não (Nova Schin); sou homem de cerveja de R$ 1,50 (Skol)".

Em contraponto à parcimônia e à economia observadas por Stillerman (2004) nas atitudes dos trabalhadores chilenos diante do consumo, temos aqui um contexto onde se evidencia um forte desejo de participar dos benefícios da sociedade de consumo. Certa idealização do "mundo dos pobres" impede-nos muitas vezes de perceber a grande importância aí conferida à cultura material. A posse e o usufruto de determinados bens pode distinguir o grupo de outros pobres (mais pobres ainda) e ainda abrir caminho para a inserção na sociedade de consumo — ou no "mundo dos ricos". Entre as famílias evangélicas, se por um lado se condenam os "exageros consumistas" da sociedade contemporânea e o uso desenfreado de marcas de *status*, por outro se evidencia a importância da compra de bens como sinal da prosperidade e ascensão social da família, numa espécie de apropriação da esfera econômica pela religiosa.

Assim, podemos dizer que a compreensão dos valores e do universo de consumo das empregadas domésticas não passa apenas pelo binômio ocupação-renda. Vimos que dentro do grupo existem formas diversas de conceber o papel da mulher e as práticas de consumo, por exemplo. A inserção num determinado *ethos* religioso se apresenta nesse universo como um diferenciador de comportamentos: no caso dos evangélicos, há maior aceitação da autonomia feminina e uma grande valorização da responsabilidade individual no intuito de alcançar, através do trabalho diligente, a prosperidade material — sinal inequívoco da eleição divina — superando assim um certo fatalismo característico do *ethos* católico. Diante do enorme crescimento do pentecostalismo no Brasil, em especial junto às camadas populares, a questão da inserção religiosa torna-se fundamental para uma análise dos significados do consumo entre esses segmentos da população. Tanto mais quando pensamos, mais uma vez, nos modos de segmentação de mercado que insistem nos cortes através de critérios de classe, já que a diversidade de visões de mundo e de práticas de consumo é significativa em cada um dos segmentos definidos a partir de itens como ocupação e renda.

Inicialmente sugerimos um plano de comparação mais geral, a partir do qual se poderia estabelecer, tomando como inspiração os trabalhos de Sahlins (2004) e DaMatta (1993), um contraponto entre certas sociedades onde predominam a visão de uma natureza dadivosa, do mundo como abundância material, e certo imediatismo nas relações, e outras onde prevalece a idéia de escassez econômica e recursos finitos, como, por exemplo, as sociedades anglo-saxãs.

Num outro nível de análise, constatamos grandes diferenças de visão de mundo no seio da própria sociedade brasileira, em especial quando analisamos o universo das camadas populares urbanas. Famílias que vivem em condições concretas de escassez de recursos para garantir sua sobrevivência material demonstram, igualmente, uma "sede" impressionante de consumo. As famílias das empregadas domésticas estão ao mesmo tempo inseridas num universo de valores hierárquicos e no coração da sociedade de consumo abrangente. Mesmo que não tenham condições materiais de comprar certos produtos e bens oferecidos pelo mercado, estão em contato com os símbolos e valores desse universo, graças à forte presença dos meios de comunicação de massa, em especial a televisão, em suas vidas. As famílias aqui pesquisadas querem "estar dentro" da sociedade de consumo, afastando-se assim do contexto cultural descrito por Day, Papataxiarches e Stewart (1999), onde os grupos marginalizados vivem o ideal da abundância material como uma espécie de resistência à sociedade burguesa abrangente. No segmento das classes trabalhadoras urbanas aqui focalizado, o consumo que a alguns pode parecer "exagerado" ou mesmo "potlachiano" é sinal ora de inclusão, ora de ascensão social, como fica evidente no caso das famílias evangélicas. Enquanto a parcimônia e a economia são exaltadas em outros grupos de trabalhadores, como o do contexto chileno mencionado anteriormente, no caso aqui tratado, "vergonha" é não consumir. A análise da repercussão dos programas de televisão entre patroas e empregadas pode mostrar como se estabelece a relação das informantes com a "sociedade do sonho"[19] dos meios de comunicação de massa. Na convivência quase que diária com o mundo da patroa, a empregada incorpora uma série de bens e práticas de consumo — leva para casa roupas dadas, passa a usar a marca do xampu ou dos cosméticos da patroa, compra tênis de grife para seus filhos, prepara no aniversário do namorado o mesmo prato que foi servido na festa do patrão, e assim por diante. Tudo isso mostra um misto de admiração e fascínio pelo modo de consumo da patroa, bem como a tentativa de incorporar alguns elementos do "mundo dos ricos".

Além disso, compartilhar da "comunidade imaginada" que são os programas da mídia televisiva constitui outro meio de inserção na sociedade de consumo, na medida em que se "aprendem" seus códigos e objetos característicos, especialmente aqueles do "mundo dos ricos", seu modo de vida e de consumo. É assim que, por exemplo, se introduz no meio familiar das empregadas a preocupação em manter-se magro, consumindo alimentos *light* e fazendo exercícios físicos, como no programa "Malhação" da TV Globo. Vale repetir, no entanto, que essas informações levadas de um universo para o outro não são assimiladas

---

[19] Rocha, 1995.

de modo passivo. Existem releituras e ressignificações, como, por exemplo, as críticas ao estilo de vestir das patroas, quando se passam adiante as roupas dadas por elas, ou ainda ao padrão de beleza das modelos, consideradas "osso puro, sem graça", nas palavras de uma informante. O circuito de informações sobre consumo entre patroa e empregada, mediado e alimentado pelos programas de televisão, tem suas sutilezas e nuanças, devendo portanto ser analisado a partir do ponto de vista do grupo pesquisado e das interpretações e adaptações aí verificadas.

Como mostram os resultados parciais da etnografia com o grupo em questão, a "escassez" de recursos não determina uma conduta guiada por uma lógica prática, de sobrevivência material, como já discutido no início deste capítulo. Ao contrário, trata-se de uma hierarquia de escolhas, de base cultural e simbólica, que se processa a todo instante e que leva, por exemplo, uma das famílias pesquisadas a comprar um aparelho de DVD e, ao mesmo tempo, deixar de pagar as contas de luz durante meses — aqui fala mais alto o desejo de inclusão na sociedade de consumo. A investigação sobre os significados culturais dos atos de consumo mostra que sua dinâmica deve ser entendida dentro de um complexo universo de hierarquia de valores e classificações. Como demonstrou Lévi-Strauss (1976), a exigência de ordenação do mundo através de esquemas classificatórios — e o consumo é um dos modos de expressar essa "necessidade" de hierarquização — está presente em qualquer forma do pensamento humano.

Neste capítulo procurou-se, igualmente, chamar a atenção para a importância de se levar o debate sobre os significados culturais do consumo para o campo dos negócios em geral e da pesquisa de mercado em particular. A afirmação contida numa matéria publicada em 1995 na revista *Mercado Global*, "consumidores de baixa renda, diz o mito, não consomem, apenas sobrevivem", é emblemática de um ponto de vista que obscureceu por longo tempo o entendimento a respeito do consumo das camadas populares brasileiras. Como demonstrou a estratégia equivocada dos supermercados Pão de Açúcar ao retirar as marcas líderes das prateleiras da então recém-adquirida rede popular O Barateiro, as famílias de baixa renda querem, antes de tudo, ser incluídas na sociedade de consumo — ou, mais concretamente, ir a um supermercado onde todas as marcas líderes estejam presentes, comprar eletroeletrônicos em lojas que lhes facilitem o crédito, e assim por diante. O consumo desses segmentos revela a fundamental importância da posse de bens para a comunicação da identidade social dos indivíduos e sua inclusão na sociedade de consumo abrangente, como pobres, trabalhadores e consumidores.

É, pois, necessário revitalizar o debate e colocá-lo em outro plano, procurando compreender o consumo popular dentro de uma lógica cultural e simbólica, como foi aqui discutido. O caminho a ser percorrido é complexo e desafiador, porque encerra paradoxos como o observado por Destutt de Tracy, doutrinário burguês citado por Sahlins (2004:106): "nas nações pobres, as pessoas vivem com conforto, enquanto nas nações ricas, as pessoas geralmente são pobres". O ponto de partida da abordagem antropológica do consumo é, certamente, o pressuposto de que a lógica cultural está implícita no modo de vida de todo e qualquer grupo social. Começar a investigar a fundo os significados de consumo dos grupos de baixa renda pode ser bastante proveitoso para empresas e pesquisadores acadêmicos e de mercado que estejam interessados em compreender melhor esses segmentos, resgatando-os de sua invisibilidade e passando, de fato, a qualificá-los como consumidores que são.

Referências bibliográficas

ALMEIDA, Heloísa B. *Telenovela, consumo e gênero*. Bauru: Edusc, 2003.

_____. A televisão como veículo da publicidade: mapeando os consumidores. In: REUNIÃO DA ASSOCIAÇÃO BRASILEIRA DE ANTROPOLOGIA, 24. *Anais*... Olinda, Recife, jun. 2004.

ANDERSON, Benedict. *Imagined communities*. London: Verso, 1983.

BRITES, Jurema. Serviço doméstico: elementos políticos de um campo desprovido de ilusões. *Campos — Revista de Antropologia Social*, v. 3, p. 65-82, 2003.

COELHO, Maria Cláudia. Sobre agradecimentos e desagrados: trocas materiais, relações hierárquicas e sentimentos. In: VELHO, Gilberto; KUSCHNIR, Karina (Orgs.). *Mediação, cultura e política*. Rio de Janeiro: Aeroplano, 2001.

DAMATTA, Roberto. *Carnavais, malandros e heróis*. 3. ed. Rio de Janeiro: Zahar, 1981.

_____. Vendendo totens. In: ROCHA, Everardo. *Magia e capitalismo*. São Paulo: Brasiliense, 1985.

_____. *Conta de mentiroso*. Rio de Janeiro: Rocco, 1993.

DAY, S.; PAPATAXIARCHES, E.; STEWART, M. (Eds.). Lilies of the field: marginal people who live for the moment. London: Westview, 1999.

DOUGLAS, Mary; ISHERWOOD, Baron. *The world of goods*. Middlesex: Penguin, 1978.

DUARTE, Luiz Fernando D. *Da vida nervosa (nas classes trabalhadoras urbanas)*. Rio de Janeiro: Zahar, 1986.

DUMONT, Louis. *Homo hierarchicus*. Paris: Gallimard, 1972.

FREYRE, Gilberto. *Casa-grande e senzala*. 25. ed. Rio de Janeiro: José Olympio, 1987.

HAMBURGER, Esther. Vale tudo e as conseqüências não antecipadas da modernização. *Imagens*, n. 8, maio/ago. 1998.

_____. A construção da verossimilhança nas novelas. In: TRAVANCAS, Isabel (Org.). *Antropologia e comunicação*. Rio de Janeiro: Garamond, 2003.

HILL, R.; STAMEY, M . The homeless in America: an examination of possessions and consumer behaviors. *Journal of Consumer Research*, v. 17, n. 3, p. 303-320, Dec. 1990.

LÉVI-STRAUSS, Claude. *O pensamento selvagem*. São Paulo: CEN, 1970.

LEWIS, Oscar. *Una família puertorriqueña en la cultura de la pobreza:* San Juan y Nueva York. 4. ed. México: Joaquín Mortiz, 1975.

MARIZ, C.; MACHADO, M. Dores. Mulheres e práticas religiosas nas classes populares. *Revista Brasileira de Ciências Sociais*, v. 12, n. 34, jun. 1997.

MAUSS, Marcel. Ensaio sobre a dádiva: forma e razão da troca nas sociedades arcaicas. In: *Sociologia e antropologia*. São Paulo: EPU, 1974.

McCRACKEN, Grant. *Culture and consumption*. Indiana: Indiana University Press, 1988.

MILLER, Daniel. *A theory of shopping*. London: Cornell University Press, 1998.

_____; MUKULIKA, Banerjee. *The sari*. New Delhi: Roli, 2004.

PRAHALAD, C. K. *A riqueza na base da pirâmide*. São Paulo: Artmed, 2005.

ROCHA, Everardo. *Magia e capitalismo*. São Paulo: Brasiliense, 1985.

_____. *A sociedade do sonho*. Rio de Janeiro: Mauad, 1995.

SAHLINS, Marshall. *Cultura e razão prática*. Rio de Janeiro: Zahar, 1979.

_____. A sociedade afluente original. In: *Cultura na prática*. Rio de Janeiro: UFRJ, 2004.

SARTI, Cynthia. *A família como espelho:* um estudo sobre a moral dos pobres. Campinas: Autores Associados, 1996.

STILLERMAN, J. Gender, class and generational contexts for consumption in contemporary Chile. *Journal of Consumer Culture*, London: Sage, v. 4, p. 51-78, 2004.

VEBLEN, Thorstein. *A teoria da classe ociosa*. São Paulo: Pioneira, 1965.

WEBER, Max. *A ética protestante e o espírito do capitalismo*. São Paulo: Martins Fontes, 1985.

ZALUAR, Alba. *A máquina e a revolta*. São Paulo: Brasiliense, 2002.

5

Posicionamento das marcas varejistas de alto prestígio: localização espacial e o universo simbólico da elite na cidade do Rio de Janeiro

Luiz Henrique Lemos

A escolha de um determinado tema de pesquisa parece ter início nas experiências acumuladas ao longo da nossa trajetória de vida, não apenas na fase profissional, mas também na infância, adolescência e juventude. É natural, no entanto, que essas questões se concretizem como desafios intelectuais um pouco mais tarde, na fase profissional.

Iniciei minha carreira na área de compras da Mesbla Lojas de Departamentos, onde mantive estreito contato com a moda. Não que objetivamente a Mesbla fosse focada num público consumidor do tipo *fashion*, mas certamente estive nessa empresa numa fase em que o esforço para oferecer um produto de qualidade comparável aos das grandes grifes da época era uma obsessão incontestável. Freqüentei boa parte dos desfiles de moda que então ocorriam no eixo Rio-São Paulo. Após a minha experiência na Mesbla, e paralelamente ao exercício de cargos executivos em outras empresas varejistas, mantive por quatro anos uma confecção de roupas femininas e masculinas.

Mais recentemente, tive a oportunidade de assumir a gerência comercial do Shopping São Conrado Fashion Mall. Foi através dessa experiência que pude acompanhar com "olhos profissionais" as formas de reprodução dos hábitos de consumo e de utilização da linguagem não-verbal e do conjunto de artefatos simbólicos do segmento da elite aqui estudado.

Ao tempo em que me ocupava da confecção, trabalhei com localização e expansão de lojas de cadeias varejistas. Com isso, assim que migrei para a vida acadêmica, desenvolvi um curso sobre varejo na Universidade Candido Mendes e passei a lecionar a disciplina sobre localização varejista. Esse tema possui fortes vínculos com os estudos urbanos de modo geral, mas com o tradicional viés da economia espacial e da geografia econômica. Embalado pelo interesse nessa área, que na ótica da administração é de cunho mercadológico, desenvolvi a minha dissertação de mestrado. Insatisfeito com as abordagens mais comuns utilizadas pelo marketing, originadas da econômica neoclássica e da psicologia do comportamento, resolvi procurar novas alternativas para explicar certos fenômenos de consumo relacionados, principalmente, com produtos de alto valor simbólico agregado, como é o caso dos produtos de alto prestígio ou aqueles direcionados exclusivamente à elite. Foi então que conheci a teoria social de Pierre Bourdieu e de outros autores da sociologia urbana e da antropologia social. Com essa base teórica de cunho qualitativo acredito ter sido possível explicar de forma consistente os fenômenos de consumo que envolvem os hábitos da elite, os aspectos simbólicos do espaço urbano e sua influência no posicionamento mercadológico das lojas focadas no mercado de alto prestígio.

Pretendo aqui demonstrar como o posicionamento das marcas varejistas destinadas ao mercado de alto prestígio pode ser afetado pelas escolhas de localização das lojas, em especial na cidade do Rio de Janeiro, onde, por questões históricas, o espaço urbano tornou-se nitidamente demarcado. Nesse caso, serão apontadas as áreas de mais alto prestígio identificadas em minhas pesquisas.

Ao se chegar a um determinado local da cidade, percebe-se uma grande concentração de pessoas, lojas e produtos que juntos criam uma atmosfera de *glamour* diferenciado. Nesse local encontram-se marcas de vestuário da moda, que aí parecem ainda mais chiques; a utilização dos serviços é privilegiada; o luxo dos carros está em perfeita harmonia com o ambiente; as pessoas ali parecem mais elegante e bonitas. Esse é o espaço da cidade que, por diversos motivos, concentrou grande parte do que parece ter mais importância para a cultura dominante. Um espaço urbano fortemente disputado e, conseqüentemente, concentrador de valor.

Molina-Morales e Hoffmann (2002) destacam a importância da integração social nos distritos industriais, onde através das trocas de conhecimento e a partir de normas e valores se promovem estratégias cooperativas que acabam tornando-os verdadeiras comunidades. Pode-se utilizar essa mesma lógica para compreender as relações de troca de prestígio (valor simbólico) entre bens, serviços e consumidores dentro de um determinado espaço urbano.

Quando alguém cita a localidade de Silicon Valley, associa-se imediatamente a idéia de um distrito industrial de alta tecnologia onde todos os que se encontram inseridos nessa comunidade são beneficiados pela inovação tecnológica que gera oportunidades de grandes negócios, os quais, por sua vez, geram mais investimentos. Um ciclo virtuoso concentrador de tecnologia e negócios. Da mesma forma, indivíduos e grupos que detêm alto prestígio social formam, através de sua reprodução social, aglomerações espaciais que atraem a presença e a circulação de bens e serviços valorizados por esses consumidores. Gera-se com isso um ciclo virtuoso de alto prestígio em função da grande concentração de valor simbólico desses locais.

O estudo de Bourdieu sobre as elites não só inspirou o desenvolvimento deste trabalho, como também se revelou um referencial teórico consistente. Dessa forma, a elite dominante aqui referida será identificada pela expressão que melhor reflete seus valores e seu estilo de vida. Denominou-se esse grupo "detentores do poder simbólico". Esse conceito não se baseia unicamente no poder econômico, mas fundamentalmente na expressão do acúmulo dos diversos tipos de capitais, em especial o econômico e o cultural. É da complexidade da composição desses capitais que emerge a noção de poder simbólico.[1] Trata-se de um segmento reconhecido pela sociedade como o de mais alto prestígio social ou maior valor na composição de capital, não só dentro do seu grupo como também para os que perseguem a ascensão social. A grande concentração desse segmento da elite no Rio de Janeiro está fundamentalmente na Zona Sul da cidade.

A Zona Sul do Rio de Janeiro é o local onde os detentores do poder simbólico se concentram e, através da sua reconhecida posição social, exercem uma "autoridade" capaz de conferir ou negar prestígio, de forma direta ou indireta, às coisas, pessoas, idéias e lugares, tanto para o interior da sua comunidade como para os demais atores sociais.

[1] Ver Bourdieu, 2001.

Gramática simbólica

A comunicação humana se processa através de um conjunto de elementos significantes, códigos e léxicos. Esses códigos organizam e estão subjacentes à comunicação humana de diferentes modos: por meio da linguagem escrita, da linguagem falada, dos gestos, das ações, dos gostos e dos valores. Enfim, tudo aquilo a que as pessoas possam atribuir significações é utilizado para comunicar. As pessoas podem, portanto se comunicar em muitos níveis, por muitas razões, com muitas pessoas, de muitas formas diferentes.

O conceito de "sentido" é fundamental para todo tipo de comunicação, seja ela verbal ou não-verbal. Procura-se um sentido na arte, na música, no comportamento das pessoas. O único ingrediente comum à fonte e ao receptor é a mensagem. Tem-se a impressão de que a busca de um sentido pode estar na própria mensagem. As mensagens são expressões de idéias (conteúdos) colocadas de forma determinada (tratamento) por meio do emprego de códigos expressos por meio de símbolos.[2]

Umberto Eco (2002) aponta e exemplifica a possibilidade de haver processos de comunicação aparentemente despidos de qualquer convenção significante e nos quais se verificam apenas passagens de estímulos ou sinais. Isso ocorre, por exemplo, quando se transmite informação física entre dois aparelhos mecânicos. Segundo Eco, a teoria da informação sinaliza que ali ocorreu um processo informacional, também considerado de ordem comunicativa por alguns autores porque, sem dúvida, significa a presença de um processo sígnico: no caso do painel de um carro, a posição do índice está relacionada com o nível do ponteiro de combustível. O exemplo a seguir permite compreender melhor a diferença entre sinais e um signo. Um sinal pode ser um estímulo que não significa nada, mas provoca ou solicita algo: latido de um cachorro, grito, apito etc. Contudo, quando usado como antecedente reconhecido de um conseqüente previsto, é assumido como signo, pois fica no lugar do próprio conseqüente para o emissor ou para o destinatário.[3] Podem-se citar como exemplos de signos: letras, símbolos do zodíaco, números etc. Sempre que ocorre uma correlação desse tipo, reconhecida pela sociedade humana, existe signo.

---

[2] Ver Berlo, 1999.

[3] Ver Eco, 2002.

Nesse sentido pode-se aceitar que um signo é a correspondência entre um significado e um significante.

Um sistema simbólico deve ser, portanto, entendido como um conjunto de signos compreensíveis para determinado grupo de indivíduos. Os sistemas simbólicos são utilizados pela sociedade para funcionar como instrumentos de conhecimento e comunicação, visando à integração e ao mesmo tempo à disputa pelo espaço social no qual estão inseridos. Essas disputas objetivam a identificação e a diferenciação dos diversos grupos sociais existentes. Pode-se considerar, dessa forma, que os sistemas simbólicos são instrumentos de poder, já que constroem a realidade, a qual tende, por sua vez, a estabelecer uma ordem no mundo social.

> As relações de comunicação são, de modo inseparável, sempre, relações de poder que dependem, na forma e no conteúdo, do poder material ou simbólico acumulado pelos agentes (ou pelas instituições) envolvidos nessas relações e que, como o dom, podem permitir acumular poder simbólico.[4]

Segundo Durkheim,[5] essa construção da realidade social leva ao que ele chama de conformismo lógico, uma vez que fornece as categorias básicas do pensamento e da linguagem que estruturam os parâmetros de construção social de regras, valores e costumes. Nesse caso, os símbolos são instrumentos fundamentais de integração social, a base lógica sobre a qual se constroem a concordância das inteligências e o próprio entendimento coletivo do que é a realidade social. Eles tornam possível o consenso sobre o sentido do mundo social que contribui fundamentalmente para a reprodução da ordem social, sendo a integração lógica a condição para a integração moral da sociedade.

Na condição de instrumentos estruturados e estruturantes de comunicação e de conhecimento é que os sistemas simbólicos cumprem sua função política de instrumentos de imposição ou legitimação da dominação e contribuem para assegurar a dominação de uma classe sobre outra; é o que Bourdieu (2002) chama de "violência simbólica".

---

[4] Bourdieu, 2002:11.

[5] Apud Bourdieu, 2002.

Capital simbólico e o *habitus*

A análise da diferenciação social é uma marca na obra de Bourdieu e mostra o quanto essa questão vai além dos mecanismos econômicos. Por meio desse princípio ele elaborou o conceito de capital simbólico, que não se baseia unicamente no poder econômico, e sim na expressão dos diversos tipos de capitais: o cultural, o econômico, o social e o político. É da complexidade da composição desses capitais que emerge a noção de capital simbólico. A existência do capital simbólico pressupõe de alguma forma o atendimento às expectativas coletivas, pois só existe na medida em que é reconhecido pelos outros como um valor.

A análise social de Bourdieu é centrada nos mecanismos que constituem os elementos do capital simbólico nos diversos espaços sociais: onde se produzem as crenças, os valores, os esquemas de percepções, os mecanismos de obediência etc. Para Bourdieu, o espaço total da sociedade é vivido por meio de diversos universos sociais relativamente autônomos, que são campos específicos onde se produz e se reconhece o capital simbólico dos diferentes grupos sociais. Esses campos podem ser o da arte, o da literatura, o acadêmico etc. Em cada um desses campos os indivíduos adquirem um *habitus*, que é um conjunto de disposições de percepção e ação que organizam a forma como os sujeitos interagem dentro de determinado espaço social. Portanto, o *habitus* demonstra que os atores sociais não se orientam apenas pelos interesses econômicos, mas por regras muitas vezes inconscientes, traduzidas em valores, gostos, lugares etc.

> As condições associadas numa classe particular de condições de existência produzem o *habitus*, um sistema de disposições duráveis e transferíveis, estruturas estruturadas predispostas a funcionar como estruturas estruturantes, quer dizer, como princípios que geram e organizam práticas e representações que podem ser adaptadas objetivamente aos seus resultados sem pressupor um fim objetivo consciente ou um domínio expresso das operações necessário para o atingir. Objetivamente "regulador" e "regulado" sem ser de qualquer forma o produto de obediência a regras, o *habitus* pode ser orquestrado coletivamente sem ser o produto da ação organizatória de um condutor.[6]

---

[6] Bourdieu, 1990:53.

O *habitus* é um conjunto ordenado de disposições que estrutura a ação sobre o mundo e cuja regularidade é orquestrada não pelas regras formais e leis externas ao sujeito, e sim pela gramática simbólica e pela apreensão subjetiva das formas estruturais de organização social e as regras sociais que dela decorrem, o que torna possível o entendimento, a concordância ou a discordância em relação a essas mesmas regras. A compreensão desse mecanismo de organização social deve, portanto, ser buscada nessas estruturas de percepção, ocultas ao sujeito da ação, pois nelas é que pode ser encontrado o princípio lógico da ação e das regularidades do comportamento social.

Em sua obra *Distinction,* Bourdieu apresentou uma explicação poderosa dos gostos em todos os seus significados, desde as escolhas na arte até as escolhas no vestuário, na mobília etc., passando também pelo gosto pela comida, tudo como um assunto subjetivo unificado e como um método para produzir e reproduzir as diferenças de poder entre classes sociais.

O poder simbólico surge como todo poder que consegue impor significações e impô-las como legítimas. Os símbolos afirmam-se, assim, como os instrumentos por excelência de integração social, tornando possível a reprodução da ordem estabelecida.

As relações existentes no interior de cada campo definem-se objetivamente e de forma independente da consciência humana. Na estrutura objetiva do campo (hierarquia de posições, tradições, instituições e história) os indivíduos adquirem um corpo de disposições que lhes permite agir de acordo com as possibilidades existentes no interior dessa estrutura objetiva: o *habitus*. Assim, este funciona como uma força conservadora no interior da ordem social.

Logo, o *habitus*, por funcionar através desses mecanismos ocultos ao observador, atua de forma tão eficaz na produção da hierarquização social e da distinção precisamente porque os gostos que gera parecem derivar da própria natureza do indivíduo, levando-nos, através do senso comum, a interpretar de modo equivocado os gostos estéticos aprendidos e adquiridos como "naturais" ou, então, como criadores de distinções "naturais". O *habitus* mescla o que é aprendido com o que é "natural", pois isso faz parte de sua essência, sem levar em conta estéticas particulares. Ele nos permite pensar que escolhemos o que nos é necessário e que o que aprendemos é realmente natural. Quando essa transformação determina nosso modo de agir na área geral dos gostos e também na área específica dos gostos estéticos, isso nos permite interpretar, por outro lado, o "mau gosto".

Segundo Woodward, Ynhall e Silva (2000), as identidades são fabricadas por meio da marcação da diferença. Essa marcação da diferença ocorre tanto por meio de sistemas simbólicos de representação quanto por meio de formas de exclusão social. A identidade não é o oposto da diferença: a identidade depende da diferença. Nas relações sociais, essas formas de diferença, a simbólica e a social, são estabelecidas, ao menos em parte, por meio de sistemas classificatórios. Para esses autores, um sistema classificatório aplica um princípio de diferença a uma população de uma forma tal que seja capaz de dividi-la em pelo menos dois grupos opostos: nós/eles. Conforme argumenta o sociólogo francês Émile Durkheim:

> É por meio da organização e ordenação das coisas de acordo com os sistemas classificatórios que o significado é produzido. Os sistemas de classificação dão ordem à vida social, sendo afirmados na fala e nos rituais. (...) sem símbolos, os sentimentos sociais teriam uma existência apenas precária.[7]

Para Woodward, Ynhall e Silva, a definição de identidade e diferença é objeto de disputa entre grupos sociais assimetricamente situados em relação ao poder. Na disputa pela identidade está envolvida uma disputa mais ampla por outros recursos simbólicos e materiais da sociedade.

A hermenêutica do espaço

O espaço simbólico é a resultante das percepções obtidas nas relações sociais do indivíduo com o universo socialmente constituído, num determinado momento histórico e em relação a um determinado espaço físico. Pode-se imaginar esse espaço como uma página em branco na qual se inscreve a ação dos grupos e das instituições, sem encontrar outro obstáculo senão o das gerações passadas. Isso equivale a conceber o espaço como inteiramente moldado pela cultura, enquanto toda a problemática social nasce da união indissolúvel desses dois atores, por meio de um processo dialético pelo qual os indivíduos transformam-se e transformam seu ambiente numa arena de disputas pela apropriação dos lugares em função de sua posição hierárquica no espaço socialmente constituído.

---

[7] Apud Woodward, Ynhall e Silva, 2000:4.

Segundo Lefebvre,[8] o espaço é uma dimensão da sociedade articulada e transversal a todas as outras. A melhor demonstração dessa afirmação é o não-tratamento paralelo do espaço em relação à dimensão econômica. Pelo contrário, Lefebvre afirma que a própria organização espacial tem *status* de uma das forças produtivas sociais, e ele o faz sem pudor de atribuir ao espaço a mesma importância que têm as outras forças produtivas: para Lefebvre, o espaço possui, no modo de produção, o mesmo *status* ontológico que o capital e o trabalho.

O espaço construído é organizado e sentido por todos aqueles que efetivamente pertencem a ele, moradores e consumidores, e está estruturado na mente desses atores na forma de localização de coisas e pessoas. Para Bourdin (2001), o lugar constitui uma utilidade para a ação em função de três fatores: a probabilidade de nele encontrar os bens ou serviços procurados; o nível dos recursos mobilizáveis que facilitam a procura desses bens e serviços; e a capacidade que o ator se atribui. Seria só isso? O próprio autor avança nas suas explicações e cita diversos critérios de escolha de ordem emocional. Ainda assim, acredita-se que a melhor forma de complementar a visão trazida por Bourdin é considerar que as escolhas de localização, em se tratando dos dois atores mencionados, não acontecem com base apenas em critérios racionais, e sim num processo de interação social com o espaço construído, motivado por demandas racionais e emocionais que são satisfeitas por meio do bem-estar pessoal. Portanto, o grau de fluidez nos espaços adotados depende fundamentalmente da sinergia entre os atores e o espaço constituído.

Pode-se conceber que o segmento detentor do poder simbólico, que se caracteriza pelo seu esforço de distinção em relação aos demais grupos sociais, utiliza determinados espaços como locais de interação social. Uma forma de demarcação territorial não declarada, mas percebida e aceita por toda a sociedade. Nesse sentido, para esse grupo, o espaço social e o espaço físico se transformam num só.

Gomes (2002) denomina genoespaço a forma de reprodução social num determinado espaço sob o discurso da "diferença". Trata-se da relação com o espaço baseado no discurso da diferença. A diferenciação se faz exagerando os traços distintivos de um grupo de pessoas e diminuindo a importância de todas

---

[8] Apud Gottdiener, 1997:129.

as demais características compartilhadas com outros grupos. Sublinhar um nível de diferença significa que, a despeito das infinitas possibilidades de diferenciação, um limite será privilegiado: aquele que distingue o grupo dos demais.

Esse espaço percebido acaba sendo desejado e valorizado por outros grupos que não têm outra forma de aproximação com os detentores do poder simbólico, e também de distinção em relação aos que estão abaixo deles na hierarquia social, senão apropriando-se desses mesmos espaços e de artefatos simbólicos mais democraticamente ofertados.

Gregory e colaboradores (1996:99) citam um diálogo de quatro cientistas ao visitarem o castelo de Kronberg, na Dinamarca, que se acredita ser emblemático:

> Não é estranho como esse castelo muda tão logo imaginemos que Hamlet viveu aqui? Como cientistas acreditamos que um castelo se constrói apenas de pedras e admiramos o modo como o arquiteto as juntou. As pedras, o telhado verde com sua pátina, os entalhes de madeira na capela constituem o conjunto do castelo. Nada disso deveria mudar pelo fato de Hamlet ter vivido aí, e mesmo assim está completamente mudado. De repente as paredes e os bastiões falam uma linguagem totalmente diferente.

Logo, só existe significado de um espaço urbano quando ele está associado a práticas sociais. O simbólico urbano deve sua especificidade precisamente à articulação das formas culturais do quadro espacial de vida com o sistema geral das ideologias e, em particular, sua expressão formal. Castells (2000) sugere que, da mesma forma que existe uma eficácia própria do econômico ou do político-institucional por meio de sua modulação espacial e seu lugar nas unidades urbanas, existe certa especificidade da instância ideológica no nível do espaço urbano.

Essa especificidade ideológica, segundo o autor, se manifesta principalmente de duas maneiras: primeiro, pelo componente ideológico que, no nível de uma realidade histórica, está presente em todo elemento da estrutura urbana. Assim, por exemplo, toda moradia se apresenta de uma certa forma que é produzida pelas características sociais desse elemento, mas que ao mesmo tempo o reforça, pois ela dispõe de certa margem de autonomia. Segundo, pela expressão, por meio das formas e dos ritmos de uma estrutura urbana, das correntes ideológicas produzidas pela prática social.

Pode-se considerar as formas espaciais como formas culturais; logo, como expressão das ideologias sociais, a idéia de simbólico urbano pode ser interpretada também como prática ideológica de comunicação onde se podem identificar emissor, canais e receptor num processo global de produção de um efeito ideológico.

Nessa perspectiva, o espaço urbano não é exatamente como um texto já escrito, mas um papel permanentemente reescrito por um simbólico que se modifica à medida da produção de um conteúdo ideológico pelas práticas sociais que agem na e sobre a unidade urbana.

Para melhor entendimento do simbólico urbano deve-se partir das práticas ideológico-espaciais para descobrir a linguagem das formas, inserindo suas conexões no conjunto das relações sociais de uma unidade urbana. Trata-se de uma perspectiva complexa, mas bem definida, que caberia desenvolver a partir desse tema rico e inexplorado.[9]

Semiologia da marca

Para que se possa compreender o efeito simbólico da marca é necessário primeiramente verificar suas significações e seu processo de comunicação. A semiologia estuda justamente os signos, suas formas de manifestação (semiótica) e seu uso na vida social. O signo, por sua vez, é qualquer objeto ou acontecimento usado como menção de outro objeto ou acontecimento.[10]

Por exemplo, a palavra "banana" é um significante, ou seja, um conjunto de letras arranjadas de tal maneira que, quando pronunciadas, produzem um dado som. A banana é um objeto que se pode conhecer de várias maneiras, seja observando sua cor e forma, seja simplesmente comendo-a. Tanto a palavra quanto o objeto podem existir de modo independente. Logo, quando o falante de uma língua onde essa palavra não existe come uma banana, não há relação entre a palavra e o objeto. No caso de os dois se associarem, porém, a combinação resultante de significante e significado passa a ser um signo. Como qualquer significante pode ser associado a um número qualquer de significados, os signos podem ser muito complexos e ter vários níveis.

---

[9] Ver Castells, 2000.

[10] Ver Johnson, 1997.

Segundo Umberto Eco, a descrição de um campo semiótico vai além de uma lista de comportamentos comunicativos: é o estudo de todos os processos culturais possíveis. Ele destaca os conceitos desenvolvidos por dois autores considerados os pioneiros da semiótica: Ferdinand de Saussure e Charles Sanders Peirce. Para o primeiro,

> Pode-se assim conceber uma ciência que estuda a vida dos signos no quadro da vida social; ela poderia fazer parte da psicologia social e, em conseqüência, da psicologia geral; chamá-la-emos de semiologia. Ela poderia nos dizer em que consistem os signos e quais as leis que os regem. Por não existir ainda, não podemos dizer o que será; todavia, tem o direito de existir e seu ponto está determinado de começo.[11]

Já Peirce diz:

> Eu sou, pelo que sei, um pioneiro, ou antes um explorador, na atividade de esclarecer e iniciar aquilo que chamo de semiótica, isto é, a doutrina da natureza essencial e das variedades fundamentais de cada semiose possível (...). Por semiose entendo uma ação, uma influência que seja ou co-envolva uma cooperação de três sujeitos, como por exemplo um signo, o seu objeto e o seu interpretante, tal influência trirrelativa não sendo jamais possível de resolução numa ação entre duplas.[12]

Umberto Eco destaca os diversos sistemas da semiótica, ou formas de manifestações dos signos, a saber: códigos considerados naturais; paralingüística; prossêmica; códigos musicais; linguagens formalizadas; línguas escritas; línguas naturais; comunicações visuais; semântica; estruturas do enredo; códigos culturais; códigos e mensagens estéticas; comunicações de massa; códigos retóricos e códigos ideológicos. Portanto, várias são as formas de manifestação dos signos e seus processos de comunicação.

Para fins de construção da idéia de marca, temos duas teorias fundamentais: a tríade apregoada por Peirce (signo, objeto e interpretante) e a teoria da semiose. Morris estabelece três dimensões da semiose: a semântica, que considera a relação dos signos com os objetos a que se referem; a pragmática, que

---

[11] Apud Eco, 2002:9.

[12] Id., p.10.

considera a relação dos signos com os intérpretes; e a sintática, que considera a relação formal dos signos entre si.[13]

Portanto, a marca seria um signo referente a um produto (bem e/ou serviço) e que teria, além do próprio produto, diversos significados associados, os quais, por sua vez, seriam interpretados ou percebidos por um indivíduo ou grupo. Assim, pode-se sugerir que a força de uma marca será tanto maior quanto mais adequadas forem as seguintes dimensões semiológicas: as formas como o signo se manifesta (semiótica), a forma como o signo está associado aos seus significados (semântica) e, finalmente, o grau de sinergia entre o signo e as expectativas dos indivíduos com quem ele se comunica (pragmática).

Quando alguém ligado ao mundo da moda ouve a palavra "Daslu" (a grife multimarca mais chique de São Paulo), certamente um universo simbólico se abre em sua mente, ou seja, uma série de significados agregados a essa palavra penetra no imaginário dessa pessoa: gente chique, *glamour*, sofisticação, moda, carros luxuosos, poder, dinheiro. Cada um desses significados deve ser manifestado por meio das diversas semióticas pertinentes, e essas manifestações devem estar adequadamente codificadas segundo a idéia que a elite social faz desses significados referidos. Por exemplo, a Daslu deve estar localizada num bairro que simbolize a sofisticação da marca. O ambiente da loja deve estar perfumado com aromas que reafirmem todos os elementos simbólicos associados à imagem da marca. O preço dos produtos deve ser uma semiótica capaz de sugerir exclusividade e exclusão de outros grupos sociais de menor poder e recursos. Seu corpo de vendas deve ser composto por indivíduos com alto nível de educação e que dominem a complexidade do universo simbólico no qual estão inseridos. Os tipos de drinques e o modo como são servidos devem estar associados ao que há de mais sofisticado no gênero. Enfim, todos os valores representados pela marca devem ser fielmente reproduzidos em produtos, atitudes, comunicação visual, comunicação com o cliente, recursos humanos e espaço.

O processo é universal, ou seja, é válido para todo tipo de marca endereçada a todo tipo de público. A força de uma marca, portanto, é o poder de sedução que ela exerce na mente do consumidor ao qual ela se destina, por meio dos atributos ou significados funcionais e/ou simbólicos aos quais está associada.

---

[13] Ver Abbagnano, 2000.

Posicionamento mercadológico

A seguir apresentamos as definições de alguns dos principais autores de marketing e varejo para o conceito de posicionamento. Segundo Kotler (1998:265), "é o ato de desenvolver a oferta e a imagem da empresa, de maneira que ocupem uma posição competitiva distinta e significativa nas mentes dos consumidores-alvo".

Com relação aos varejistas, Levy e Weitz (1998:165) dizem que

> Posicionamento é o desenho e a implementação de um *mix* de varejo para criar na mente do consumidor uma imagem do varejista em comparação aos concorrentes. O posicionamento significa que a imagem na mente do consumidor (e não do gestor) é crucial. Portanto, o varejista deve pesquisar qual é a sua imagem e certificar-se de que ela seja compatível com a imagem desejada pelo consumidor que constitui seu público-alvo.

Para Rocha e Christensen (1999:51),

> Posicionamento do produto é a imagem obtida pelo produto na mente do consumidor, como resultado de três dimensões: o tipo de oferta que a empresa faz (produto); a que grupo de consumidores no mercado (grupo-alvo); com relação às ofertas dos concorrentes (concorrência).

Já para Churchill e Peter (2000:222), trata-se da "percepção do produto em relação aos produtos dos concorrentes na mente dos consumidores potenciais".

Segundo Parente (2000:76), para os varejistas

> O posicionamento é resultante dos esforços de diferenciação e consiste em desenvolver características distintas em uma empresa varejista, para que ela possa ser percebida e ocupar uma posição marcante na mente dos consumidores (mapa mental de preferências do consumidor).

Na visão de Hooley e Saunders (2001:177),

> trata-se de como os clientes percebem as ofertas alternativas no mercado, comparadas às outras. Por exemplo, como os carros categoria *saloon* de preços médios Audi, Mercedes e BMW são comparados em valor, qualidade e "significado" ou imagem.

Para Etzel, Walker e Stanton (2001:58), "o posicionamento se refere à imagem de um produto em relação aos produtos diretamente competitivos, bem como outros produtos colocados no mercado pela mesma companhia".

Entendemos que o primeiro conceito aqui mencionado, o de Kotler, é menos claro que os dos demais autores. Não sabemos se a tradução do trecho citado deturpou o sentido do original em inglês. Porém, tal definição dá a entender que o posicionamento se refere simplesmente à posição adotada pela empresa diante do mercado, transmitindo assim a idéia de algo que se estabelece, que se dita, que se impõe.

Ora, posicionamento é algo referente ao que está na mente do consumidor. O conceito não se origina de uma posição adotada pela empresa. Aí é que está o equívoco. O posicionamento de um produto ou de uma marca se origina das ações mercadológicas planejadas pela empresa. Como resultado da percepção das ações implementadas, cria-se no consumidor uma "posição" mental desses produtos em relação aos seus concorrentes. Eis o sentido original do termo.

Algumas pessoas, muitas vezes por vício de linguagem, utilizam a palavra "posicionamento" em substituição a "foco". Para não haver equívocos quanto ao conceito, convém evitar frases como "minha empresa se posiciona...", dizendo-se, em vez disso, "minha empresa é focada...".

Para conhecer efetivamente o posicionamento de uma marca é necessário fazer uma pesquisa de percepção da marca entre os consumidores. Caso haja diferenças entre o que foi planejado e o posicionamento encontrado, ajustam-se os esforços de marketing no sentido de alcançar seus objetivos.

A AC Nielsen, uma das maiores empresas de pesquisa de varejo no mundo, utiliza produtos integrados para gestão de marca que incluem a medição dos efeitos dos esforços de marketing no posicionamento mercadológico: *Winning Brands* é um produto usado no gerenciamento e maximização do valor de marcas que permite medir os efeitos das diversas atividades de marketing sobre o posicio-namento da marca na mente do consumidor.

Aqui, portanto, entendemos por posicionamento a percepção do valor que o consumidor-alvo tem a respeito de uma determinada marca em relação à sua concorrência. Tal percepção origina-se da qualidade dos esforços de marketing realizados pela organização no sentido de alcançar seus objetivos mercadológicos.

No caso de produtos com alto valor simbólico agregado, o sucesso na formação desse sentimento em relação à marca está associado à identidade cultural produzida no interior da organização. Acredita-se que a qualidade dos esforços de marketing está diretamente ligada ao grau de identidade entre a cultura interna da organização e o consumidor-alvo.

Parece improvável um produto de alto valor simbólico agregado ter eficácia nos seus esforços de marketing e encontrar seu espaço no mercado sem que antes tenha desenvolvido internamente uma forma de pensar, agir e sentir que vá ao encontro da identidade do seu consumidor-alvo.

Portanto os produtos de alto valor simbólico agregado não são como os de consumo popular. É necessário acumular conhecimento sobre todo o universo simbólico que envolve o consumidor desses produtos. Para conhecer a fundo aspectos de tamanha complexidade é necessário vivenciá-los.

Diferença entre produtos de alto prestígio e produtos de luxo

Normalmente, num primeiro momento, tende-se a unificar a idéia do produto (bens e/ou serviços) de luxo com a idéia de produtos de alto prestígio. Segundo o *Dicionário Aurélio*, luxo é um "modo de vida caracterizado por grandes despesas (...) bem ou prazer custoso e supérfluo".[14] Para o *Oxford Advanced Learner's Dictionary*, luxo é "algo que é caro e desejável, mas não necessário".[15]

Já o prestígio, segundo Max Weber, "é honraria ou deferência ligada a um *status* social e distribuída desigualmente como uma das dimensões da estratificação social".[16] Ou seja, o prestígio requer algum grau de deferência, uma pressuposição de superioridade. Para Talcott Parsons,[17] "o prestígio é o fator mais importante e inevitável nos sistemas de estratificação". Segundo ele, o prestígio é distribuído em três partes: posses, qualidades (talentos e características atribuídas) e desempenho (*status* e nível educacional atingidos). Já para o *Dicionário Aurélio*, prestígio é "influência exercida por pessoa, coisa, instituição etc., que provocam admiração ou respeito".[18]

---

14 Ferreira, 1999:1243.

15 Oxford, 2000:769.

16 Apud Johnson, 1997:181.

17 Id.

18 Ferreira, 1999:1635.

Este capítulo limita-se a tratar dos produtos que têm prestígio para os detentores do poder simbólico, ou seja, aqueles que contribuem para sua reprodução e afirmação social. Alguns naturalmente são de luxo, mas outros, não. Em virtude da limitação do conceito de "luxo" para designar o escopo de produtos valorizados pelos detentores do poder simbólico, optou-se pela denominação "produtos de alto prestígio".

Para se avançar ainda mais na diferença entre esses conceitos é necessário voltar à questão do capital simbólico e a estrutura do capital. O capital simbólico, conforme já visto, é detido por grupos que "criam" os códigos de referência que acabam se tornando padrões daqueles que se distinguem dos demais grupos sociais e dos que desejam penetrar nessa seleta camada social. Conforme Lipovetsky (2001:171),

> Jamais se consome um objeto por ele mesmo ou por seu valor de uso, mas por seu valor de troca signo, isto é, em razão do prestígio, do *status*, da posição social que confere. Para além da satisfação espontânea das necessidades, é preciso reconhecer no consumo um instrumento da hierarquia social e nos objetos um lugar de produção social das diferenças e dos valores estatutários.

Esse grupo denominado detentor do poder simbólico reconhece que o capital econômico já não garante a sua distinção. A idéia de luxo está justamente associada à capacidade financeira, pois para adquirir um produto de luxo basta ter capital econômico. Logo, o grupo detentor do poder simbólico, e que corresponde ao segmento hegemônico da sociedade, busca novos signos que sejam eficazes como instrumentos de distinção social. Como forma de distinção, por exemplo, falar fluentemente o francês parece que é um signo de alto prestígio e deve "contar mais pontos" para esse grupo do que obter um carro da marca BMW, tido como produto de luxo.

Quanto mais fácil for a assimilação de um novo hábito por parte de outros grupos que visam à ascensão social, mais rapidamente esse hábito perderá prestígio entre os detentores do poder simbólico. Cada vez mais o prestígio está concentrado em *habitus* de difícil domínio pelos que se caracterizam fundamentalmente pelo capital econômico e carecem de capital cultural. Certos artigos de luxo que há 20 anos eram símbolos de *status* para os grupos detentores do poder simbólico já não se posicionam da mesma forma nos dias de hoje. Ao falar da moda, Lipovetsky (2001:40) retrata exatamente a luta dos grupos sociais que estão posicionados abaixo do grupo detentor do poder simbólico por alcançar aqueles que detêm um grau superior de prestígio social:

> É em razão do desejo dos indivíduos de assemelhar-se àqueles que são considerados superiores, aqueles que brilham pelo prestígio e pela posição, que os decretos da moda conseguem propagar-se: no coração da difusão de moda, o mimetismo do desejo e dos comportamentos, mimetismo que, nos séculos aristocráticos e até uma data recente, propagou-se essencialmente de cima para baixo, do superior ao inferior.

Todo artigo de luxo tem certo prestígio para determinado(s) grupo(s), sem o que não se sustentaria como produto. No entanto, nem todos os produtos de alto prestígio são de luxo, como também é verdade que nem todo produto de luxo tem alto prestígio para todos os grupos sociais. Assim, um livro de Immanuel Kant pode atribuir mais prestígio a uma pessoa do que uma televisão de LCD. Um livro desses custa em torno de R$ 40, mas pode "dizer" muito sobre seu dono perante os que dominam o capital simbólico. Uma televisão de plasma (o que há de mais moderno em tecnologia de vídeo) custa no mínimo R$ 6 mil, mas só agrega prestígio na avaliação dos que detêm fundamentalmente o capital econômico ou dos que se identificam com eles e que, provavelmente, pertencem a uma escala social mais baixa.

Tomar chá lendo um livro numa livraria do Leblon é um hábito que pode agregar prestígio e não custa caro; logo, não pode ser considerado um serviço de luxo. Essa diferença conceitual se mostra fundamental.

Não se podem manter numa mesma categoria classificatória tão restrita quanto "produtos de luxo" um carro importado, um livro sobre a cultura dos povos mesopotâmicos e uma boate exclusiva para sócios. O primeiro é um produto de luxo acessível e desfrutável por todos que possuam capital econômico. O segundo é acessível a todos, mas poucos são os "credenciados"(no sentido de reconhecimento social de aptidão para uso) para usufruí-lo. O terceiro é acessível e desfrutável apenas para aqueles que são reconhecidos por determinado grupo como inseridos, independentemente de seu poder econômico. Os produtos de alto prestígio têm uma poderosa função distintiva e só permanecem como tais enquanto forem artefatos produtores de distinção em relação a outros grupos e, ao mesmo tempo, de identidade com os demais membros do próprio grupo.

Conclusão

Entre as ferramentas mercadológicas do varejo tidas como instrumentos de expressão do foco de um produto em determinado mercado está a localização. Reconhecida como a mais crítica decisão do varejista, a localização, além de geralmente corresponder à maior fatia dos necessários investimentos iniciais, é de todas as ferramentas disponíveis a que possibilita menor margem de manobra. Isso significa que, numa eventual correção de rumo de uma estratégia que envolva as decisões já tomadas sobre localização, haverá perda de boa parcela do capital investido e do tempo despendido, e, principalmente, um impacto negativo na imagem da marca.

Assim, possíveis "incongruências locacionais" provocarão no(s) grupo(s) de consumidores uma dissonância entre as suas expectativas locacionais quanto ao consumo de determinados bens ou serviços e a localização escolhida pelo varejista.

O espaço construído é organizado e sentido por todos aqueles que efetivamente pertencem a ele tanto no papel de moradores quanto de consumidores, e está estruturado na mente desses atores na forma de localização de coisas e pessoas. A imagem do espaço urbano são as representações mentais dos indivíduos geradas pelas interações sociais em toda a sua complexidade. Logo, as percepções dos lugares estão condicionadas às imagens e ao imaginário constituídos.

Pode-se dizer, pois, que os detentores do poder simbólico, que procuram distinguir-se dos demais grupos sociais, utilizam o espaço urbano como referência de onde devem e onde não devem ocorrer as suas interações sociais. É uma forma de demarcação territorial não declarada, mas percebida e aceita por toda a sociedade. Para esse grupo o espaço social e o espaço físico se transformam num só.

Portanto, toda e qualquer dissonância provocada nos detentores do poder simbólico por meio da oferta de bens e serviços pode ser por eles percebida como ruptura de um importante código social. E essa ruptura pode acarretar o reposicionamento do produto na mente desse consumidor.

Logo, em se tratando de produtos de alto valor simbólico agregado direcionados àqueles que concentram capital simbólico, estarão mais bem posicionadas na mente desses consumidores as marcas que respeitarem plenamente as expectativas funcionais e simbólicas desse grupo em relação aos seus produtos.

A localização passa a ter então uma função simbólica irrefutável no posicionamento mercadológico de produtos de alto prestígio, ou seja, valorizados pelos detentores do poder simbólico. No caso do Rio de Janeiro, essa variável se torna ainda mais crítica devido à realidade histórico-cultural da cidade.

Com base em pesquisas qualitativas, Lemos (2003) demonstra que a centralidade espacial mais valorizada pelos detentores do poder simbólico para a sua reprodução social, o que inclui o consumo de produtos de alto prestígio, corresponde aproximadamente à área do triângulo imaginário cujos vértices estão representados pelo São Conrado Fashion Mall, no bairro de São Conrado, pelo Shopping da Gávea, nesse mesmo bairro, e pela rua Aníbal de Mendonça, em Ipanema. Lemos observa que os demais pontos periféricos a essa área vão gradativamente perdendo intensidade no que se refere aos fluxos de interação desses grupos, sugerindo assim uma perda gradual de prestígio. No Centro da cidade, porém, ressurgem os fluxos de produtos e serviços de alto prestígio convivendo harmoniosamente com a oferta de bens e serviços destinados aos mais variados perfis de consumidores. Naturalmente a perda de prestígio não ocorre de forma homogênea no espaço, tampouco atinge por igual todos os tipos de produtos. Ela varia de acordo com a relação entre a imagem do local e os atributos simbólicos característicos de cada produto.

É importante salientar que a área do Centro da cidade adquire uma espécie de neutralidade em termos de conferir ou negar prestígio às marcas. Isso talvez se explique pelo fato de o Centro ser um território tipicamente dominado por interações de ordem objetiva, ou seja, nele predominam as relações sociais com baixo grau de solidariedade e interação cultural. Daí podermos afirmar que o Centro é o território mais "democrático" do Rio de Janeiro, já que a contigüidade de grupos tão distintos não significa — se consideramos os interesses objetivos que predominam nessa relação — o compartilhamento de hábitos, valores e identidades. Isso pode ser observado na própria dinâmica das interações sociais ali presentes.

A figura procura ilustrar a dinâmica dos fluxos de interação entre as diversas centralidades da Zona Sul no que se refere aos detentores do poder simbólico e, também, os fluxos característicos do Centro em relação aos principais bairros.

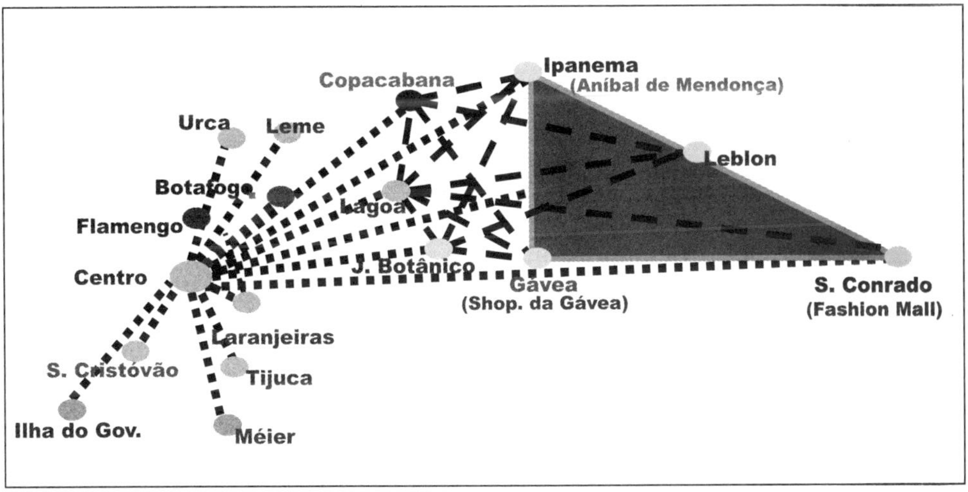

Fonte: Desenvolvido por Lemos (2003).

Essas considerações parecem-nos importantes para a melhor compreensão dos limites de atuação dos varejistas de alto prestígio em relação às suas escolhas espaciais. Muitas marcas vêm alterando o seu posicionamento — no caso, perdendo prestígio — por ignorarem tais limites. Isso vem diminuindo drasticamente o ciclo de vida de diversas marcas, fazendo-as entrar prematuramente de declínio.

Parece que a tentação de expandir os negócios, a falta de profissionais qualificados para gerir essas expansões e os processos decisórios baseados em informações que não levam em conta a complexidade do contexto são os principais responsáveis por grandes prejuízos financeiros e na imagem das marcas, tanto no mercado de alto prestígio quanto no de varejo em geral.

Lemos (2003) mostra que as lojas de alto prestígio devem seguir os códigos e referências espaciais estabelecidos, consciente ou inconscientemente, pelos detentores do poder simbólico na área que compõe a Região Metropolitana do Rio de Janeiro. Do contrário, correm o risco de ter o posicionamento mercadológico de suas marcas afetado.

Como uma espécie de agenda de pesquisa que tenha por base a estrutura conceitual aqui apresentada, sugerimos que se investigue a possibilidade de, no futuro, ocorrerem modificações na atual configuração sociogeográfica da cidade capazes de produzir resultados diferentes dos encontrados por Lemos (2003), levando em consideração não apenas a lógica vetorial newtoniana, mas principalmente o processo de reprodução social no espaço urbano. Este, sim, parece capaz de explicar e prever possíveis alterações na disposição geográfica dos diversos grupos sociais e as conseqüentes modificações das expectativas funcionais e simbólicas desses grupos na condição de consumidores.

Parece-nos necessário, também, pesquisar se há algum segmento do varejo de alto prestígio ao qual não se apliquem os argumentos aqui apresentados. E, ainda, investigar até que ponto essa mesma lógica locacional se aplica a outros grandes centros urbanos brasileiros. O Rio de Janeiro já foi considerado, como capital brasileira, um modelo urbano a ser seguido por outras cidades que então se expandiam no país. Tendo em vista essa considerável influência, cabe supor que outros centros urbanos tenham características não só estruturais, mas também de reprodução social do seu espaço urbano semelhantes às do Rio de Janeiro.

Por fim, esperamos que este capítulo incentive a adoção, nas pesquisas de administração em geral e nas de marketing em particular, de abordagens cada vez mais fundamentadas nos estudos da sociologia e da antropologia. Essas áreas do conhecimento podem contribuir em muito para o melhor entendimento dos fenômenos de consumo como manifestação do comportamento humano. O consumo, antes de ser um fenômeno mercadológico, é um fenômeno social.

Referências bibliográficas

ABBAGNANO, Nicola. *Dicionário de filosofia*. São Paulo: Martins Fontes, 2000.

BERLO, David K. *O processo da comunicação*. São Paulo: Martins Fontes, 1999.

BOURDIEU, Pierre. *The logic of practice*. Stanford: Stanford University Press, 1990.

_____. *Razões práticas*. 3. ed. Campinas: Papirus, 2001.

_____. *O poder simbólico*. Rio de Janeiro: Bertrand Brasil, 2002.

BOURDIN, Alan. *A questão local*. Rio de Janeiro: DPeA, 2001.

CASTELLS, Manuel. *A questão urbana*. Rio de Janeiro: Paz e Terra, 2000.

CHURCHILL JR., Gilbert A.; PETER, J. Paul. Marketing: criando valor para o cliente. 2. ed. Rio de Janeiro: Saraiva, 2000.

ECO, Umberto. *Tratado geral de semiótica*. São Paulo: Perspectiva, 2002.

ETZEL, Mike; WALKER, Walker; STANTON, Bill. *Marketing*. São Paulo: Makron, 2001.

FERREIRA, Aurélio Buarque de Holanda. *Novo Aurélio*: o dicionário da língua portuguesa — século XXI. Rio de Janeiro: Nova Fronteira, 1999.

GOTTDIENER, Mark. *A produção social do espaço urbano*. 2. ed. São Paulo: Universidade de São Paulo, 1997.

GREGORY, Derek; MARTIN, Ron; SMITH, Graham. *Geografia humana*: sociedade, espaço e ciências sociais. Rio de Janeiro: Jorge Zahar, 1996.

HOOLEY, Graham J.; SAUNDERS, John A. *Estratégia de marketing e posicionamento competitivo*. São Paulo: Prentice Hall, 2001.

JOHNSON, Allan G. *Dicionário de sociologia*. Rio de Janeiro: Jorge Zahar, 1997.

KOTLER, Philip. *Administração de marketing*. 5. ed. São Paulo: Atlas, 1998.

LEMOS, Luiz Henrique C. *A Zona Sul como padrão locacional do grupo detentor do poder simbólico e a sua influência sobre a localização de lojas de alto prestígio na cidade do Rio de Janeiro*. Dissertação (Mestrado em Gestão Empresarial) — Fundação Getulio Vargas/Ebape, Rio de Janeiro, 2003.

LEVY, Michael; WEITZ, Barton A. Retailing management. Boston: Irwin/McGraw-Hill, 1998.

LIPOVETSKY, Gilles. *O império do efêmero*. São Paulo: Companhia das Letras, 2001.

MOLINA-MORALES, Francisco X.; HOFFMANN, Valmir E. Aprendizagem através de redes sociais: o efeito da proximidade geográfica. *Inteligência Empresarial*, Rio de Janeiro: Coppe/UFRJ, n. 12, jul. 2002.

OXFORD UNIVERSITY. *Oxford advanced learner's dictionary*. Oxford: Oxford University Press, 2000.

PARENTE, Juracy. *Varejo no Brasil*. São Paulo: Atlas, 2000.

ROCHA, Angela; CHRISTENSEN, Carl. *Marketing*: teoria e prática no Brasil. 2. ed. São Paulo: Atlas, 1999.

WOODWARD, Kathryn; YNHALL, Stuart; SILVA, Tomaz Tadeu (Orgs.). *Identidade e diferença*: a perspectiva dos estudos culturais. Petrópolis: Vozes, 2000.

6

A troca de presentes no Japão e no Brasil: algumas considerações sobre o significado das trocas simbólicas e escolha do consumidor

Carmen Migueles

Que mais há para ser dito sobre trocas de presentes, sobre a dádiva, sobre a reciprocidade? Se pensarmos em temas bastante explorados na antropologia, este certamente é um deles. Mas, apesar do grande número de textos clássicos sobre o assunto, ainda resta o desafio de compreender melhor a troca de presentes nas sociedades urbanas contemporâneas, especialmente a especificidade com que essas trocas ocorrem em diferentes sociedades capitalistas atuais. Estudos sobre trocas de presentes são, desde Mauss, porta de entrada para os estudos de reciprocidade social na antropologia. De muitas maneiras, tendemos a imaginar esse tipo de tema como uma rota que nos dá acesso à construção do universo simultaneamente simbólico e social de sociedades mais simples, pré-capitalistas. Neste capítulo pretende-se mostrar que o estudo das trocas simbólicas[1] nos permite investigar, também, muito da construção de redes de relacionamento pessoal nas sociedades capitalistas atuais, convivendo lado a lado com instituições de mercado e dando forma a muitas das preferências dos consumidores.

A sociedade dos Kabylia (Argélia) que Bourdieu (1977) estudou, assim como a dos polinésios e melanésios de Mauss ou Malinowski são bastante diferentes da nossa. Mauss (1988:151) aponta uma diferença fundamental:

> vivemos em sociedades que distinguem fortemente (...) os direitos reais e os direitos pessoais, as pessoas e as coisas. Essa separação é fundamental: ela constitui a própria condição de uma parte do nosso sistema de propriedade, de alienação e de troca.

Numa sociedade regida por contratos, a idéia de um sistema de obrigações tão limitador da ação individual sem dúvida alguma parece absurdo. Mas será mesmo que em todas as sociedades capitalistas modernas as relações contratuais se sobrepõem definitivamente às relações de reciprocidade tradicionais? Ou, ainda, será mesmo que o individualismo é uma precondição para o funcionamento do mercado em moldes capitalistas? E a separação de pessoas e coisas ocorre sempre e de forma total? E, se não ocorre, qual é o papel dessas trocas na sociedade contemporânea, e qual o significado dos objetos doados em relação às pessoas e aos relacionamentos em que eles ocorrem? Essas são algumas das perguntas que este capítulo

---

[1] Refiro-me aqui às trocas de presentes como trocas simbólicas porque a utilidade principal dos bens trocados é a função simbólica que se expressa em sua capacidade de simbolizar a natureza do relacionamento entre as pessoas que participam dessas trocas. Na enorme (mas não na totalidade) dos casos em que a troca de presentes ocorre nas sociedades capitalistas contemporâneas estudadas, o valor do objeto ofertado é pequeno o suficiente para não ter impacto econômico nem em quem dá, nem em quem recebe. Como Haas e Deseram (1981) apropriadamente notam, questões de confiança mútua nem mesmo se colocam, pois essas trocas não estão orientadas para o ganho individual, mas para o estabelecimento e manutenção de relacionamentos onde os objetos são pequenos símbolos de solidariedade social.

busca responder, a partir de uma comparação etnográfica das trocas de presentes no Japão e no Brasil.[2]

Comparando as trocas contemporâneas com as descritas por Mauss (1954, 1988) e Lévi-Strauss (1969), nota-se que, atualmente, pelo menos em boa parte das sociedades de mercado, as trocas de presentes são tudo menos compulsórias como eles descrevem; os objetos presenteados são comodidades e não contêm o espírito de quem dá; e não estamos muito convencidos de que competimos por *status* e prestígio quando compramos um presente de natal, de modo que a noção de *mana* nos é quase incompreensível, e a de *potlatch* parece estar bastante distante de nós. No entanto, a troca de presentes é bastante comum nas sociedades atuais, movimentando uma soma considerável de dinheiro e grande quantidade de produtos e serviços, especialmente em ocasiões festivas. Outro aspecto a ser destacado é que, nas sociedades contemporâneas estudadas, o prazer e a alegria fazem parte do ato de presentear, e são principalmente as mulheres que presenteiam, enquanto nas sociedades tradicionais, onde a dádiva tinha um efeito redistributivo de riqueza e era uma forma de acumular honra, *status* e prestígio, essa era uma atividade marcadamente mas-

---

[2] A pesquisa etnográfica que serviu de base a este texto concentrou-se unicamente nas classes médias urbanas de Tóquio e do Rio de Janeiro. Essa decisão partiu da constatação de que tais práticas variam significativamente de acordo com a classe social em que ocorrem em ambos os países. As redes de reciprocidade nas favelas cariocas não encontram paralelo nas classes médias, e o comportamento das classes rurais no Japão também difere do das classes urbanas. Mesmo as classes médias urbanas circunscritas à cidade de Tóquio tiveram que sofrer um segundo recorte, pois as práticas em *Shitamate* e *Yamanote* diferem. É difícil separar *Shitamate* de *Yamanote* por um critério socioeconômico, pois esses grupos comporiam a mesma classe. Esta seria uma distinção semelhante àquela entre Zona Sul e subúrbio no Rio de Janeiro, com um grupo se percebendo como mais sofisticado e moderno, e o outro como mais informal e familiar. Embora existam ricos no subúrbio e pobres na Zona Sul, os habitantes da cidade tendem a perceber esses grupos como formados por classes sociais diferenciadas. Os grupos comparados foram profissionais liberais e colarinhos brancos empregados em empresas. A necessidade de definir de forma tão estreita o universo pesquisado deriva-se de uma imposição do método. O significado das trocas e dos objetos trocados é fixado no contexto em que as trocas ocorrem, e, para investigá-lo, optou-se pelo método etnográfico, que, por definição, implica coleta de dados num universo microscópico e de forma qualitativa. As análises sociológicas mais amplas e as generalizações estatísticas sem dúvida podem colaborar para o entendimento do fenômeno das trocas nas sociedades urbanas, mas o estudo etnográfico é um passo anterior no sentido de compreender a natureza dos fenômenos, até para que se possa, mais tarde, elaborar hipóteses de investigação mais representativas.

culina (pelo menos nos aspectos que chamaram a atenção dos estudiosos dessas práticas). O que mudou?

Uma das mudanças mais nítidas ocorreu em relação ao domínio social onde as trocas predominantemente ocorrem: do universo público, masculino, para o universo privado, feminino.[3] E outra em relação ao significado das trocas: nos estudos clássicos, elas ocorriam como rituais competitivos e ostentatórios, voltados para a acumulação de *status* e poder, enquanto hoje são ações voltadas para a construção e manutenção de laços sociais, e a suspeita de tentativa de manipulação da relação no nível das trocas materiais destrói a possibilidade de perpetuação do relacionamento que se está tentando construir. Ou seja, não há como considerar as práticas atuais como tentativa de exercer controle sobre os outros. As trocas de presentes simplesmente não têm papel importante nas práticas de dominação atuais. Isso nos força a buscar uma explicação alternativa para essas práticas.

Segundo Hartsock,[4] a dificuldade de compreender as trocas de presentes nas sociedades contemporâneas advém em parte do fato de que as grandes teorias da economia política, ao examinarem as relações de mercado, ignoraram as experiências femininas dentro da divisão sexual do trabalho, desenvolvendo assim uma inclinação tendenciosa masculina ao perceber toda interação social como uma relação de competição. Como conseqüência, a construção da identidade feminina, centrada num nexo social complexo e relacional, voltado para a empatia e não para a competição, foi percebida (ou passou despercebida) como teoricamente insignificante. Daí as conclusões de Blau (1986), construídas dentro da teoria da reciprocidade segundo a qual há uma lógica de interesse material imediato ou um interesse político direto subjacente às trocas

---

[3] Dados estatísticos fornecidos pela Dentsu Excellence Communication (DEC), colhidos para fins de pesquisa de mercado sobre o comportamento dos jovens no ano de 1989, mostram o seguinte resultado: entre os homens, 55,2% declararam ter dado pelo menos um presente no ano anterior, e entre as mulheres, 97,8%. Na faixa etária entre 15 e 18 anos, os índices foram, respectivamente, 48,0% e 98,9%; na faixa seguinte, entre 19 e 21 anos, 59,2% e 96,3%; e na faixa entre 22 e 24 anos, 61,5% e 98,3%. As mulheres também são, disparado, o grupo mais presenteado, ou seja, as mulheres trocam mais presentes entre si. Por exemplo, 92% das mulheres tinham recebido presentes de amigas, contra apenas 20% dos homens. As mulheres também são as que recebem mais presentes do sexo oposto: 70% contra 45%. Não há dados semelhantes disponíveis para outras faixas etárias, nem para o Brasil, mas entrevistas qualitativas confirmam a manutenção dessa tendência.

[4] Apud Cheal, 1988.

de presentes, de que o ato de dar algo a outrem é na realidade motivado pela expectativa de recompensa, direta (material ou poder) ou indireta (aprovação social).

Tentar compreender as trocas de presentes pela mesma lógica com que se busca compreender o funcionamento do mercado é uma postura teórica inútil, pois tal recorte é tendencioso a ponto de distorcer a dinâmica fundamental do processo. É redundante e talvez desnecessário afirmar que nem toda a vida na sociedade capitalista é dominada pela busca racional e calculada por bens e influência, mas nunca é demais reforçar a idéia, nem sempre lembrada, de que o recorte teórico que examina o aspecto prático, racional e maximizador dos seres humanos em sociedade não é o único, nem pode ser hermético em relação aos outros domínios da vida humana, além de ser incapaz de explicar boa parte dos comportamentos que se materializam e manifestam-se no mercado: orientando escolhas, selecionando objetos, decidindo entre serviços, comprando e trocando.[5] A troca de presentes nas sociedades contemporâneas não tem a ver primordialmente com poder, competição e *status*, e sim com colaboração, solidariedade e manutenção de laços sociais. Saber presentear é uma arte delicada exatamente porque não se pode permitir que uma escolha estabanada comunique a mensagem errada e arruíne o objetivo maior da troca, que é a relação social que se quer preservar.

As trocas de presentes contemporâneas

A legitimidade do ato de presentear — e a correspondente pressão para que o objeto ofertado seja aceito — deriva precisamente do fato de tais práticas não serem percebidas socialmente como utilitárias no sentido econômico e político do termo. Eu "julgo" a ação do outro em relação às trocas de presentes tomando por referência as minhas próprias experiências subjetivas do ato de dar e receber. Como não reconheço na minha prática e nos meus sentimentos em relação a ela um aspecto utilitário e uma estratégia de maximização como principais fatores motivacionais, tendo a avaliar da mesma forma a ação do outro. A comunicação com o outro e o entendimento do outro depende dessa capacidade de diálogo comigo mesmo e da reflexão sobre minhas próprias prá-

[5] Sobre a escolha de objetos de consumo no mercado, ver Sahlins (1976) e o seu exemplo, bastante feliz, do cachorro como tipo de alimento na China e como tabu alimentar entre os ocidentais.

ticas. É a legitimidade social da prática que permite a sua manipulação ocasional e estratégica, quando alguém oferece algo com segundas intenções, mas ver as trocas de presentes por esse ângulo implica uma distorção em que um aspecto secundário e periférico do fenômeno é colocado numa posição central. Em última instância, sem dúvida as pessoas beneficiam-se de várias formas com a interação social. Como Mary Douglas (1979) observa, ser rico é estar bem integrado numa comunidade, ao passo que ser pobre significa estar isolado. Portanto, a pobreza não é uma questão da quantidade de bens que se possui em relação à quantidade de necessidades a serem satisfeitas, mas de como eu percebo minhas necessidades e de como posso satisfazê-las dentro dos parâmetros estabelecidos na sociedade em que vivo, pois é sempre em relação ao outro que eu percebo minha privação.

Embora presentear ocorra de modo inseparável de consumir e interagir dentro da economia capitalista, e de fazer sentido tal como faz justamente dentro dela, não funciona pela mesma lógica das outras trocas que aí se verificam. Riches[6] afirma, corretamente, que uma das características centrais do presente é que ele se compõe de transações redundantes de várias maneiras: ele é algo extra (e percebido como tal), que não é determinado pelas obrigações contratuais, mas que ocorre onde as relações que visa a reforçar já existem. Os presentes também são redundantes porque não trazem vantagem clara para quem os recebe, não acrescentando muito ou quase nada a seu bem-estar; porque as trocas de presentes tendem a equilibrar-se no tempo, não trazendo benefícios líquidos a quem recebe (no caso da reciprocidade simétrica, embora este não seja sempre o caso no Japão nem nas transferências entre gerações no Brasil, onde os pais tendem a dar muito mais do que recebem, até mesmo para filhos adultos); e porque contêm um significado simbólico já expresso no próprio ato de cortesia.

Como afirma Sahlins (1976), o estudo do valor simbólico dos bens materiais oferece um grande potencial explicativo para sociedades complexas. A observação de práticas sociais como a troca de presentes, do significado social dos objetos trocados e das relações sociais em que as trocas ocorrem oferece uma dessas portas de entrada para a investigação de fenômenos sociais que em muitos aspectos se aproximam dos fatos sociais totais analisados por Marcel

---

[6] Apud Cheal, 1988.

Mauss, ou seja, fatos sociais que, se analisados em toda a sua complexidade, dizem respeito a toda uma forma de ver o mundo e a sociedade.

Quais as semelhanças ou diferenças entre as formas de presentear no Brasil e no Japão? Semelhantes são vários aspectos da reciprocidade e das trocas, e a desconfiança das instituições impessoais que fazem com que toda uma economia de trocas materiais e simbólicas (ou materiais enquanto simbólicas, e simbólicas ainda que materiais) mereça tempo e investimento das pessoas. Tanto no Brasil quanto no Japão, relacionar-se enquanto indivíduo sem vínculos com organizações ou instituições impessoais dá uma enorme sensação de falta de poder e fragilidade. Ser membro de um grupo e ter relações sociais fortalece o sujeito, transformando-o em parte de algo maior. E, nesse sentido, as trocas de presentes, especialmente no Japão e em menor grau no Brasil, demarcam os grupos e as relações individuais que permitem que eles sejam mais do que átomos isolados numa sociedade de massa. Na realidade, é através das organizações e instituições às quais pertencemos que podemos efetivamente atuar na sociedade contemporânea. Isolamento social é fonte de anomia e alienação. Pertencer é fundamental para dar sentido à existência e ter meios de atuar na sociedade. O estudo das trocas de presentes nos permite investigar como esse pertencimento é percebido e construído em diferentes sociedades.

Diferentes são as formas e as razões pelas quais essa desconfiança se materializa em práticas de reciprocidade que escapam à lógica utilitária, e também toda uma forma de ver, consumir e, sobretudo, sentir que legitima essas práticas e as torna de muitas maneiras altamente desejáveis ou até mesmas compulsórias, mesmo em áreas urbanas onde o individualismo deveria, em tese, regular as relações interpessoais.

As trocas de presentes nas sociedades observadas precisam ser compreendidas em quatro dimensões principais que dificilmente podemos dissociar na prática, mas que em termos analíticos é importante desmembrar para podermos falar de forma organizada sobre o significado dessas trocas no contexto das interações sociais em que ocorrem e também para podermos compreender sua relação com a preferência de quem dá enquanto consumidor. A primeira é a dimensão material, voltada especificamente para o valor econômico do bem ofertado. Aqui é importante perceber que o valor do bem é sempre levado em consideração, embora muitas vezes por negação: um bem que chegue a constituir-se em valor econômico considerável pode resultar num fracasso estratégico, fazendo com que a relação seja percebida como "interessada", o que fere sua legitimidade. A segunda é a dimensão simbólica, que se refere ao significado da ação de trocar para aquele relacionamento em especial, mas cuja inteligibilidade depende da gramática simbólica da sociedade em questão e do contexto em que tal ação ocorre. A terceira é a dimensão comunicativa, que em muitos aspectos se confunde com (ou é um recorte dentro da) dimensão simbólica, mas dela deve ser separada para facilitar a análise de outro aspecto simbólico dessas trocas: a questão do gosto e da construção social do eu que se comunica simbolicamente por meio do tipo de objeto escolhido para presentear. Esse é um aspecto especialmente importante das trocas entre indivíduos que buscam inserção em grupos construídos voluntariamente em meio à anonimidade e impessoalidade dos grandes centros urbanos, onde é fundamental negociar simbolicamente a inclusão. O quarto aspecto é o estratégico, referente à possibilidade de se manipular uma reciprocidade legítima em nível simbólico para tirar proveito da inclusão social que o relacionamento estabelecido pode propiciar.

O elemento estratégico precisa ser entendido não em função dos cálculos utilitários baseados no valor dos objetos trocados, e sim da natureza ambígua das trocas simbólicas propriamente ditas, em que sentimentos como amor, dedicação, lealdade, consideração e respeito são expressos simbolicamente pelo ato de dar e receber, pois é precisamente o não-reconhecimento social de que essas trocas são (ou podem ser) interessadas que torna possível sua manipulação estratégica.[7] Nesse último aspecto cabe considerar também a utilização de intervalos de tempo como constitutivos do significado, pois o tempo é um elemento fundamental para a eficácia simbólica das trocas. Tanto no Japão quanto no Brasil, muitos dos presentes só são legítimos quando oferecidos numa data específica e de uma maneira específica. Fora dessa data e sem o ritual que constitui parte do significado e que vai desde o modo como o objeto é oferecido até as diversas formas de apresentação e empacotamento, o presente pode transmitir uma mensagem bastante diferente. Além disso, é importante considerar que o presente está relacionado ao espaço social, para se poder entender a sua função de estabelecer inclusão ou exclusão. Se eu quero que o meu presente estabeleça uma relação social da qual espero tirar proveito, escolher um objeto de valor pode, por tornar clara a minha intenção, fazer fracassar a estratégia. Um pequeno presente, uma lembrança carinhosa, uma pequena atenção (espe-

---

[7] Ver Bourdieu, 1977.

cialmente se eu procurei ser gentil com a pessoa e isso está refletido no presente) podem trazer mais proveito. Um presente dado fora de hora e sem um clima adequado pode ser contraproducente. Construir um nicho num espaço social ao qual não pertencemos requer grande habilidade estratégica.

Há um elemento semiótico claro nas trocas de presentes e que torna tentadora a análise desse fenômeno como um fenômeno comunicativo. Mas é importante não inverter a ordem causal: as expectativas das pessoas que participam das trocas podem até se formar num processo comunicativo entre elas, mas a forma que essas expectativas assumem é anterior ao processo comunicativo, e as normas que regem as trocas não são comunicativamente estabelecidas a cada interação pelos indivíduos que trocam, estando já cristalizadas pelo uso no seio da sociedade onde a comunicação entre indivíduos adquire significado. Ou seja, há um sistema cultural dentro do qual as trocas fazem sentido e os objetos adquirem um significado simbólico. Como Eco (1997) tão bem demonstra, há uma impossibilidade matemática de comunicação fora de contexto, sem uma cultura que opere ao lado do código lingüístico reduzindo a entropia contida na fonte e definindo a amplitude possível de interpretação do conteúdo simbólico da mensagem em cada ato comunicativo. Uma comunidade precisa primeiro concordar tacitamente sobre como classificar as experiências para que a comunicação possa ocorrer entre seus membros. Essas formas de classificação da experiência estão na base de uma visão de mundo compartilhada, legitimando as práticas que são de certa forma por elas engendradas. Verificar como essas formas de classificação e, posteriormente, de comunicação ocorrem numa sociedade é fundamental para entender as trocas de presentes, pois, como observa De Bernardi (1994), o modo como os sentimentos humanos são formados e expressos não é aleatório: as formas de classificação das experiências e a linguagem estão relacionadas com a canalização e a intensidade da experiência emocional.

O desinteresse pelas trocas simbólicas nas sociedades contemporâneas é em parte resultante da crença na racionalidade econômica baseada na concepção do individualismo e do mercado como instituições determinantes para a construção das estratégias de relacionamento pessoal, donde a nossa tendência para perceber a solidariedade social como resquício de uma sociedade agrária tradicional a ser eliminada pelo pleno desenvolvimento das forças de mercado. Sem dúvida, o desenvolvimento das forças de mercado tem grande poder desagregador de comunidades, criando um poderoso movimento atomizador que passa a tomar como instituição social mínima não mais a família nuclear, no caso do Brasil, ou o *ie*, no caso do Japão, e sim o indivíduo. Na realidade, a crescente possibilidade de escolha de papéis sociais até o nível da intimidade[8] parece reforçar a idéia de que nos movemos na direção de uma sociedade composta por indivíduos hedonistas, ocupados o tempo todo com a maximização de retornos nas suas relações mais imediatas. Em tal contexto, a troca de presentes deveria ocorrer pontualmente, como celebrações isoladas do individualismo, ou seja, como estratégias de maximizar o prazer que um determinado relacionamento social me proporciona num dado momento. Sem dúvida, essa forma de presentear é comum em nossas sociedades. Mas, além de não ser a única (nem mesmo a predominante no caso do Japão e do Brasil), ela é passível de uma análise simbólica, pois há muito que aprender com o estudo sobre a natureza dessas trocas e os tipos de objetos que são trocados.

O estudo da troca de presentes na sociedade contemporânea pode fornecer dados empíricos para se conhecer melhor não apenas as formas pelas quais a reciprocidade social é construída nas sociedades capitalistas, mas também o consumo e seu papel na construção social da identidade, ou na construção individual de uma identidade social, especialmente nos dias de hoje, quando, mais do que "ter", "ter com estilo" funciona como estratégia comunicacional de pertencimento. Quem eu sou pode ser lido através do modo como eu escolho, como participo da sociedade por meio do consumo. Escolher, como demonstra Bourdieu (1977), é resultado da capacidade de classificar segundo uma hierarquia de gostos, através da qual eu negocio simbolicamente minha inclusão em certos grupos e sou excluído de outros, num processo em que eu não tenho consciência de todos os elementos que atuam sobre a minha prática, pois meu gosto é parte de mim — eu sou o que eu escolho, e escolho o que escolho porque sou o que sou. O estudo do consumo faz parte de uma ontologia da sociedade capitalista.

Mas saber escolher não é uma capacidade inata dos indivíduos, e a sua expressão por meio do consumo não é destituída de implicações sociais e econômicas. Numa sociedade onde cada vez mais a capacidade de acumular capital cultural e educacional constitui-se em um diferencial de mercado,[9] o gosto é a forma mais imediata de comunicar o acúmulo desses capitais. Bom gosto depende da educação visual, olfativa, auditiva, tátil e gustativa associada a gru-

---

[8] Ver Giddens, 1992.

[9] Ver Drucker, 1993; Piore e Sabel, 1894.

pos e classes dentro da sociedade, e nesta a definição social do que é bom muda constantemente de modo a garantir que o acesso ao código de consumo de maior *status* fique protegido daqueles que não têm o direito legítimo de apossar-se dele. Ter "bom gosto" depende do investimento constante em refinamento cultural, que em termos semióticos pode ser compreendido como o esforço para dominar um código cultural socialmente restrito. A questão estética não é, obviamente, desprovida de implicações socioeconômicas, nem desvinculada das estratégias simbólicas que introduzem um elemento dinâmico na construção da estrutura social e a ela reagem. Portanto, diante da importância que o indivíduo que presenteia atribui ao "gosto" que ele expressa no objeto escolhido, posso afirmar que, ao tentar agradar ao outro, ao tentar construir ou reforçar uma relação social, ele está simultaneamente construindo sua auto-imagem, como indivíduo capaz de selecionar bens socialmente reconhecidos como de bom gosto (o que atesta igualmente a natureza do seu capital cultural e educacional), e também a sua capacidade de estimar o gosto do outro (através da avaliação dos seus tipos de capital). Saber avaliar o outro numa hierarquia social de capitais simbólicos faz parte da competência para presentear. Isso não significa buscar sempre objetos de "*status* intrínseco", pois o valor do objeto depende da relação que se quer estabelecer e dos valores expressos pelos sujeitos que trocam. Eu não tenho sucesso dando um casaco de pele a uma intelectual ativista dos direitos animais. A hierarquia dos objetos depende em parte da hierarquia de gostos dentro do campo de produção simbólica no qual o indivíduo se insere,[10] e em parte da negação dessa hierarquia no intuito de estabelecer uma harmonia de sentimentos. Não raro, negar-se a competir faz mais sentido do que competir. As mães, tanto japonesas quanto brasileiras, afirmaram durante as entrevistas a importância de presentear os filhos de modo que eles pudessem sentir-se iguais aos amigos. Os "extras" que os filhos ganham (roupas de marca, brinquedos, vídeos, jogos eletrônicos etc.) são comprados de modo a manter uma média que estabeleça uma base de pertencimento. Os excessos são percebidos por boa parte das mães entrevistadas como podendo afetar a harmonia do grupo e gerar o isolamento da criança que se quer ver integrada. O consumo das famílias, especialmente no Japão, mas também no Brasil, é calcu-

---

[10] Ver Bourdieu, 1989.

lado pela dona-de-casa em relação ao consumo das outras famílias que fazem parte do mesmo círculo social, onde os excessos são freqüentemente criticados como esnobismo e falta de bom senso, excluindo, em vez de integrar, quem os pratica. Nesse universo, uma competição bastante moderada é tolerada, mas o que determina a inclusão são as tentativas de equalização, aceitação e valorização do outro, e não de hierarquização.

Cada ato de dar e receber precisa ser considerado de vários ângulos para se ter uma visão mais completa desse fenômeno de troca em nossas sociedades. Dar e receber são simultaneamente atos comunicativos, atos de identidade, de integração social e de sentimentos. Chama-nos a atenção, no entanto, o fato de que aqueles que participam dessas atividades estão apenas marginalmente conscientes disso, o que nos leva a concordar com Bourdieu (1977) quando diz que os atos dos agentes sociais, na prática do fazer, manifestam-se como automatismos corporais resultantes de um *habitus*, o qual atua como gerador de uma maestria prática que independe de uma reflexão teórica sobre os elementos que tornam possível sua execução. O ato de presentear pressupõe a capacidade de apreender significados sem a intermediação de conceitos verbais. A maestria da escolha depende de uma "intuição" a respeito da adequação do objeto e da forma de presentear que, embora seja reconhecida na prática e na interação social, não pode ser verbalizada pelos que participam das trocas. Frases como "eu comprei esta blusa para você porque achei a sua cara" (nome próprio + *rahii*, em japonês), comuns tanto no Brasil quanto no Japão, dão a dimensão dessa capacidade. Isso nos leva a acrescentar mais um "ato" àqueles que vimos de descrever: presentear é o ato de "inter-relacionar-se", ou seja, é a capacidade de apreender o outro num processo de comunicação intersubjetiva em que eu não trato o outro como um objeto separado de mim, para quem eu olho enquanto indivíduo isolado, e sim como alguém com quem pratico uma "fusão", para captá-lo e senti-lo. Inter-relacionar-se, essa capacidade fundamental para presentear adequadamente, é uma tentativa de olhar para o mundo dos objetos a partir do ponto de vista do outro, de escolher como o outro escolheria, um ato em que eu me nego enquanto indivíduo para afirmar-me enquanto pessoa conectada ao outro. Mas essa negação do eu é parcial, pois a escolha do objeto, embora intuída como capaz de agradar ao outro, sempre leva algo de meu, enquanto aquele que escolhe. Quanto mais importante é o laço social que se quer perpetuar por esse meio, mais importância se dá ao fato de outro demonstrar que gostou do presente utilizando o objeto dado. Ao usá-lo, eu confirmo que o outro "penetrou-me" subjetivamente e que a relação foi reconfirmada com sucesso, pois aceito a intermediação do gosto e da escolha do outro, e celebro, no uso, a relação. Donde as pessoas presenteadas quererem demonstrar ao ofertante que gostaram do objeto usando-o diante dele ou, como no Japão, confirmando o recebimento e, em se tratando, por exemplo, de alimentos, declarando que todos na família regozijaram-se em partilhar do presente oferecido. Vários informantes disseram sentir necessidade de usar as roupas, objetos etc. presenteados, ainda que não fossem de seu agrado (não é bem do meu gosto, mas como foi fulano quem me deu, e eu gosto muito dele, uso sempre que posso). Aliás, creio que vem daí o tabu contra dar ou vender objetos recebidos de presente. Passá-los adiante é destruir o laço subjetivo construído com o outro. É uma negação do vínculo social que isso estabelece. Nesse sentido, caberia indagar até que ponto há uma separação tão radical entre pessoas e objetos em nossa sociedade. Minha apreensão do outro se dá, por vezes, através das escolhas materiais por meio das quais o outro externaliza o seu eu e materializa a sua subjetividade, dando-lhe forma e concretude de modo a permitir-me apreendê-lo na relação. Essa externalização depende de como o indivíduo percebeu e processou os objetos que lhe foram apresentados dentro de sua cultura como matéria-prima para sua elaboração idiossincrática, modificando-os e transformando-os em atos de identidade. Relacionar-se é uma ação passiva, constituída por uma negação de nossa própria percepção dos objetos dentro de uma classificação de gostos, a fim de absorver o modo como o outro elaborou a sua, reforçando a empatia sobre a qual repousa o sentimento de que há uma relação especial entre as duas partes da troca.

É nesse sentido que se tende a perceber uma maior competência feminina para o ato de presentear. Empatia, apreensão e compreensão do outro são elementos reforçados ao longo da socialização das mulheres e constitutivos de sua experiência de relação social. Muitos dos homens entrevistados nos dois países aqui comparados disseram pedir ajuda a mulheres, amigas, conhecidas ou parentes, na hora de escolher um objeto para presentear. Os homens casados, nas duas sociedades, costumam deixar por conta das mulheres a compra de presentes, assim como o gerenciamento das relações de trocas simbólicas. Os homens compram presentes sozinhos e preocupam-se mais com as formas de presentear apenas quando se trata de relações românticas, onde há o desejo de relacionar-se com o outro de forma empática e englobadora, e o presente comunica o desejo simbiótico de construção de laços. Nesses casos, mais importante do que afirmar a diferença e a individualidade é afirmar a similaridade e a comunhão.

Mas seria um engano tentar entender a troca de presentes como um fenômeno com certas características mais ou menos isoladas e que constituem complementarmente o fenômeno total. Não há uma verdade sobre a troca de presentes, simples ou complexa. Existem várias verdades sobre essas trocas, cujo sentido se estabelece no contexto da relação. Por exemplo, um presente dado numa relação romântica pode expressar o desejo de comunhão e simbiose entre dois seres, ou pretender comunicar esse sentido para seduzir o outro. Nesse caso, quem presenteia articula uma estratégia para poder manipular o outro e a relação, apropriando-se de um vocabulário cultural legítimo para a afirmação de um sentimento com o objetivo de criar a ilusão desse sentimento. Quem recebe o presente reconhece a possibilidade de haver nele essa ambigüidade, mas define o aspecto a ser tomado como predominante de acordo com sua própria estratégia de construção da relação. Quem recebe pode simular que foi iludido na relação, acusando o outro de falha moral quando percebe que tal relação não evoluiu na direção que queria. Assim, tanto quem dá quanto quem recebe podem manipular a relação dentro de certos limites. Na maioria das vezes, um único presente contém, em maior ou menor grau, esses dois elementos aparentemente antagônicos.

A questão do estabelecimento e manutenção simbólicos de relações sociais extrapola, de muitas maneiras, o aspecto concreto do presente propriamente dito. A troca de convites para festas, bebidas e jantares, assim como troca de favores (rodízio de carros, troca de *baby-sitters* etc.) também são formas de manter esses laços. Dar tempo ao outro adquire um valor que nas sociedades pré-capitalistas provavelmente não era tão grande quanto hoje, em que o tempo tem valor econômico muito claro. De muitas formas, demarca-se simbolicamente no espaço social a importância relativa dos indivíduos pela quantidade de tempo que se dedica a eles, não só o tempo passado em companhia de alguém, mas também o tempo empregado em preparar-se para receber o outro (vestindo-se, maquiando-se, arrumando a casa ou preparando festas e jantares). Mesmo reconhecendo a artificialidade do recorte em torno do ato específico de dar e receber presentes, vou me limitar a esse processo para dar âncora etnográfica às conclusões apresentadas a seguir.

Muitos estudos sobre as trocas de presentes[11] focalizam a questão da reciprocidade tentando entendê-la por critérios de balanço econômico, como trocas simétricas ou assimétricas, generosidade restrita ou difusa, endividamento etc. Mesmo reconhecendo que ainda há muito a dizer sobre esse tema, o recorte aqui adotado visa restringi-la ao estudo do significado do ato de dar e do objeto dado nas duas sociedades analisadas, tendendo entender como os vínculos sociais são aí percebidos, construídos e mantidos.

As trocas de presentes no Japão

Nos debates sobre as maneiras específicas de agir e fazer sentido da ação no Japão costumam ser adotadas duas posições antagônicas: uma, o culturalismo,[12] atribui as diferenças entre o Japão e o Ocidente a certos elementos culturais endógenos que devem ser vistos em sua particularidade para que se possa compreender os japoneses. Já a outra vertente busca encontrar no Japão elementos de universalidade que possibilitem explicar essa sociedade nos mesmos termos das demais (e a influência do marxismo é aí especialmente clara).

A posição aqui assumida é que, sem dúvida, as trocas de presentes no Japão seguem uma lógica que não é totalmente diferente daquela observada em outras sociedades. Mas essas práticas só ocorrem porque são percebidas pelos sujeitos como providas de significado dentro de uma lógica cultural particular, a qual é não apenas uma precondição para a sua inteligibilidade e seu funcionamento enquanto prática social, mas também o que motiva o indivíduo para o ato de trocar. Assim, é fundamental saber como os indivíduos percebem essas práticas, pois é a lógica simbólica que estrutura essa percepção que, ao ser internalizada pelos indivíduos, dá forma aos sentimentos específicos que os levam a escolher, comprar, oferecer, receber e retribuir. O indivíduo só dá, recebe ou troca porque avalia subjetivamente a necessidade de fazê-lo como algo de certa forma desejável ou inevitável.

Para abordar a questão das trocas de presentes na sociedade japonesa, convém primeiramente classificar os tipos de presentes para depois proceder à análise nos moldes já mencionados. As classes propostas são: presentes com-

[11] Ver Blau, 1986; Bourdieu, 1987; Befu, 1966/67; Gouldner, 1960; Lebra, 1975; Mauss, 1988; Sahlins, 1972.

[12] Para uma leitura crítica dessa tendência, ver Yoshino, 1992; Gluck, 1989.

pulsórios *versus* voluntários, tradicionais *versus* atuais, entre grupos *versus* entre indivíduos, prescritos pelo calendário *versus* não prescritos pelo calendário. Essa classificação, como qualquer outra, é sempre um recorte artificial numa realidade que raramente se apresenta claramente dividida em categorias dicotômicas e estanques, mas reflete a percepção que os japoneses têm das trocas de presentes em sua sociedade e que se evidencia na maneira como os entrevistados falam delas em termos abstratos, ou seja, quando falam dos tipos de presentes e das ocasiões para presentear fora do contexto no qual essas práticas ocorrem. Na prática, essas categorias não são estanques, e só se pode compreender cada uma delas em relação a todas as demais.

Antes, porém, cabe aqui uma observação a respeito de como os japoneses tendem a perceber essas trocas. De modo geral, a quase totalidade dos entrevistados acredita que as trocas tradicionais, especialmente aquelas prescritas pelo calendário como *seibo* (presentes de final de ano — com vendas ao longo de dezembro) e *chugen* (presentes de meio de ano — cujo pico de vendas é no primeiro fim de semana de julho, em Tóquio, e na segunda metade de julho, em Osaka, devido às diferentes tradições locais), são meras formalidades, obrigações sociais sem sentido, herdadas do passado feudal, fadadas a desaparecerem com o tempo e motivadas por valores tradicionais.[13] Quais são esses valores tradicionais e como eles se relacionam com presentes e consumo? Tais valores, analisados em numerosos estudos,[14] fogem ao escopo deste texto, mas uma pequena incursão por esse universo faz-se necessária para que possa-

---

[13] A necessidade de ridicularizar essas trocas talvez possa ser compreendida em função da representação de modernidade que os japoneses constroem a partir da percepção do Ocidente, especialmente EUA e Europa, como ideal moderno, o que os leva considerar como feudal aquilo que singulariza o Japão, especialmente o que o distancia de um ideal de liberdade individual. Isso não quer dizer, porém, que os japoneses desejem esse "ideal", e sim que o japonês urbano tende a construir discursivamente sua identidade social enquanto sujeito moderno criticando aquilo que considera antiquado no Japão. Nas pesquisas do Instituto de Matemática Estatística do Japão (ver Toukei Suuri Kenkyuuzyo, 1982) sobre o caráter nacional dos japoneses (incluindo perguntas do tipo: "se você estivesse nessa situação, você...) percebe-se claramente a tendência dos japoneses de preferirem densidade social a liberdade individual.

[14] Ver Doi, 1966, 1973; Kondo, 1990; Lebra 1969, 1975; Lebra e Lebra, 1986; Befu, 1971; Chie, 1973; Nakamura, 1985.

mos relacionar as formas de presentear com as formas de organizar a sociedade e elaborar estratégias de consumo.

Mesmo antropólogos de renome (como Befu, por exemplo) acreditavam que essas práticas desapareceriam com a modernização do Japão. Hoje, quando está mais claro que o Ocidente (especialmente os EUA, o grande outro do Japão) não é um padrão único e inevitável de modernidade, pode se falar com mais tranqüilidade em sociedades modernas (ou pós-modernas?), no plural, e não em sociedade moderna, no singular. Segundo pesquisas de mercado japonesas, dados etnográficos e análises do conteúdo de anúncios na TV e na imprensa, boa parte dos bônus semestrais pagos pelas empresas japonesas é gasta pelas famílias assalariadas nesse tipo de troca.[15] Por isso mesmo, cabe alertar, talvez, para a impropriedade de se utilizar o termo "tradicional" para denominar essas práticas, pois, embora percebida pelos japoneses como tradicionais e baseadas em valores éticos tradicionais, elas são fundamentalmente urbanas e contemporâneas (contudo, optou-se aqui por manter o termo em função do conteúdo cultural que ele possui para os informantes).

É importante notar que, no Japão, falar de forma lógica e articulada sobre os sentimentos ou relacionamentos é visto, de modo geral, negativamente. Indivíduos morais deixam que seus atos falem por si. É através do empenho, do auto-sacrifício e da capacidade de dedicar-se de corpo e alma a um projeto coletivo que se constrói uma imagem para a sociedade. É ao longo do tempo, com a convivência, que uma pessoa revela ao grupo quem ela é realmente. Falar bem, falar de si mesmo, de seus relacionamentos, de seus projetos (ainda mais que os projetos são coletivos e dependem da habilidade do indivíduo de articular-se num grupo para construí-los) é fácil, e pode-se dizer o que quiser. O indivíduo que fala bem (*hanashi ga umai*) tem certa fama de enganador. Nesse sentido, os presentes indicam a continuidade de relacionamentos que não podem ser confirmados verbalmente. Embora em nenhuma dessas duas socie-

[15] Segundo pesquisa feita pela Hakuhodo Co., em Tóquio, 56,4% das famílias tiraram o dinheiro para as compras de *chugen* do bônus de verão (60,7% em Osaka); 31% usaram o salário de julho (31,8% em Osaka); 10% tiraram dinheiro da poupança (5,2% em Osaka); 0,5% usou cartão de crédito e dividiu os pagamentos em prestações mensais (1,2% em Osaka); e 1,1% utilizou outros meios de levantar dinheiro para essas compras (1,2% em Osaka). O fato de todas as famílias terem respondido a essa pergunta dá uma noção da importância de se presentear nessa ocasião.

dades os presentes e as expressões verbais do mesmo conteúdo sejam intercambiáveis, no Japão têm ainda menos legitimidade. Frases como "aprecio o favor que você me fez", "reconheço que precisei de você e você me ajudou, portanto fico profundamente grato", "reconheço a existência de laços sociais entre nós" (mesmo não pertencendo ao mesmo grupo) etc. não são traduzíveis verbalmente pela absoluta falta de legitimidade do discurso para transmitir essas mensagens. Além disso, o fato de o sujeito acatar formas sociais sancionadas e agir moralmente é em si mesmo uma prova da importância que ele dá às convenções sociais e de que ele pode e quer seguir as normas do grupo. Os presentes têm a função gráfica de definir, no espaço social, a moldura na qual o sujeito se insere e a importância que ele dá às normas aí vigentes.

E é aqui justamente que vêm a propósito as críticas dos japoneses à hipocrisia do sistema, pois os presentes legítimos (ancorados em sentimentos verdadeiros) e ilegítimos (dados por obrigação social) se misturam. Enquanto os primeiros legitimam essas práticas, os últimos fazem com que elas sejam percebidas como resquícios feudais. Mas o importante é notar que uma mesma pessoa oferece os dois tipos de presente, embora tenha uma visão crítica em relação ao segundo. Isso por dois motivos: primeiro, o indivíduo moral age em prol da harmonia do grupo e, portanto, gostando ou não de dar presentes, agir moralmente é fazer o que deve ser feito, reconhecendo que o laço social existe e que é sua obrigação mantê-lo. Segundo, ao negar-se a fazê-lo, o indivíduo pode estar ferindo os sentimentos daquele que se considera em posição de receber o presente. Nesse caso, aquele que dá se sente obrigado a isso tanto pela expectativa de quem recebe quanto pelo reconhecimento de que não fazê-lo, mesmo não chegando a ser uma ofensa, é sinal de que não se quer perpetuar o relacionamento, rejeitando o outro. Numa sociedade relacional como a japonesa, a rejeição e o ostracismo são vistos como formas extremamente cruéis de punição e exclusão, e a capacidade de manter a harmonia social (*wa*) negando o eu, como uma virtude.

Breve pesquisa histórica[16] mostra que esse tipo de troca, tal como hoje ocorre, é sem dúvida uma tradição inventada,[17] reinterpretada de modo a funcionar no seio da sociedade atual, cumprindo funções tipicamente urbanas. Além disso, ao contrário do que poderíamos deduzir do relato dos informantes, o número de pessoas e famílias engajadas nessas trocas permanecia considera-

---

[16] Ver Migueles, 1990.

[17] Ver Hobsbawm e Ranger, 1984.

velmente alto até 1990.[18] Chama a atenção também o fato de que todas as donas-de-casa entrevistadas que criticaram de alguma forma essas práticas também ofereciam, aceitavam e retribuíam esse tipo de presentes.

Seibo e *chugen* são práticas antigas, cujas origens nem folcloristas nem historiadores conseguem precisar. No entanto, há algum consenso em relação aos tipos de produtos trocados e às relações sociais envolvidas nessas trocas. De acordo com Kunio (1957), um dos maiores folcloristas japoneses, as trocas tinham significados religiosos, e os produtos trocados eram basicamente alimentos, o que dava certa conotação festiva a esses rituais, especialmente devido à grande monotonia da dieta japonesa até depois da reforma Meiji. As massas, hoje tão comuns na dieta japonesa, peixes salgados, algas secas, açúcar, uma grande variedade de frutas e vegetais, assim como saquê, chá, café e cigarros só tiveram seu uso popularizado pela redução dos preços e pelos esforços educativos do governo e dos comerciantes no final do século XIX. Befu (1986) atribui a predominância dos produtos alimentícios nesse tipo de presentes ao seu significado original no *naorai*, tradição segundo a qual deuses e mortais partilhavam da mesma comida, num ritual em que estes últimos contaminavam-se de poderes mágicos através dela. Partilhar da mesma comida através de uma comunhão mística é algo que pode ser observado ainda hoje, quando comer e beber juntos é considerado fundamental para criar laços entre os indivíduos. Eventos onde essa interação ocorre são promovidos com freqüência pelas empresas. No passado, esses tipos de presentes eram dados pelos comerciantes a seus clientes, especialmente na época em que se acertavam as contas (semestralmente, coincidindo com *seibo* e *chugen* no passado, segundo Kunio), e entre vizinhos e parentes (quando os mais presenteados eram aqueles incumbidos de guardar o altar onde estavam os restos mortais dos ancestrais).

Na Tóquio contemporânea, esses presentes são dados principalmente a superiores hierárquicos, chefes na empresa, pessoas importantes na sociedade que serviram de intermediários para conseguir emprego ou para o *nakodo*

---

[18] Dados provenientes de pesquisas de mercado feitas por duas empresas japonesas: Dentsu Excellence Communications e Hakuhodo. Dados semelhantes não foram encontrados para o Brasil. O simples fato de essas pesquisas terem sido realizadas já mostra como os japoneses percebem e classificam suas próprias práticas, transformando-as em categorias de pesquisa. No Brasil, as pesquisas realizadas por associações comerciais e de varejo estão voltadas para os produtos mais vendidos.

(intermediário na apresentação de parceiros para o casamento arranjado), e também aos parentes, especialmente os da família que guarda o altar com os despojos dos ancestrais comuns. Professores, médicos e outros profissionais liberais que prestaram serviços à família, mesmo que por um período relativamente curto, também recebem esse tipo de presentes.[19]

Segundo informantes selecionados, a prática de enviar presentes a superiores numa empresa não era comum até meados de 1950, embora já se verificassem em algumas empresas, principalmente em bancos. Mas as donas-de-casa mais jovens acreditam que essas práticas, tal como existem hoje no Japão, são resquícios do período feudal.

Lebra (1969) afirma que a troca de presentes no Japão pressupõe uma forma específica de reciprocidade que não pode ser entendida fora de seu contexto cultural, ou seja, sem estar relacionada com o conceito moral de *on*, que, segundo ele, deriva a sua força moral precisamente de uma generalização cultural da reciprocidade. A noção de *on* está ligada à idéia de que a sobrevivência de um indivíduo depende de vários atos de generosidade sem os quais não se pode sobreviver ou progredir. *On* é um débito moral impagável, seja para com os próprios pais, seja para com um professor, um vizinho, um parente ou quem quer que tenha ajudado um indivíduo a estudar e ingressar em círculos sociais como uma empresa etc. O *on* para com pais adotivos é ainda maior do que aquele que devido aos pais naturais. Os presentes dados a um *on-jin*, isto é, a pessoa a quem se deve um *on*, não são uma forma de pagamento por um débito que em todo caso é impagável, e sim uma expressão de gratidão, dependência e continuidade de relacionamento. Portanto, no nível do fluxo material propriamente dito, uma das partes dá sempre, no que parece uma relação assimétrica de reciprocidade do inferior para com o superior, não fosse o entendimento de que esses presentes nada são diante do favor prestado incialmente e que, independente do valor que possam ter, jamais liquidam o débito, somente o reconhecem e, portanto, o reforçam.

[19] Nesses casos, os livros de etiqueta recomendam que, uma vez enviado o primeiro presente, deve-se continuar a enviá-los por um período de cerca de cinco anos, que é até quando se espera receber tais presentes. O mesmo vale para o *nakodo*, só que, em se tratando de um superior hierárquico do chefe da família na empresa, ele deve continuar recebendo enquanto durar essa relação hierárquica. No caso de um casamento por amor, em que o *nakodo* é só um ritual, pode-se deixar de enviar presentes após três anos.

Se por um lado *on* é reconhecido como um valor moral bastante arraigado no coração dos japoneses, uma forma madura e moral de reconhecer seus débitos sociais, por outro a obrigação de presentear alguém ou de manter com ele um relacionamento é percebida como *giri*, ou obrigação social, termo muitas vezes usado em oposição a *ninjou*, ou sentimentos humanos verdadeiros. Benedict (1954) se refere à troca de presentes como trocas de *giri*. Comparando a pressão por quitar débitos nas trocas de presentes no Japão (pagamento de *giri*) com as sanções americanas por pagamento de dinheiro emprestado, ela mostra que esse mesmo tipo de cálculo é feito no *giri*, cujas trocas são cuidadosamente anotadas para pagamento futuro. Presentes atrasados acumulam juros e têm que ser mais valiosos quando pagos. Segundo Benedict, *giri* é pagamento ativo, o retorno por uma obrigação para com alguém a quem se deve um *on*. Os presentes percebidos como derivados de *giri* são dados na família extensa e à família dos sogros como pagamento por presentes em dinheiro ou favores, refletindo também obrigações sociais para com pessoas que não são parentes próximos, como tios, sobrinhos, etc., devido a um *on* recebido não deles, mas de um ancestral comum. A idéia de um presente de *giri* estar sempre relacionado a um *on* não parece tão definitiva na sociedade contemporânea. O costume, bastante recente, de as moças solteiras darem chocolate aos colegas de trabalho e aos superiores hierárquicos na empresa no dia de São Valentino é chamado de *giri-choco*, ou o chocolate da obrigação. O curioso é que o dia de São Valentino foi importado há pouco dos EUA como uma espécie de dia dos namorados, quando as moças dão chocolates aos rapazes de quem gostam. Esse presente deveria ser retribuído pelos rapazes no *white day* com chocolates brancos. No Japão, as moças confessam sentir-se de certo modo obrigadas a dar chocolates a todos os homens que trabalham no mesmo local em que elas, independentemente do que sintam por eles. Se não o fizerem, os rapazes poderão achar que elas não gostam deles, não no sentido amoroso, e sim no sentido de que eles não teriam existência social para elas, seriam coitadinhos (*kawaisso da kara*). Essa nova época de presentear alavanca toda uma indústria de chocolates e representa uma parcela considerável das vendas anuais desse produto. O depoimento dos entrevistados revela que, embora o chocolate de São Valentino seja chamado de *giri-choco*, os sentimentos envolvidos nas trocas vão desde atração sexual, amor e amizade até mera formalidade. Diferenças sutis de preço e embalagem dão pistas sobre a verdadeira intenção do presente, e a decodificação dessa intenção depende da capacidade de quem recebe para "ler" sinais complementares, como linguagem não-verbal (olhares etc.). Muitas vezes, a dificuldade de olhar diretamente nos olhos e de entregar o presente de forma natural e casual é o complemento de que se precisa para ler por trás da timidez a razão que levou à escolha do presente. Segundo as informantes, há todo um jogo de cena bastante sutil que acompanha o ato de presentear e que reduz a possibilidade de mal-entendido graças à introdução de elementos de redundância na comunicação da mensagem. Como a tendência do comércio é produzir chocolates em formato de coração acondicionados em embalagens românticas, um cuidado extra na hora da escolha é fundamental para evitar situações embaraçosas mais tarde, caso a intenção do presente seja apenas expressar amizade ou cumprir uma formalidade. No caso desses presentes não é possível estabelecer uma relação entre a obrigação de presentear e um *on*.

Na prática, muitos podem ser os sentimentos e as razões que levam a ofertar *seibo* e *chugen*. Estes podem ser tanto a expressão de gratidão profunda quanto o mero cumprimento ritual de uma obrigação social. Pesquisas mostram que a grande maioria dos entrevistados prefere receber cupons de presentes (58% daqueles com menos de 30 anos e 43,8% daqueles com até 60 anos). Em seguida vêm produtos de uso diário, como temperos, óleo de cozinha, café, algas, cerveja etc. Com relação às preferências dos que presenteiam, a maioria (43,2%) apontou alimentos frescos e de alta qualidade, vindos direto do produtor, seguidos de bebidas destiladas ocidentais (24,7%), vinhos finos (12,6%), frutos do mar em conserva, molho de soja, chá preto, algas secas e presunto. Quando perguntados por que davam de presente produtos diferentes daqueles que gostariam de receber, muitos afirmaram que os cupons não expressavam seus sentimentos de forma adequada, dando a impressão de que o ofertante quis furtar-se ao trabalho de escolher um presente pensando em quem vai recebê-lo e que está apenas cumprindo uma obrigação social.

As pesquisas mostram também uma tendência de aumento nas vendas de comestíveis nessas ocasiões (de 17,5% do total das vendas das lojas de departamentos em 1965 para 20,3% em 1988). Embora essas pesquisas não permitam afirmar com certeza que esse aumento está diretamente ligado à compra de presentes, pode-se supor que assim seja pelo conhecimento da rotina das donas-de-casa japonesas, que até hoje costumam comprar alimentos no pequeno comércio local e recorrer às lojas de departamentos somente para itens e ocasiões especiais.[20]

As lojas de departamentos praticamente detiveram o monopólio das vendas desse tipo de presentes até a década de 1970, mas hoje enfrentam a competição de supermercados, lojas de conveniência ou de artigos para presentes e sistemas de entrega direto dos produtores. Os supermercados e lojas de conveniência, que oferecem sistemas de compras por catálogo e pela internet, estão se beneficiando da proximidade com os compradores, já que têm pequenas lojas espalhadas por toda a cidade.

Isso reflete uma mudança de atitudes em relação ao ato de presentear, bem como novas percepções de sua natureza e função. Antes, comprar numa loja de departamentos (como Mistsukoshi e Seibu, por exemplo) permitia àquele que recebe o presente saber, pelo preço e qualidade do produto, se o ofertante estava agindo de forma socialmente adequada e assim formular sua estratégia para retribuir. Segundo os livros de etiqueta daquela época, possibilitar esse cálculo ao recebedor era uma questão de boa educação. O declínio das lojas de departamentos está de certa forma associado à perda da importância econômica do presente e à valorização do seu significado simbólico. Nota-se cada vez mais a tendência a considerar os presentes dados somente por obrigação como "atrasados" e de mau gosto. As donas-de-casa dizem que presenteiam os chefes de seus maridos não pelos chefes, que mal conhecem, mas para ajudarem os maridos no trabalho, já que a cortesia "é o óleo que lubrifica as relações humanas" e, nesse sentido, o presente deve expressar calor humano. Pelo lado do recebedor, é cada vez mais condenável avaliar um presente pelo preço.

A mudança de atitudes e percepções com relação aos presentes vem influenciando as campanhas de marketing das lojas de departamento, que estão atentas a essas tendências. A ênfase nos sentimentos pode ser observada nos *slogans* de algumas dessas lojas: *ningen no shooko desu* ("uma prova de humanidade"), da Seibu; *Okurutte haato waaku* ("dar: um trabalho do coração"), da Mitsukoshi; *Watashi no kokoro ni shootai shimasu* ("eu te convido para o meu coração"), da Takashimaya; e *Katorea ni magokoro o tsutsunde* ("embrulhe seu

[20] Ver Imamura, 1987; Fields, 1983.

coração verdadeiro numa catléia" — flor que é o símbolo da loja), da Matsuzakaya. Cabe supor que a mudança de atitudes foi em parte provocada precisamente pela mudança de foco na propaganda dessas lojas, mas o empenho delas em estudar as tendências de percepção e preferência dos consumidores indica justamente o contrário: é a ressignificação das práticas que altera o conteúdo dos comerciais, dando-lhes mais ou menos chances de sucesso. Os consumidores são menos vítimas dos produtores e do comércio do que se costuma a imaginar. Segundo a Associação das Lojas de Departamento, tem sido em vão todo o esforço para convencer os consumidores a darem de presente não mais comestíveis, e sim produtos de outra natureza, pois as vendas dos primeiros só têm aumentado.

Nota-se claramente, entre os entrevistados, a tendência de não quererem parecer "materialistas e pragmáticos" em suas relações pessoais (e, por outro lado, de acusarem os outros de sê-lo, fato pouco observado nas entrevistas feitas no Brasil). Daí preferirem dar de presente produtos alimentícios de alta qualidade que expressem o seu desejo de proporcionar ao outro momentos de prazer, em vez de cupons ou produtos de uso diário, os mais desejados pelos recebedores. Ao optar por esse tipo de presentes, aquele que dá constrói uma auto-imagem positiva em negação ao materialismo e ao interesse pragmático que reduz as relações humanas a relações de necessidade. Negar o aspecto econômico da vida através da afirmação dos sentimentos e da estética introduz elementos hedonistas e práticas discursivas do eu no domínio das trocas de presentes construídas num universo relacional onde a veracidade do sentimento não era (e em larga medida continua não sendo) o principal fator de legitimidade do presente e do ato de dar. Assim, freqüentemente os interesses pragmáticos ou a obrigação de dar pelo reconhecimento de um *giri* devido passam a ser disfarçados por meio de presentes que pretendem valorizar a relação social justamente para afirmar que aquele que dá o faz em atenção a valores percebidos como mais nobres e mais modernos. O ato de dar continua a ser visto como inevitável para um sujeito moral que se reconhece como tal a partir do papel social que desempenha dentro de uma rede de relacionamentos em que reconhecer a fragilidade do indivíduo e sua dependência do grupo é sinal de maturidade. Portanto, a questão do gosto enquanto estratégia narrativa do eu, enquanto construção social do indivíduo via consumo, é tratada dentro de um universo em que a individualidade é um valor secundário em relação ao sujeito relacional que, ao cumprir suas obrigações morais, promove a harmonia (*wa*) do grupo. Mas essa individualidade é expressa de uma forma bastante específica, somente compreensível em relação ao universo das trocas de presentes no Japão, ao significado do *seibo* e *chugen* no Japão contemporâneo, ao significado aí adquirido pelos gêneros alimentícios e aos significados socialmente atribuídos a cada um deles através dos sentimentos e das formas aceitas de expressar a subjetividade, a qual, por sua vez, é cultivada de acordo com as classificações dos sentimentos e dos modos de expressá-los cristalizados pelo uso social e que somente fazem sentido em relação a ele.[21]

O destinatário mais comumente citado pelos informantes, no caso de presentes de *seibo* e *chugen*, é o *nakodo*. O tipo de papel social desempenhado pelo *nakodo*, ou arranjador de casamentos, é importante para compreender melhor

---

[21] Para entender a natureza dos sentimentos expressos nessas trocas tradicionais e também em todas as outras trocas de presentes no Japão é importante recorrer ao conceito de *amae*, desenvolvido pelo dr. Takeo Doi. Trata-se dos sentimentos que todos os bebês teoricamente nutrem em relação à mãe: dependência e desejo de serem amados passivamente, e receio de se verem privados dessa relação e jogados no mundo. Segundo Doi, no Japão esse sentimento prolonga-se por toda a vida adulta, tornando-se muito mais presente do que no Ocidente em todas as atitudes perante os outros e a "realidade". Isso leva a uma familiaridade presumida e a uma certeza ou desejo de que a boa vontade do outro possibilita a auto-indulgência e um grau correspondente de indiferença às reivindicações do outro de ser um indivíduo separado. Assim, há uma confusão entre sujeito e objeto, de modo que tais relações não podem ser claramente definidas como racionais ou morais. Já o verbo *amaeru* refere-se ao comportamento da criança que deseja ser aconchegada pela mãe num amor indulgente e, por extensão, ao mesmo comportamento nos adultos. Esse sentimento está presente em qualquer situação em que o sujeito presume que pode contar com a boa vontade do outro e com ele se relaciona de forma otimista, acreditando que ele vai satisfazer o seu desejo de ser um com o seu meio ou por este protegido. Não se trata de um termo técnico, pois é freqüentemente usado pelos japoneses na sua interação diária. John Bester, na introdução do livro de Doi, ressalta a importância do conceito de *amae* para se entender a sociedade, a cultura e a arte japonesas. A "ilusão" de ser um com o mundo, a relutância em querer demarcar a sua individualidade nas relações pessoais e em aceitar o racionalismo (no sentido de que este torna o indivíduo consciente de sua separação dos outros e das coisas) podem ser melhor compreendidas a partir dessa noção. Tal sociedade, assim constituída, é percebida como morna e humana, capaz de dar conta das necessidades do indivíduo, o qual deseja permanecer mornamente envolvido por um ambiente onde sua subjetividade e necessidade de relacionar-se com o outro podem ser manifestadas sem medo. A relutância em desviar-se da norma no ato de presentear é permeada por essa sensação de pertencimento. Mesmo percebendo a natureza muitas vezes materialista e impositiva das trocas de presentes, o indivíduo reluta em fazer algo como indivíduo a esse respeito para permanecer um com o universo social.

o significado dessas práticas. O *nakodo*, além de apresentar os futuros esposos (real ou ficticiamente, para fins rituais), facilitava a inserção social em novos grupos. Eis por que esses indivíduos constituem uma categoria tão presenteada. Todos os entrevistados ofereciam — ou tinham oferecido por alguns anos — presentes a seus *nakodos*, sendo essa prática comum entre a maioria dos casais. Segundo Vogel (1971a), o papel do *nakodo*, especialmente nas áreas urbanas, é garantir que o indivíduo que deixa o seu *ie*[22] de origem — o segundo filho, uma filha etc. — será bem aceito no novo grupo e, ao mesmo tempo, afiançar a esse grupo que tal indivíduo é um sujeito moral. O *nakodo* passa então a assumir a paternidade (ou maternidade) ritual e fictícia, de modo que o indivíduo por ele auxiliado contrai, por meio desse mecanismo, uma dívida moral para com seu *nakodo*, a qual não só exige expressões simbólicas de gratidão e reconhecimento — de que os presentes são a forma exemplar —, mas também funciona como um mecanismo de conformidade social, uma vez que a reputação do *nakodo* depende do desempenho e do comportamento do indivíduo no seu novo grupo. Mas a função do *nakodo* não se limita às apresentações, pois ele também é chamado a atuar como intermediário no caso de problemas conjugais ou do indivíduo com seu novo grupo. A maioria dos japoneses acredita que o *nakodo*, enquanto instituição social, é um resquício

---

[22] Befu (1985) traduz *ie* para o inglês como *stem family*, o que poderia ser indevidamente traduzido em português como "família extensa". Mas o termo se refere a todos aqueles que normalmente moram juntos e partilham da vida social e econômica. O *ie* tem como núcleo os parentes próximos, mas pode incluir parentes distantes e não-parentes, como empregados, por exemplo, desde que morem com a família e participem da vida econômica do grupo. Enquanto grupo corporativo, o *ie* perpetua-se de geração em geração para além do ciclo de vida dos indivíduos que o compõem. Depois da morte do seu chefe, o *ie* continua por sucessão e herança, normalmente pelo filho que fica com os pais depois do casamento e mantém a linha familiar (antes da guerra, esse era o papel do filho mais velho). O que realmente importa é como cada membro contribui para o *ie*, e não os laços de consangüinidade com a família. Segundo Chie (1973), os grupos podem ser definidos segundo dois critérios: um baseado em atributos comuns dos indivíduos que o compõem, e outro baseado numa posição situacional dentro de uma dada "moldura", podendo ser esta uma localidade, uma instituição ou um relacionamento particular que congregue num grupo um conjunto de indivíduos. Assim, *ie* é um grupo residencial corporativo ou, no caso da agricultura e outras empresas, o corpo gerencial. O importante é que esse grupo é percebido como contendo os laços humanos mais importantes. Enquanto em muitas sociedades os laços de parentesco têm importância central e definem quem são os outros significativos, no Japão o *ie* é a unidade fundamental de pertencimento do sujeito.

feudal em via de extinção.[23] A figura do *nakodo* surgiu no final do período feudal, mas só se tornou comum no começo do século XX. Segundo Vogel, a difusão dessa prática faz sentido justamente no contexto urbano: ela garantiu a continuidade dos laços sociais durante a industrialização e urbanização do Japão, onde não se observa a pulverização de indivíduos ocorrida em muitos países do Ocidente.

Na realidade, o *nakodo* é uma figura fundamental se quisermos entender como o Japão se industrializou sem gerar um processo de anomia, como observamos no Brasil. O japonês que migrava para a cidade permanecia ligado por laços morais a grupos sociais estáveis, aos quais prestava conta de seus atos e dos quais se sentia membro. No Brasil, o migrante se via solto na multidão urbana, tendo que descobrir por conta própria alguma forma de inserção social.

Pelo menos até o início da década de 1990, nota-se que a figura do *nakodo* continua tendo papel central até mesmo nas cerimônias de casamento "por amor" (a distinção entre casamento "por amor" e "arranjado" é bem clara para os japoneses), assim como os rituais que afirmam a falta de intimidade entre o casal. Nos casamentos "arranjados" é comum os amigos do noivo e da noiva tecerem comentários sobre o caráter e as preferências de ambos, apresentando-os ao grupo. O mesmo ritual se mantém nos casamentos "por amor", reconstruindo assim a distância social entre os noivos. Esse ritual nos diz muito sobre a percepção que se tem do indivíduo moral no Japão, e se baseia na mesma lógica que nos permite compreender as trocas de presentes tradicionais no Japão urbano. O indivíduo moral não é aquele que coloca seus sentimentos e desejos em primeiro lugar (no Ocidente, a legitimidade dos laços sociais se baseia na veracidade dos sentimentos que originam a relação), e sim aquele que se curva às sanções do grupo e é capaz de agir de modo a garantir a estabilidade do mesmo, mesmo que isso implique sacrifício individual. A presença ritual do *nakodo* nos casamentos "por amor" tem essa conotação de sacrifício moral da individuali-

[23] Vogel nota, já em 1971, uma clara tendência dos japoneses de se oporem à idéia de *nakodo*, tida como ultrapassada, feudal e ridícula, embora ainda vigore na prática. Essa contradição é percebida pelos próprios japoneses e presta-se a piadas na mídia.

dade e do prazer em prol da perpetuidade da relação que ali se estabelece, deixando claro para os parceiros que não é legítimo colocar a busca hedonista de realização pessoal acima da estabilidade e da harmonia do grupo. Os cônjuges constroem sua auto-imagem como indivíduos morais através dessa negociação entre opções individuais e valores coletivos, confirmando publicamente sua adesão aos valores compartilhados socialmente. Embora esse ritual seja visto explicitamente como uma forma vazia, poucos ousam desafiá-lo. O fato de os japoneses acreditarem que mantêm uma prática dissociada de sua visão de mundo não significa que essas práticas feudais, como eles as definem, tenham algum poder sobrenatural que os obrigue a mantê-las sem nenhuma razão. Elas sobrevivem porque através delas os indivíduos se transformam em pessoas, construindo laços sociais legítimos; e, como lhes faltam instrumentos para desenvolver uma reflexão teórica sobre essas práticas, eles não conseguem explicá-las verbalmente.[24]

O quadro 1 apresenta uma breve classificação das ocasiões em que se presenteia no Japão. Nosso intuito é demonstrar que a troca de presentes nesse país não pode ser vista como um fenômeno único e homogêneo, uma vez que os significados, as práticas, os objetos e as motivações aí envolvidos variam consideravelmente.

É comum os japoneses relacionarem as ocasiões descritas acima com distância ou proximidade social, como mostra o quadro 2. Essa esquematização é importante para compreender como os japoneses classificam essas práticas, pois daí resulta a forma específica assumida por uma troca. Vale notar, no entanto, que toda esquematização é uma simplificação, uma abstração feita pelos informantes para tornar essas práticas inteligíveis para o pesquisador, e que a realidade das trocas é sempre muito mais complexa.[25]

---

[24] Segundo Geertz (1997:121,127), uma das condições de funcionamento do senso comum deriva-se da percepção de que "tudo é o que é e nada mais", ou seja, o senso comum é um saber empírico, incompleto e que depende do seu não-reconhecimento como um saber: "o bom senso não é aquilo que uma mente livre de artificialismo apreende espontaneamente; é aquilo que uma mente repleta de pressuposições conclui". E o bom senso no Japão afirma que é assim que se casa, com toda a autoridade que o senso comum tem sobre esses assuntos. Ver também Douglas, 1986.

[25] Sobre essa relação do pesquisador com os informantes, ver Bourdieu, 1977.

Quadro 1

Principais ocasiões em que se presenteia no Japão

Presentes sazonais	Presentes dados em ocasiões tradicionais e em datas especiais previstas no calendário.	*Tradicionais*: celebração do ano novo, saudação de meio de inverno (*seibo*), de verão (*chugen*), de final de ano e festival das bonecas. *Modernos*: dia de São Valentim, *white day*, dia das crianças, dia dos pais, dia das mães, dia do respeito pelos idosos etc. Natal (normalmente dado a namorados e amigos próximos, mas não à família, exceto crianças).
Presentes sociais	Presentes dados em determinadas circunstâncias sociais.	Votos de recuperação (visita a doentes), celebração por aquisição de casa nova, auxílio em caso de desastres, parabéns por promoções, transferências, aposentadoria, aprovação em exames, dinheiro dado em vésperas de viagens etc.
Presentes pessoais	Para celebrar datas marcantes na vida do indivíduo.	Aniversários, primeiro festival das bonecas (3 anos de idade), ingresso na escola, primeiro emprego, maioridade, casamentos, presentes dos noivos aos convidados, celebrações em família, bodas de ouro e de prata, aniversários especiais para crianças de 3, 5, 7 e 11 anos e adultos de 60, 70, 77 e 88 anos etc.
Presentes de saudações	Como pequenas demonstrações de apreço e como cumprimento.	Suvenires, presentes dados quando se visita alguém, presentes partilhados com vizinhos (especialmente produtos locais do interior, porções de pratos feitos para testar receitas etc.).

Quadro 2

Relacionamentos humanos

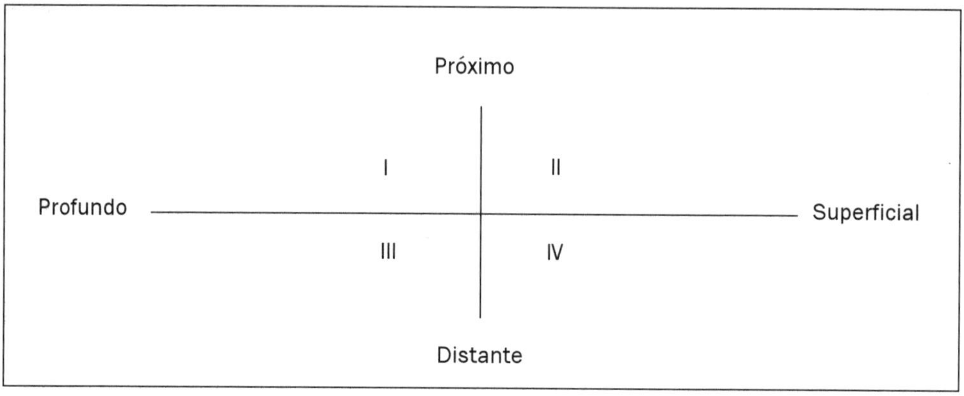

A categoria de presentes com menor conteúdo de sentimentos e referente a relacionamento distante situa-se no quarto quadrante e corresponde aos presentes tradicionais, especialmente *seibo* e *chugen*. A categoria situada no primeiro quadrante engloba principalmente os presentes pessoais (aqui a profundidade do relacionamento não se mede pelos sentimentos, e sim pela estreiteza dos vínculos sociais entre os sujeitos). Porém, vale notar que, segundo os responsáveis por pesquisas de mercado, o maior volume de vendas nas lojas de departamentos corresponde justamente às trocas tradicionais, sobretudo *seibo* e *chugen*. Cerca de 96% das famílias pesquisadas (amostra de 500 pessoas) costumavam dar ou tinham dado esse tipo de presente.

Segundo dados de uma pesquisa da Dentsu Excellence Communication, os entrevistados tendem a considerar os presentes classificados no primeiro quadrante como expressões de amor e afeto que confirmam e celebram um relacionamento pessoal entre aquele que dá e aquele que recebe. Nesse caso, dá-se preferência a objetos originais que expressem o gosto de quem dá e também sua preocupação em agradar o outro. Com esses presentes costuma-se gastar um pouco mais, para demonstrar a riqueza do sentimento e aumentar o impacto da surpresa. O tempo e o processo de escolha são citados como fontes intrínsecas de satisfação, e o principal objetivo é ver a "cara de felicidade" de quem recebe. Os destinatários de tais presentes são principalmente namorados, seguidos de amigos íntimos e membros da família. Os objetos preferencialmente escolhidos são artigos de luxo, roupas e acessórios da moda, *lingerie* de seda, canetas-tinteiro de alta qualidade, flores etc. Esse tipo de presente está mais relacionado ao consumo hedonista e à construção de laços sociais individuais, voluntários e menos permanentes que os mencionados mais adiante. É nesse segmento da vida social que o processo de construção da identidade por intermédio do consumo se faz mais presente e onde ele é mais importante para a perpetuação da relação. A natureza frágil das relações nesse quadrante torna necessário o investimento constante de tempo e esforço na sedução do outro, o que passa naturalmente por uma construção mais atraente do eu. Aqui a noção de drama social, integrando experiência e performance (teatral), aparece com bastante clareza.[26]

Os presentes no segundo quadrante são em geral definidos como presentes de consideração e oferecidos principalmente a membros da família, parentes próximos e amigos, em ocasiões como aniversários, promoções, dia das mães ou dos pais, dia das crianças e datas tradicionais previstas no calendário, inclusive *seibo* e *chugen*. Trata-se principalmente de lembranças trazidas de viagens ao exterior, dinheiro em espécie, cupons de serviços (de faxina, de turismo etc.) e comidas da estação, como massas, frutas etc. Os presentes dessa categoria têm um conteúdo muito mais prático que os da anterior, e os cupons de lojas de departamentos são os favoritos quando há suficiente intimidade e o presenteado pode escolher o que quiser. Também é comum nesse caso oferecer-se algo que alguém na família deseja ter mas reluta em comprar por iniciativa própria (por exemplo, a mãe que não quer gastar parte do orçamento doméstico consigo mesma). Os sentimentos mais comumente associados a esse tipo de presente são os mais verdadeiros, a gratidão pelo apoio no dia-a-dia, as relações que fazem parte da essência humana. Costuma-se então escolher objetos que não sejam um estorvo para quem os recebe (levando-se em conta, por exemplo, o pouco espaço disponível em casa), algo que possa ser usufruído em família, como uma cesta de frutas, ou que permita àquele que presenteia expressar seus sentimentos sem sentir-se embaraçado. Os entrevistados declaram gastar menos com esses presentes do que com os da categoria descrita anteriormente (segundo pesquisa da Hakuhodo). Aqui a perspectiva de quem dá, ou a necessidade de construir-se via consumo, é secundária em relação à percepção dos gostos, necessidades e desejos de quem recebe. O espaço da individualidade é restrito por considerações relacionais, que passam então a orientar a

[26] Ver Turner, 1985.

escolha do objeto a ser comprado. O tipo de sentimento expresso pelo presente, como a gratidão e o reconhecimento pelo apoio no dia-a-dia, já é construído por intermédio da noção moral de *on*. O conceito moral de *on* pode ser representado por dois extremos: num estão os sentimentos verdadeiros, que devem ser nutridos por um sujeito moral e maduro; no outro estão sentimentos derivados daqueles primeiros, mas nutridos por outros que não aquele que presenteia (parentes, ancestrais, cônjuge, filhos etc.), de modo que este assim procede por pressão social, tanto externa (receio de desaprovação social) quanto interna (construção da auto-imagem enquanto sujeito moral, que age conforme prescreve o papel social, independentemente do sentimento do indivíduo). Quando *on* enquanto débito moral foi contraído pela própria pessoa que presenteia, pode-se também dizer que o presente foi dado por *giri*, pois há uma pressão social pelo reconhecimento da interdependência ou do débito moral, mas aquele que dá percebe sua ação como motivada por sentimentos verdadeiros. Enquanto no Japão a gratidão e o reconhecimento do laço social aparecem no discurso dos informantes como os sentimentos que mais freqüentemente legitimam o ato de presentear, no Brasil não ocorreu a nenhum deles, a não ser quando induzidos, evocar tais sentimentos para legitimar suas práticas.

Os presentes incluídos no terceiro quadrante são definidos como presentes de cortesia, oferecidos principalmente com um senso de dever a ser cumprido para manter a harmonia nas relações sociais. Os sentimentos que eles buscam expressar são os de gratidão, ajuda mútua, solicitude e reforço de laços sociais. Aqui os presentes são percebidos como lubrificantes das relações sociais e costumam ser oferecidos em relações verticais, onde o inferior presenteia o hierarquicamente superior. As ocasiões principais são o dia de São Valentino e as comemorações de *seibo* e *chugen*. Segundo os informantes, busca-se então expressar gratidão e reconhecimento de dependência social de forma casual, aproveitando a época de presentear para enviar uma mensagem que não teria como ser enviada de outra forma. Nesses casos, deve-se evitar oferecer mecanicamente presentes medíocres, para não dar a impressão de estar apenas cumprindo uma obrigação social. Segundo os economistas, essa tendência está ligada ao nível de saciedade dos consumidores, ou seja, quando as necessidades materiais estão satisfeitas, há uma busca por utilidades não-materiais. Já os antropólogos tendem a desconfiar de generalizações dessa natureza, mas acredito que, nesse caso, o nível de saciedade possa estar realmente relacionado com a ressignificação das trocas. Há entre os entrevistados uma nítida tendência a acreditar que as considerações de ordem material "poluem" a natureza mais humana das trocas de presentes. No passado, no entanto, essas trocas estavam claramente relacionadas a redes de auxílio mútuo e segurança social em que a natureza material do presente era, obviamente, essencial. Com o desenvolvimento dos sistemas de previdência, essas trocas passaram da esfera material e econômica para o universo das relações pelas quais se constrói o capital social. Se quisermos procurar justificativas econômicas para as trocas de presentes nas sociedades contemporâneas, devemos averiguar em que sentido é possível se beneficiar economicamente das relações sociais criadas por essas trocas, ao invés de buscarmos essas razões econômicas no nível das trocas materiais propriamente ditas.

Os presentes no quarto quadrante são aqueles oferecidos por necessidade ou obrigação. A motivação para dar esse tipo de presente não é pessoal, embora muitos afirmem que um toque pessoal humaniza a obrigação. As palavras-chave para o tipo de sentimento ou pensamento contido no presente são interação social aceitável, cortesia, formalidades vazias e costume. Os laços sociais que se busca manter aqui são principalmente os relacionamentos verticais e hierárquicos que um sujeito moral não pode ignorar. Tais presentes se destinam principalmente aos *nakodo* e costumam ser oferecidos em retribuição a presentes recebidos em funerais (quando, dependendo do relacionamento, se oferecem quantias significativas em dinheiro),[27] em comemorações familiares, casamentos etc. Aqui a preocupação de quem presenteia é adequar as despesas

[27] A questão do presente em dinheiro chama a atenção para a importância de manter-se dentro dos limites socialmente estabelecidos na ocasião de presentear, a fim de não despertar reações negativas em quem recebe. Num casamento, a quantia a ser colocada no envelope especialmente destinado a este fim é determinada pela natureza da relação do ofertante com o noivo ou a noiva, ou, no caso de funeral, com a família do falecido. Tradicionalmente, os presentes em dinheiro eram uma forma de auxílio para as despesas da cerimônia, e o presente de agradecimento, uma confirmação da relação social e uma forma de reconhecer o débito. Quanto mais próximos da família, maior o valor esperado. Só aqueles que dão somas maiores recebem *seibo* e *chugen* em reconhecimento pela ajuda numa situação de dificuldade. Os amigos que extrapolam o valor do presente oferecido são recompensados com um presente em alguma data após o casamento, ou então convidados a cear em casa dos noivos. Valores maiores que o esperado requerem um presente em retribuição, sendo portanto um problema a mais para quem recebe. Os livros de etiqueta recomendam expressamente que os convidados se mantenham dentro do valor esperado para o seu tipo de relação com o presenteado.

ao orçamento destinado ao cumprimento dessas obrigações, escolhendo produtos comuns mas de alta qualidade, como óleo de cozinha, sabão em pó, presuntos, enlatados, algas marinhas, biscoitos, café, temperos ou até mesmo papel higiênico. Este tipo de presente normalmente é escolhido em catálogos de produtos e enviado por serviços especializados de entrega. Muitos informantes disseram preferir manter um relacionamento distante com o destinatário, enviando-lhe propositadamente produtos de uso comum para que ele não se sinta obrigado a retribuir com um presente de menor valor ou com um cartão de agradecimento. Os presenteados preferem receber cupons ou produtos de uso diário a presentes que reflitam o gosto de quem dá, pois o presente pode não ser de seu agrado e tornar-se mais um problema do que um prazer. A julgar pelas declarações dos informantes, esse tipo de presente seria dado com menos freqüência que os outros, mas as lojas de departamentos têm como campeão de vendas justamente o óleo de cozinha em embalagens especiais para presente, seguido de café, algas secas, temperos variados, presuntos e salsichas, detergentes e bebidas alcoólicas, nessa ordem. Tais produtos são os mesmos que os japoneses percebem como oferecidos de forma mecânica em cumprimento de obrigações sociais, quando avaliam as escolhas dos outros.

Nos presentes do quarto quadrante chama a atenção o grau de elaboração ritual aí envolvido. As datas em que o presente deve ser dado, os cuidados com as mensagens escritas quando o presente é enviado antes ou depois dessa data, o tipo de envelope escolhido, a preocupação em saber por telefone se o presente foi recebido, as formas de responder acusando recebimento, todos esses detalhes estão descritos em livros de etiqueta que vendem muito. Lebra (1974), criticando a idéia de Sahlins (1965:149) segundo a qual hostilidade é o oposto de intimidade, tenta mostrar que, na realidade de muitas sociedades, o oposto de intimidade é cortesia ritualmente controlada. Cortesia é o oposto de intimidade na medida em que esta última existe e é expressa entre *A* e *B* quando há entre eles uma distância ritual, quando ambos pertencem a grupos, tribos, clãs ou sociedades diferentes, ou estão em relação de superioridade/inferioridade hierárquica, ou desempenham o papel de anfitrião e hóspede. Na falta de confiança e intimidade, o comportamento ritual é a busca do comportamento adequado ao papel e *status* que se está desempenhando. E é nesses contextos que o comportamento externalizado precisa ser deliberadamente gerenciado para se poder transmitir a mensagem desejada. Desse ponto de vista é que se deve entender a ritualização que envolve os presentes tradicionais oferecidos a superiores hierárquicos ou a membros de outros *ies*. A distância ritual entre as partes é mantida, e o presente é oferecido com comentários depreciativos sobre seu valor e qualidade, pedindo-se, por exemplo, que seja aceito embora se reconheça que é uma bobagem sem valor e que provavelmente não está a altura do gosto de quem o recebe. Essa redução ritual do valor do presente é muito mais uma forma de reforçar a superioridade de quem o recebe do que o reconhecimento de que o objeto oferecido seja inapropriado, pois este é cuidadosamente escolhido de acordo com o tipo de relação e a ocasião, e apresentado na embalagem de uma loja de departamentos de renome ou num elegante *furoshiki* (embrulho tradicional num tecido de seda especial para este fim). Ao cumprirem rigorosamente o ritual, as pessoas envolvidas na troca confirmam a natureza de sua relação (e, principalmente, que há uma relação), bem como reconhecem seu papel social, suas posições relativas na sociedade e seu desejo de agirem em conformidade com as regras estabelecidas.

Em geral, quando entregue pessoalmente, o presente só é aberto após o presenteador ter ido embora, e gostar ou não do presente é secundário em relação a cumprir à risca os rituais de cortesia. O fato de essas trocas serem tão ritualizadas não significa que estejam totalmente destituídas de sentimentos, uma vez que envolvem apreço, admiração, respeito ou senso de obrigação moral (no caso, em relação aos conceitos de *on* e *giri*). Nesse tipo de relação não há reciprocidade no nível material do presente propriamente dito. O superior pode retribuir com algo de valor bastante inferior, como doces, biscoitos ou chá, se o presente lhe foi dado pessoalmente, ou apenas com um cartão ou um telefonema, caso o tenha recebido por correio ou pelo serviço de entrega das lojas de departamento.

Vale notar que, se no plano abstrato os japoneses classificam essas práticas de forma tão "organizada", o mesmo não ocorre no plano concreto das relações entre indivíduos. Só raramente, em geral quando as relações pessoais tinham azedado por alguma razão, as trocas no quarto quadrante eram percebidas como meras obrigações sociais e formalidades vazias. Todos os entrevistados que costumavam presentear seus *nakodos*, por exemplo, disseram manter com ele uma relação afetiva ou de respeito e consideração, de modo que o presente era dado de "coração verdadeiro" (*magokoro de*). O *nakodo* é quase sempre um superior do marido na empresa, um ex-professor ou alguma figura proeminente da sociedade a quem o casal recorre em situações difíceis e que é tido em alta conta pela família. Ou então sogros e parentes que guardam o altar com os despojos dos ancestrais. Em boa parte dos casos, tais relações são vistas como distantes devido às imposições do dia-a-dia, à falta de tempo para cultivá-las etc., de modo que a ocasião prescrita pelo calendário para reforçar esses laços era considerada uma obrigação de certa forma bem-vinda porque evitava, mesmo que ritualmente, o rompimento total desses laços. Os presentes anteriormente mencionados (óleo de cozinha etc.) como típicos do ato mecânico de presentear por obrigação eram, em muitos casos, enviados por outros motivos. Uma entrevistada que deu de presente óleo de cozinha ao seu *nakodo*, e que o tinha em alta estima, disse ter escolhido o óleo por temer que outros produtos frescos ou especiais acabassem se tornando um problema para ele, pois, sendo o *nakodo* muito bem relacionado (*kao ga hiroi*), provavelmente ele os recebia em maior quantidade do que era capaz de consumir. Assim, a escolha do presente fora um ato de consideração pelo outro.

Boa parte do orçamento doméstico extra, como os bônus semestrais, é investido nessas compras de presentes. O pagamento do bônus coincide com as épocas de *seibo* e *chugen*, que têm as mesmas dimensões consumistas que o Natal no Ocidente. Assim, há um grande consumo de produtos e serviços nessas épocas. Certos produtos importados, que normalmente não fazem parte da dieta das famílias, vendem muito mais nessas ocasiões, quando os consumidores estão à caça de produtos especiais para dar de presente.

No Japão, presenteia-se muito mais e com maior freqüência do que no Brasil. Além das ocasiões já mencionadas, os japoneses presenteiam quando vão visitar amigos que não viam há muito tempo, quando vão ao escritório de uma empresa de que são clientes, quando querem retribuir um favor, por menor que seja, dividem com vizinhos gêneros alimentícios recebidos do interior,[28] e assim por diante. Se o desenvolvimento capitalista age sempre no sentido de atomizar indivíduos livres de amarras sociais, por que numa das economias capitalistas mais desenvolvidas se observam tantos comportamentos aparentemente tradicionais e incompatíveis com a noção de liberdade individual subjacente à lógica das democracias liberais do Ocidente? Muitos trabalhos sobre o Japão ressaltam o fato de que lá se desenvolveu um sistema híbrido em que o capitalismo floresceu justamente sobre relações sociais de dependência, apoiado na ideologia da harmonia social e da colaboração, com competição entre grupos e não entre indivíduos. Boa parte do sucesso japonês pode ser

[28] Frutas e legumes são propositadamente dados de presente em quantidades maiores do que uma família pode consumir, dando assim a quem os recebe uma boa razão para partilhá-los com os vizinhos.

atribuído precisamente à capacidade das empresas e grupos para combinar trabalho assalariado com algo mais do que somente trabalho contratualmente comprado. As relações profissionais, sociais ou de qualquer natureza que se baseiam unicamente em contratos são vistas com desconfiança e consideradas indesejáveis pela maioria das empresas e dos trabalhadores japoneses. Lealdade, dedicação, gratidão, sentimento de pertencimento e de dependência não se compram nem se vendem por mecanismos de mercado. A mágica social que permite a incorporação desses elementos em cada comunidade produtiva pressupõe outras formas de associação e percepção da lógica da inserção da pessoa[29] no grupo. Dar mais do que só trabalho a um grupo produtivo depende de um sistema ético e moral que agregue as pessoas em associações com maior densidade social do que as relações entre indivíduos é capaz de gerar. A lógica das trocas de presentes não está desvinculada dessas formas de associação e do sistema ético e moral que lhes é subjacente e que lhes confere legitimidade.

Assim, examinar a troca de presentes no Japão e as estratégias de consumo daí decorrentes por uma ótica hedonista é transferir a lógica de consumo de uma sociedade individualista, onde o consumo faz parte das estratégias discursivas do eu, para uma sociedade onde o consumo é em larga medida utilizado como mediação para a construção do indivíduo, num universo social em que os conceitos de *on* (débito moral), *giri* (obrigação social) e *ninjou* (sentimentos humanos) estão presentes nas interações cotidianas e são a força motivacional por trás de muitas dessas trocas mesmo nas áreas mais modernas e urbanas de Tóquio. As formas de presentear mencionadas nos dão uma noção da complexidade do fenômeno do consumo no Japão. O mesmo indivíduo pode vivenciar situações e espaços sociais bastante individualistas, como aqueles construídos no primeiro quadrante das trocas de presentes, em que são marcantes o aspecto hedonista e a construção narrativa do eu através do gosto, da escolha e do estilo, ou situações de alta densidade social, como as previstas no quarto quadrante, em que ele deixa de ser um indivíduo autodeterminado e que se constrói na interação social e é chamado a desempenhar um papel social e a reconhecer seu *status* numa hierarquia socialmente estabelecida e reconhecida como determinante de muitas de suas ações. Aceitar um *status* e um papel dentro da sociedade é o meio reconhecido e legítimo de o sujeito provar que é um

---

[29] Sobre a distinção entre a noção de indivíduo e pessoa, ver DaMatta, 1997; Barbosa, 1999; Geertz, 1997; Dumont, 1997.

ser maduro, respeitável e confiável dentro da sociedade (*itininmae*). A recusa em aceitar seu lugar na sociedade e a busca hedonista pela individualidade são percebidas como fraqueza moral e infantilidade, e os que escolhem esse caminho não serão reconhecidos como membros plenamente capazes da sociedade.

Além disso, a troca de presentes transforma estranhos em membros do meu círculo de relacionamentos, recortando no espaço social das instituições formais e impessoais domínios relacionais onde o sujeito é tratado como pessoa, e não como cidadão e indivíduo. A construção de relações não-contratuais, ou mais do que contratuais, é que confere humanidade e confiabilidade aos laços estabelecidos. Por isso é que os japoneses estabelecem esses laços, via presentes, com médicos, professores, advogados e toda sorte de profissionais, entre comerciantes e clientes etc. Com isso deixa-se de ser um na multidão urbana para se transformar em alguém; aumenta-se o horizonte de inserção social e, ao mesmo tempo, o *status* da pessoa. Quem tem muitas relações sociais tem maior *status*, derivado desse capital social. Tais relações são a porta de entrada para instituições como as empresas, a burocracia etc., garantindo porém lealdade e comprometimento, ao mesmo tempo em que aumentam o capital social daquele que serviu de intermediário. O indivíduo que faz a intermediação entre pessoas e grupos, conseguindo favores, arranjando emprego etc., aumenta exponencialmente seu capital social na medida em que todos os que foram por ele ajudados lhe devem um *on*. Este *on* faz com que o "endividado moral" tenha a obrigação de atender aos pedidos do seu benfeitor, aumentando sua penetração social. Receber muitos presentes, especialmente do tipo *seibo* e *chugen*, é prova do capital social do sujeito e da família.

Os presentes estabelecem laços mesmo em situações circunstanciais e passageiras. São comuns os casos em que se presenteia para demonstrar boa vontade, reconhecer um erro ou pedir desculpas. Os presentes, nesses casos, podem ser de pouco valor, mas operam a mágica social de transformar desconhecidos, de cujas intenções se desconfia, em sujeitos morais.

A forma pela qual os objetos de consumo costuram as relações sociais no Japão cria peculiaridades próprias nesse mercado. No Brasil, papel higiênico ou óleo de cozinha embalados para presente apodreceriam nas prateleiras, por não fazerem sentido dentro da gramática local de trocas simbólicas. Mas qual é o sentido desses presentes no Japão? Considerando que eles costumam ser oferecidos em relacionamentos hierárquicos onde quem dá tem pouca ou nenhuma intimidade com quem recebe, a escolha de produtos de uso diário "que todo mundo usa" tem um sentido de etiqueta e educação que lhe é próprio. Se o único meio que os indivíduos têm para expressar a continuidade de um laço social é o ato de presentear — e levando em conta o pouco espaço disponível nas casas e a abundância material da sociedade japonesa, onde teoricamente o superior hierárquico tem condições de adquirir os produtos especiais que desejar dentro dessa faixa de preço socialmente aprovada —, é preciso saber escolher o presente de modo que não se transforme num estorvo. Daí as regras de etiqueta que recomendam produtos de uso geral, mas de alta qualidade e especialmente embalados, para cumprir a devida função social. A sanção social contra o incômodo que um pequeno mimo pode causar a quem o recebe (*chiisai na osewa, ookii na meiwaku*, isto é, "um pequeno cuidado, um grande incômodo") é reiterada para evitar que o ritual e a etiqueta que lhe dão sustentação formal sejam esquecidos. Presentes dessa natureza não fazem sentido no Brasil, onde tais práticas pareceriam bizarras e estranhas, assim como a idéia de enviar presentes anos a fio a pessoas com as quais não se tem nenhuma intimidade nem laços afetivos como meio de sustentar relações sociais "verdadeiras" (a análise das trocas de presentes no Brasil nos dá uma noção do que um brasileiro entende por relação social verdadeira). Presentear alguém por causa de um débito moral contraído por ancestrais ou parentes parece-nos coisa de outro planeta, precisamente porque tais débitos não são transferíveis em sociedades onde a construção social do indivíduo o separa de unidades sociais maiores, como é o caso do *ie* japonês. A própria idéia de débito moral soa estranha no Brasil. Não se pode traduzi-la por "gratidão", pois no conceito de *on* há um componente de débito propriamente dito que aqui não tem correspondente.

Quanto à possibilidade de utilização estratégica da troca de presentes, vale ressaltar que a linha que separa os presentes legítimos dos ilegítimos no Japão é muito mais tênue do que no Brasil, o que torna a recusa de presentes uma questão muito mais delicada naquele país. Como os presentes são, muitas vezes, um meio de expressar gratidão por favores ou cuidados prestados inicialmente, criando, ao inaugurarem a relação, um débito moral impagável, é difícil traçar uma linha clara entre presente e suborno. Para favores mais comuns, a etiqueta estabelece valores médios, mas como é impossível medir gratidão e quantificar sua expressão, valores bastante altos não são de todo incomuns. Dois, três, quatro mil dólares, ou até mais, serão muito para agradecer a um senador por uma apresentação comercial importante para a minha empresa? Esse valor representa apenas uma prova de gratidão ou a compra de favores futuros? Numa sociedade em que a harmonia é vista como um valor máximo a ser preservado, recusar um presente equivale a acusar de uma falha moral grave e romper a relação, o que torna essa recusa dramática e complicada. São absolutamente inconclusivos os debates travados no seio da sociedade japonesa sobre como gerir essas práticas de forma a evitar abusos, mas eliminá-las definitivamente, como tentaram fazer, sem muito sucesso, algumas empresas, é cortar o canal de expressão de valores socialmente estimados e fundamentais para o funcionamento daquela sociedade nos termos presentes: nela as relações pessoais e entre grupos são fundamentais para gerar a credibilidade que possibilita a inserção no mercado de trabalho e de negócios.

Para evitar o rompimento dos laços sociais entre quem dá o presente e quem o recebe, os livros de etiqueta aconselham este último a retribuir com um presente de valor igual ou maior para sinalizar que não reconhece como legítimo o presente recebido. Devolver o presente ou enviar outro igual sinaliza o rompimento da relação, pois equivale a uma acusação de suborno ou ao desejo de livrar-se de uma relação de proteção e dependência. Retribuir com um presente de valor inferior significa o reconhecimento da intenção de quem o envia e a continuidade da relação de proteção e dependência. Quando se trata de uma relação hierárquica entre dois indivíduos, as conseqüências desse tipo de envolvimento são menores. O grande problema no Japão contemporâneo é a confusão de esferas entre indivíduos e grupos aos quais esses indivíduos pertencem, bem como a obrigação moral do membro de um grupo de lutar por sua sobrevivência e progresso. As trocas de presentes entre indivíduos não raro levam a trocas de favores entre empresas e, o que é pior, entre empresas e políticos ou altos funcionários públicos. Daí a preocupação constante de reduzir ou moralizar essas trocas, justamente para impedir a contaminação do universo público por relações e interesses privados.[30]

A moralidade do *on* torna ainda mais complicada a caracterização de suborno nas trocas de presentes. Por exemplo, um alto funcionário aposentado recebe de alguém um presente ou uma soma de grande valor em troca de um

[30] Uma solução criativa encontrada para descaracterizar o suborno ou a possível interpretação de suborno nas empresas é sorteio ou a rifa do presente recebido por um funcionário entre os demais. Sendo essa a regra da empresa, aquele que recebe o presente não arca com a responsabilidade ou a culpa de ter que romper a relação, e aquele que o envia toma conhecimento de que sua estratégia não surtiu o efeito desejado por motivos que escapam ao controle do presenteado. Assumir o papel de árbitro nessas práticas foi a maneira que muitas empresas encontraram de minorar seus efeitos negativos sem eliminar totalmente os aspectos positivos.

favor da sua antiga empresa. Esse indivíduo pressiona o seu júnior na empresa, que lhe deve um *on*, a prestar o favor, mas o próprio júnior não ganha nada com isso. Como culpar o júnior, que está retribuindo um *on*, por um ato de suborno se ele nada lucrou com o favor prestado? Ele só terá condições de ganhar algo quando estiver na situação do seu sênior, caracterizando assim a tendência à reciprocidade generalizada que se observa no Japão. O júnior receberá então a sua parte de outrem que não o sênior ao qual ele retribui um *on*, mas somente anos mais tarde, quando tiver *status* e capital social para tanto.

Não se tratando de uma manipulação das trocas ou suborno, o que o sênior recebe de significativo em retribuição por favores prestados não é o presente, que ele poderia comprar sem nenhuma dificuldade e sem ter que se engajar numa relação de proteção com aquele que por meio do presente se declara dependente, e sim maior capital social, medido abstratamente pelo aumento do seu *status*, poder e influência, bem como o reconhecimento social de tais atributos. Na perspectiva japonesa, os grupos são, por excelência, uma forma de coordenar pessoas e promover a ordem social fundamental para o progresso de todos. Nesse contexto, *status* e poder referem-se à capacidade de alguns indivíduos para zelar por essa ordem, promovendo a continuidade de projetos coletivos. Na sociedade japonesa, os presentes são moeda forte porque são socialmente reconhecidos como forma legítima de construir e manter relações sociais.

Numa generalização precipitada, poderíamos imaginar que, quanto mais individualista a sociedade, menor o valor desse tipo de relação de reciprocidade e mais os presentes se destacam como celebrações da individualidade ou da liberdade de associação entre indivíduos. Mas isso não é necessariamente verdadeiro. Dados etnográficos apresentados por Cheal (1988) parecem indicar (seriam necessários levantamentos quantitativos provar essa suposição) que os norte-americanos presenteiam mais que os brasileiros, porém menos que os japoneses, embora a sociedade norte-americana seja mais individualista e menos relacional que a brasileira. Para Cheal, a fragilidade dos laços pessoais é uma das causas para a utilização de presentes como forma de gerir os aspectos emocionais dos relacionamentos. Porém, independentemente do conteúdo semiótico dos objetos e das trocas nas várias sociedades, o presente parece ter um significado mais amplo nas sociedades capitalistas e que vem a ser a afirmação gráfica, no espaço social, do desejo de estabelecer, manter e cultivar uma relação. Se esse tipo de troca é tão conspícuo no Japão é porque todo sujeito moral e maduro (nos termos dessa sociedade) reconhece a desigualdade intrínseca de poder e *status* entre os indivíduos e expressa esse reconhecimento de várias formas, desde o uso inevitável da linguagem polida até a utilização ritual do espaço para demarcar diferenças.[31] Para entender o tipo de troca que aqui ocorre é fundamental perceber que sua eficácia deriva do fato de a transação nunca estar plenamente equilibrada, bem como do reconhecimento, por parte do inferior, de que está sempre devendo de algum modo, pois a inserção social é um benefício incomparável ao valor dos presentes dados. E aqui, como em várias outras situações similares no Japão, gratidão, expressão simbólica de dependência, pagamento de um *on*, cumprimento de um débito obrigatório como um *giri*, tudo isso se confunde de modo a tornar o sistema aberto à corrupção. Não a corrupção como praticada no Brasil, em que o preço de um favor ou de uma exceção é combinado com antecedência. No Japão, quem tem o poder de prestar o favor o faz aparentemente de forma desinteressada, de coração aberto (*magokoro de*, isto é, "com coração verdadeiro"). Aquele que recebe o favor envia um presente, de valor considerável, alguns meses após o favor ter sido prestado. O presente pode ser uma jóia, um quimono de seda, um objeto de arte, um bonsai ou até mesmo dinheiro vivo, enviado num envelope especial, contendo notas novas, limpas e sem dobras, como expressão de gratidão pelo favor recebido. A pressão para se receber o presente, uma vez ofertado, é muito mais imperativa do que na sociedade brasileira ou, especialmente, na sociedade americana, onde aceitar um presente desses é o mesmo que aceitar um suborno.

Lebra (1975) chama a atenção para isso quando afirma que o conceito japonês de *on* independe da idéia de simetria e legitima um débito permanente ou semipermanente de uma parte para com a outra, reforçando a estrutura hierárquica. Há então no começo da vida produtiva do indivíduo um balanço quase que totalmente negativo nas trocas dessa natureza, pois ele está empenhado em quitar débitos sociais que o permitiram crescer, trabalhar e ingressar em grupos. Tal balanço tende a estabilizar-se ao longo da vida e tornar-se posi-

[31] No Japão, há toda uma ritualização do espaço para demarcar posições na hierarquia. O superior está sempre no fundo da sala, para poder ver todos os subordinados e todos os que entram; quanto mais perto da porta, menor o *status*. À mesa, ele ocupa o lugar central, para que todos possam interagir com ele, e assim por diante. Esse tipo de demarcação hierárquica do espaço também ocorre no Brasil, especialmente à mesa, mas é muito menos clara que no Japão.

tivo na idade madura, desde que o indivíduo tenha feito boas relações e obtido algum sucesso. O balanço material propriamente dito pode permanecer negativo, ou superar em muito aquilo que o indivíduo deu ao longo da vida, dependendo justamente do seu grau de sucesso. Isso não quer dizer que indivíduos maduros não presenteiem nessas ocasiões tradicionais. Um médico de família que curou uma doença grave, um amigo que auxiliou na colocação de um filho ou de um neto, um advogado que ajudou numa situação difícil, todos são pessoas com as quais se contrai esse tipo de débito ao longo da vida, independentemente da idade. Assim, não é a troca (assimétrica) de presentes que estabelece a relação — a confiança na relação é uma precondição para as trocas, e estas, por expressarem gratidão, respeito e estima, por sua vez estreitam laços que de outra forma permaneceriam meramente contratuais. Portanto, o que seria uma relação de mercado, entre indivíduos amarrados por contrato, se transforma numa relação muito mais personalizada, numa "relação humana", como os próprios japoneses tendem a percebê-la. Naturalmente é possível — e mesmo freqüente, pelos relatos dos informantes — que o serviço ou o favor prestado não tenha sido suficiente para criar laços mais profundos, mas quem o recebeu continua mesmo assim a enviar presentes como expressão de gratidão, no intuito de criar uma relação duradoura (às vezes, o hierarquicamente superior, por achar que o inferior que assim expressa o desejo de iniciar uma relação de dependência não merece tornar-se seu dependente, aceita os presentes por obrigação ritual, mas não deixa a relação desenvolver-se, colocando o outro "no seu lugar").

Lebra (1975) também destaca o fato de que, no Japão, o controle das trocas injustas (dando demais ou de menos) é feito não pela parte prejudicada, mas por uma terceira parte que serve ao mesmo tempo de juiz e de audiência. Saber participar dessas trocas converte-se em reputação, aumentando as chances de reconhecimento social e inserção social. Outra característica que Lebra aponta nesse tipo de endividamento social é a transitividade. Se *A* beneficia *B*, que por sua vez beneficia *C*, então *C* passa a estar em dívida com *A*, que pode pressionar *B* para obter um favor de *C*, aumentando assim a influência do benfeitor inicial. A eficácia da sanção social sobre quem coloca o outro numa posição delicada através do ato de presentear fica evidente na estratégia adotada por algumas mães para punir uma outra que, tentando obter atenção especial para o filho, dava mais do que o socialmente estabelecido para o professor: afastaram-se dela, deixando a distância falar por si, e deram apoio moral ao professor para que ele não se sentisse pressionado por essa mãe. O isolamento social é a pena por não participar das trocas ou por tentar beneficiar-se delas injustamente (embora sempre haja exceções que nos mantêm alerta para o fato de que isso não é uma regra determinante das ações humanas).

A troca de presentes no Brasil

Vejamos agora a troca presentes no Brasil, para depois estabelecer comparações entre essas duas sociedades. Dados de uma pesquisa etnográfica indicam que a grande maioria dos presentes oferecidos no Brasil pertence a uma esfera social bem mais restrita que no Japão; que aqui se presenteia em muito menos ocasiões; que o número de presentes dados nessas ocasiões é muito menor; que o ato de presentear consome muito menos tempo das donas-de-casa e muito menos recursos das famílias; e que o ritual de trocas é muito mais informal.[32]

No Brasil presenteia-se numericamente mais no universo da intimidade, sendo a família nuclear o âmbito no qual se verifica a maioria das trocas. Vários dos informantes não haviam dado no último ano sequer um presente fora do círculo da família nuclear. Fora desta, a família extensa próxima (avós, tios e primos) compõe o grupo daqueles com quem mais se troca, vindo em seguida os amigos e os colegas de trabalho. Entre os adultos solteiros, a troca entre namorados costuma ser a mais intensa, mas só depois de certo tempo. Dentro da família percebe-se a mesma tendência observada no Japão: as trocas de presentes têm caráter de transferência intergeracional de recursos, numa linha de descendência direta, ou seja, avós, pais e netos, ou avós e netos, diretamente.

O fato de a empregada doméstica ser incluída, como quase-membro, na família nuclear nas ocasiões em que se presenteia no Brasil (retorno de viagens, Natal, Páscoa, aniversário e casamento) não é comparável à inclusão de não-membros na unidade familiar japonesa. Em ambas as sociedades, deixar de presentear alguém que faz parte de um grupo é uma forma de exclusão. Isso afeta a harmonia do grupo e diminui a boa vontade do excluído em relação aos demais. Presentear é uma forma de representar a inclusão. No Brasil, porém,

---

[32] Vale ressaltar que os dados provenientes de pesquisas de mercado feitas por empresas japonesas permitem generalizações mais confiáveis para aquela sociedade. A pesquisa etnográfica não permite tais generalizações, pois as amostras não são estatisticamente representativas. Não foi possível obter acesso aos dados de empresas brasileiras de pesquisa de mercado.

esse vínculo é muito mais simbólico do que real, podendo romper-se com muito mais freqüência e facilidade do que no Japão — não em relação a empregadas domésticas, cada vez mais raras nessa sociedade predominantemente de classe média,[33] e sim aos empregados do pequeno comércio e de empresas familiares.

Cheal (1988:5,39) observa nos EUA essa mesma tendência de as trocas de presentes ocorrerem majoritariamente no seio da família, concluindo que o aumento da ritualização na vida familiar é um meio de estabilizar relacionamentos que são ao mesmo tempo importantes e inseguros, e que a vulnerabilidade da vida familiar na sociedade moderna torna mais importantes as trocas de presentes nesse âmbito. A seu ver, as tensões entre os relacionamentos de mercado e os relacionamentos pessoais afetaram de tal forma a organização social, que deram margem à utilização de presentes não mais como meios de auxílio mútuo, e sim como meio simbólico de gerenciar os aspectos emocionais dos relacionamentos. A moralidade do ato de presentear assume muitas formas, mas sem dúvida a mais comum é o desejo de dar como uma expressão de amor pelo outro, donde a necessidade de investigar as definições sociais de amor como elemento de importância fundamental. Assim, numa economia moral, a importância social do indivíduo é definida por suas obrigações com os outros com os quais ele mantém relacionamentos contínuos. A constante reprodução dessas relações é o cerne de uma economia dos presentes. Nessa economia, ao contrário da economia de mercado, não se busca a maximização do interesse individual, mas evita-se o lucro nas trocas para preservar os relacionamentos ao longo do tempo.

Comparando os estudos de caso apresentados por Cheal com os dados disponíveis no Brasil, podemos notar que, nos EUA, as estratégias de presentear revelam um aspecto comunicativo mais claro (através do presente, comunica-se explicitamente o desejo de manter um relacionamento continuado), assim como uma tendência mais acentuada de manter certo equilíbrio na reciprocidade das trocas.

A partir das análises de Cheal é possível perceber que as trocas no Brasil guardam maior semelhança com as trocas norte-americanas do que com as

---

[33] Mais de 80% da população japonesa afirmam pertencer à classe média. Boa parte daqueles que se percebem como classe operária colocam-se nessa posição mais em função do tipo de atividade que o chefe de família exerce do que pelos rendimentos. Ver Befu, 1971; Toukei Suuri Kenyuuzyo, 1982.

japonesas. No Brasil, porém, a manutenção dos laços sociais, especialmente no universo da família, depende menos de estratégias comunicativas conscientes do que do senso de pertencimento: de muitas formas eu pertenço a esta família, quer eu cultive esses laços por meio de presentes, quer não. Assim, os brasileiros parecem dar menos importância não apenas ao equilíbrio nas trocas de presentes, mas também a todo o ritual envolvido no ato de presentear. Entre os entrevistados, poucos conseguiram lembrar-se dos presentes que receberam nos últimos dois anos e de quem os havia dado, especialmente no Natal e na data de aniversário. Muitos lembravam-se apenas de que não tinham recebido presentes de todos os amigos convidados para sua festa de aniversário, ou mesmo daqueles que nunca presenteiam. Mas o fato de o amigo não presentear não afeta a natureza da relação, o que parece indicar que o presente pouco contribui para reforçar ou enfraquecer esses laços. Portanto, o indivíduo pertence ao universo da família ou ao círculo de amigos mesmo que não cumpra satisfatoriamente os rituais de troca, embora haja alguma pressão nesse sentido. Aliás, as mulheres tendem a perceber melhor a necessidade de presentear do que os homens. Nota-se, pelo depoimento dos informantes, muito menor propensão a julgar as pessoas pelo seu desempenho em rituais desse tipo, em comparação com os comportamentos observados nos EUA e, especialmente, no Japão. No Brasil, a pressão para cumprir um bom papel nas trocas de presentes recai principalmente sobre as mulheres casadas. Estas, sim, devem presentear a todos nas datas previstas no seio da família nuclear, bem como estarem a par das regras a respeito dessas trocas na família extensa e entre amigos em ocasiões como o Natal etc. Quando se adota o sistema do amigo-oculto fora do núcleo da família nuclear, quase sempre cabe à esposa comprar todos os presentes a serem dados pela sua família, especialmente os do marido e dos filhos menores (incluindo aqui adolescentes já capazes de gerir seu próprio consumo). A gestão das relações sociais da família é atribuição da mulher, e é sobre elas que recai a desaprovação social se essas trocas não fluírem de forma adequada. Tanto no Brasil quanto no Japão, as mulheres assumem a responsabilidade de gerir a "economia moral", a qual faz parte das competências femininas na divisão sexual do trabalho.

A informalidade das trocas de presentes observada no Brasil é uma forma de criar uma intimidade igualitária, pontual e fictícia que se nega a reconhecer, de forma clara e marcada, as diferenças sociais, tal como se observa no Japão e, segundo Bourdieu (1984), na França. Essa igualdade fictícia é perceptível em várias outras características dos contatos sociais no Brasil: a pronta abolição das formas de tratamento respeitoso ("senhor", "senhora", uso de sobrenomes etc.), tão marcantes no Japão, bem como do uso hierarquizado do espaço social em festas e reuniões, a troca de beijos de cumprimento entre socialmente desiguais etc. Tal igualdade diminui a responsabilidade do superior hierárquico pelos inferiores, permitindo que ele se coloque como vítima das mesmas circunstâncias em que se acham aqueles que, por estarem em pior situação, vêm pedir-lhe auxílio. Por exemplo, quando um sobrinho ou outro parente pede a um tio bem colocado numa empresa para arranjar-lhe um emprego, este último pode facilmente alegar as dificuldades econômicas do país para deixar de atender ao pedido. No Japão, o reconhecimento da hierarquia corresponde, de muitas formas, ao reconhecimento da responsabilidade social pelo inferior. No Brasil, as redes de relacionamento podem servir de ponte para o ingresso em vários universos sociais, como é o caso do nepotismo no serviço público, mas manipular esses relacionamentos de modo a obter os resultados desejados depende muito mais da capacidade dos indivíduos para contextualizar atos e discursos no decorrer da interação social do que no Japão, onde os rituais servem de estrutura para essas pontes. A negação da diferença e da hierarquia introduz no universo social um elemento de desordem que requer constantemente habilidade discursiva, "jogo de cintura" e malandragem (no sentido de esperteza e rapidez de raciocínio) para se construírem nichos de pertencimento em grupos específicos. Não há rotas claras ou rituais específicos que auxiliem o indivíduo a conseguir um "favor". Pedi-lo, simplesmente, sem ter preparado o contexto ou sem ter conquistado o direito para tanto, pode resultar numa acusação de "caradurismo", o que legitima a opção do superior hierárquico por promover certa exclusão social daquele que pede. Essa negação da hierarquia reflete o poder concentrado por aqueles que ocupam posições superiores, os quais têm maior autonomia para decidir sobre os favores a serem concedidos justamente porque podem negar a hierarquia e, portanto, a responsabilidade social — opção que um japonês certamente não tem. Isso não quer dizer, no entanto, que os presentes nessa esfera não sejam utilizados com fins estratégicos. Não são raros os casos de altos executivos de grandes empresas estatais ou privadas que ganham presentes de valor acima daquele considerado justo, mas a forma de desvencilhar-se das situações de obrigação que se quer instituir depende sobretudo da criatividade ou da determinação para tanto, sendo raras as críticas ou sanções. Às vezes, porém, isso pode causar constrangimento, como no caso do relógio Rolex dado por José Carlos Martinez, do PTB, ao então ministro da Casa Civil, José Dirceu. Este então informou o presidente do Conselho de Ética a respeito do presente, dizendo que iria doá-lo como contribuição ao programa Fome Zero do presidente Lula.[34]

No Brasil, no universo da família, as trocas de presentes conservam um aspecto de auxílio mútuo, na medida em que não há tanta pressão sobre os filhos para que se tornem independentes, como nos EUA. Tem-se a nítida impressão de que há um "nós" no universo familiar brasileiro, como se a troca de presentes fosse uma forma de garantir a todos os seus membros algum acesso ao consumo eqüitativo de bens "supérfluos". Os produtos de marca — signos de *status* que possibilitam ao indivíduo construir uma imagem positiva na sociedade — estão entre os itens preferidos para presentes no universo da família. Esta atua como uma rede de relações por meio da qual os membros adquirem esses produtos e ganham condições de inserir-se em outros grupos na sociedade. Propiciar aos filhos, mesmo já adultos, os meios para participar, se não como melhores, pelo menos como iguais na escola, na rua, no clube etc. é uma das preocupações dos pais na hora de comprar o presente. Na gestão do aspecto emocional do relacionamento, o ato de presentear dos pais reflete a preocupação com os objetos de que os filhos necessitam para participar como membros, sem sentirem-se inferiorizados, em seus respectivos grupos sociais. A gestão via consumo da inserção social dos filhos é também uma preocupação dos pais japoneses, mas estes gerenciam não apenas o acesso, mas também certa escassez moral de bens. A família japonesa procura incutir nos filhos a idéia de que é moral e racional controlar o ímpeto de consumir e dar prioridade à poupança como forma de garantir a sobrevivência no futuro. Através dessa disciplina, inculcam também a idéia de que os laços sociais significativos se estabelecem entre sujeitos morais, capazes de auto-sacrifício e dedicação a projetos mais importantes. As conseqüências da inserção social via consumo, a fragilidade dos laços que assim se estabelecem e o risco de falta de significado e anomia que isso implica são percebidos pelos pais japoneses com bastante clareza. Não são incentivados os relacionamentos sociais fora de grupos estabelecidos com objetivos maiores, e dentro destes a capacidade de dedicação deve ser antes um fator de inclusão do que de competição via consumo. As mães japonesas tentam, conscientemente, evitar que os filhos se destaquem da média de consumo do grupo. Muito do consumo das crianças e dos adolescentes é calculado de acordo com as posses da família e suas necessidades de poupança

---

[34] Ver *O Globo*, Rio de Janeiro, 2 mar. 2003. Caderno 1, p. 4.

e disciplina nos gastos. Isso representa, naturalmente, uma lição dura para os filhos, pois pode limitar o seu *status* e inserção em certos grupos.[35] No Brasil, o consumo é prioritário em relação à poupança, e os pais se esforçam ao máximo para possibilitar o consumo familiar. Muitos dos entrevistados declararam utilizar cartão de crédito, cheque especial ou compra parcelada para financiar o consumo de presentes no Natal e outras ocasiões. Os dados referentes ao Japão mostram que essa é a opção de uma parcela ínfima dos consumidores daquele país. Isso nos leva a pensar se o aumento da taxa de poupança numa sociedade estaria relacionado à existência de meios alternativos de construção de redes duráveis de relacionamentos sociais fora do núcleo da família nuclear que não aqueles intermediados pelo consumo.

A tentativa de criar situações de interação social em que dar presentes seja uma forma de "ajuda econômica" é bastante comum no Brasil: chá-de-casa-nova, chá-de-fraldas, chá-de-panelas etc., tudo isso tem por finalidade montar um círculo de ajuda mútua onde o indivíduo possa sentir que tem com quem contar numa situação extraordinária em que há um aumento de despesas. O benefício econômico desses encontros é discutível. Nas situações observadas, o empenho em receber bem implica um investimento de tempo e recursos que talvez não compense os presentes recebidos, em geral artigos de uso diário de preço unitário quase irrelevante. A idéia de "ajudar" está ligada à construção social do sentimento de pertencer, de modo que o indivíduo não se percebe como um átomo isolado negociando relações sociais, e sim como alguém que é importante para um conjunto de pessoas. A preocupação com a reciprocidade, nesses casos, também não é central, pois dificilmente as pessoas se lembram de quem compareceu ou de quem deu este ou aquele presente. Misturam-se pessoas de relacionamentos variados nessas ocasiões, e não é raro que alguma amiga traga uma outra que não conhece a anfitriã. A interação social é pontual para vários dos convidados, de modo que comparecer e presentear não garantem a continuidade do relacionamento. Essa forma de construir laços sociais

---

[35] O furto nas lojas não tem no Japão as mesmas dimensões que em outros países, mas esse problema tem-se agravado nos últimos anos justamente entre os adolescentes. A contenção nos gastos imposta pelos pais e o desejo de consumir como forma de mediar as relações de pertencimento acabam levando muitos adolescentes a furtarem produtos de marca nas lojas. Esse problema também existe no Brasil, mas a falta de recursos é provavelmente um fator mais influente do que as estratégias paternas de disciplina.

através do compartilhamento de bens pode estar relacionada à sobrevivência de um *habitus*[36] construído sobre a noção de solidariedade cristã,[37] onde os laços sociais significativos se estabelecem pela solidariedade entre irmãos. Ou seja, mais do que relações entre indivíduos, a troca de presentes no Brasil se apresenta como a concretização, na prática, de um juízo de valor sobre as relações sociais derivado da noção de que a solidariedade universal entre irmãos é a forma moral privilegiada de estabelecer relacionamentos fora do círculo da família nuclear.

De todas as ocasiões em que se trocam presentes no Brasil, o Natal é, sem dúvida, a mais importante. No entanto, algumas modificações recentemente introduzidas nas trocas de presentes natalinos vieram alterar sua dinâmica mais tradicional. Muitas famílias adotam o sistema do amigo-oculto para reduzir as despesas e o tempo investido nas compras, especialmente quando muitas pessoas, família extensa e amigos, se reúnem para celebrar a noite de Natal. Os membros da família nuclear e alguns poucos amigos e membros da família extensa recebem individualmente, mas o amigo-oculto é uma forma de reforçar os laços entre todos os participantes sem que haja troca de presentes individuais entre eles. Os adultos dão mais e recebem menos, pois é comum presentear as crianças por fora do amigo-oculto.

A prática do amigo-oculto também é habitual nos locais de trabalho, assim como em outros círculos de pertencimento, tais como igrejas, associações voluntárias etc. Através dessa forma de presentear, o laço social é mantido pela experiência comum e coletiva da troca por todos que dela participam, e não só por aqueles que estabelecem uma troca material propriamente dita, até porque a reciprocidade é criada circularmente, e não entre indivíduos.

O caso do amigo-oculto e da "vaquinha" como formas preferidas de dar presentes fora do universo da família é um reflexo das estratégias de criação ritual da igualdade e do senso de coletividade entre os membros de um grupo, como colegas de trabalho, de sala de aula etc. As vaquinhas e os amigo-ocultos costumam ocorrer sobretudo entre iguais, só incluindo algum superior hierárquico quando este indivíduo é considerado "legal", ou seja, quando não lança mão de suas prerrogativas de poder para instituir alguma forma de distância

---

[36] Ver Bourdieu, 1977:78-79.

[37] Ver Mello e Novais, 1998.

hierárquica.[38] Cabe aqui uma observação sobre o significado do termo "legal". Na empresa, um chefe legal é aquele que está na posição de comando por uma "mágica das circunstâncias", porque o destino o colocou ali, e não pelo reconhecimento do seu mérito, nem por uma superioridade (como a competência) confirmada e reconhecida por ele. É aquele que comanda por meio de apelos à lealdade pessoal e que premia por mecanismos paternalistas.[39]

Esse tipo de troca ou circulação de presentes costuma excluir inferiores e superiores no contexto da empresa, embora possa servir também para reduzir ritualisticamente o poder da hierarquia recriando uma igualdade temporária e fictícia. O que vai definir os contornos dessas práticas é a natureza das relações pessoais que se estabelecem no seio de um grupo e o modo como este constrói, ao longo do tempo, as representações de hierarquia e poder, as quais fornecem o contexto geral em que as trocas ocorrem.

Nas grandes empresas, segundo os informantes, nota-se uma tendência do corpo gerencial para controlar essas "formas de interação não-produtiva", por desperdiçarem tempo no trabalho. Essa perspectiva gerencial é bastante interessante do ponto de vista antropológico, pois reflete toda uma visão do trabalho influenciada pelo taylorismo, sem falar nas próprias tendências da cultura brasileira, em que a boa gestão é aquela que controla diretamente o tempo e as atividades dos subordinados, mantendo o foco nos processos e nas regras formais, e não no resultado final do trabalho. Isso mostra bem a diferença entre as formas de gerir e perceber a comunidade produtiva no Brasil e no Japão. No primeiro caso, há uma tendência ao autoritarismo em virtude de uma percepção dicotômica entre trabalho intelectual e de comando, próprio das elites, e trabalho manual, coisa de gente desqualificada e indisciplinada, que precisa de controles e limites claros.[40] Já a concepção japonesa, onde o foco da autoridade é mais diluído pelo grupo, busca reforçar a integração e os rituais que contribuem para transformar o grupo de trabalho numa coletividade, ao contrário do que fazem os gestores brasileiros, tentando separar o trabalho do não-trabalho, e as atividades profissionais daquelas de lazer ou amizade. No Japão, o reconhecimento da hierarquia e da complementaridade dos papéis sociais possibilita uma integração do grupo que não ameaça as regras de convivência e a

---

[38] Sobre a questão da igualdade e da hierarquia no Brasil, ver Barbosa, 1992 e 1999; DaMatta, 1997.

[39] Ver Prates e Barros, 1997.

[40] Ver Migueles, 1999.

ordem social. No Brasil, onde as regras são fluidas e há uma forte pressão equalizadora ao estabelecer-se a interação, a manutenção da ordem social passa pela negação da interação. A manutenção da distância social é uma precondição para o exercício não negociado (em termos personalistas) do poder. Uma vez estabelecida a interação, aquele que exerce o poder se vê constantemente pressionado a considerar as circunstâncias de vida do subordinado, que passa a ter espaço para negociar o não-desempenho.[41]

Se no Japão existe uma gramática complexa de trocas e um questionamento claro sobre a existência e a sobrevivência das formas tradicionais de presentear, no Brasil observa-se apenas uma instância em que a troca de presentes, enquanto prática e instituição, é questionada: os amigos-ocultos dentro de grupos com pouca afinidade afetiva, onde simula-se a existência de uma comunidade de sentimentos. No Japão, questiona-se a existência de qualquer ato de presentear associado a práticas tradicionais — donde o aparente paradoxo da sobrevivência delas numa sociedade que quer se mostrar moderna em termos ocidentais: via individualismo e liberdade individual.[42] Em ambas as sociedades, o presentear por afeição, amor, identificação e desejo de associação assume formas tão legitimadas socialmente que a especulação sobre a razão de sua existência não se coloca ao senso comum.

Do mesmo modo, autonomia, liberdade de ação individual, bom gosto e estilo estão associados à percepção de autenticidade individual, e esta, a virtudes modernas inegáveis e desvinculadas de quaisquer interesses ou discursos ideológicos. Bom gosto atribui *status* a quem dá pelo reconhecimento de que o gosto é um mérito individual inegável e irredutível a variantes do meio. O reconhecimento do gosto e do valor do sentimento do indivíduo em relação a essas trocas é uma medida do grau de individualismo e romantismo[43] disseminados em ambas as sociedades, de modo que nelas encontramos forças relacionais e a força dos papéis sociais de permeio com elementos de autonomia e individualidade.

---

[41] Ver Barbosa, 1999.

[42] Em Befu (1986) nota-se claramente esse desejo de expressar modernidade a partir da negação das práticas tradicionais, percebidas como antitéticas em relação a um ideal de modernidade.

[43] Ver Campbell, 1987.

Nas trocas de presentes entre amigos, parentes e namorados nota-se claramente um elemento de hedonismo moderno, no sentido de que o estímulo ou prazer despertado pelo objeto oferecido é aumentado e prolongado pelas emoções que a ele associamos. Segundo Campbell (1987:69), para que todo o potencial do hedonismo emocionalmente mediado pudesse manifestar-se foram necessários vários desenvolvimentos psicoculturais. Por exemplo, as formas culturais de celebração do individualismo onde a emoção está ligada a todo o esforço feito pelo doador para conhecer as idiossincrasias do recebedor, a fim de surpreendê-lo e satisfazê-lo no seu narcisismo individualista. Tais celebrações do individualismo e o prazer daí resultante são o objetivo maior das trocas dessa natureza. O valor material do objeto que está sendo trocado só aparece como um valor no contexto maior da troca. Objetos de valor material desprezível podem aqui adquirir um grande significado. Objetos de alto valor intrínseco, como jóias, são valorizados porque representam a extensão do desejo de um indivíduo de dar prazer a outro. Eles fazem sentido numa relação em que trocas não-quantificáveis e emoções são o objetivo maior.

Uma das características mais marcantes da troca tradicional de presentes no Brasil é que, mesmo que ela seja realizada entre famílias — por exemplo, um presente de casamento dado por uma família a outra —, o ato de dar permanece específico (para o evento em questão) e relacionado ao indivíduo ou, no máximo, ao casal que dá. Os filhos do casal que compareceram à cerimônia "pegam carona" e não são partes da troca. O fato de os pais presentearem não tem muita relação com a personalidade ou o caráter dos filhos (no Japão, o caráter moral do grupo transborda e contamina os indivíduos). No Brasil, a troca de presentes está muito mais centrada no indivíduo do que no Japão. Na sociedade japonesa, a ação de dar, embora obviamente desempenhada por um indivíduo, é socialmente percebida como de certa forma deslocada dele. O indivíduo não dá: ele (mais comumente ela) desempenha um papel social que faz parte de uma moldura coletiva onde o presente tem significado em termos de grupos. O fato de a mãe desempenhar fervorosamente seu papel social demonstra suas qualidades pessoais e sociais, e estas são percebidas como as da família, expressas diferentemente através do desempenho dos diferentes papéis socialmente prescritos para seus diferentes membros.

Há várias instâncias em que se pode perceber, pela noção do que é moralmente correto na hora de presentear, em que medida a individualidade está subordinada ao papel socialmente definido. Na sociedade japonesa, o indivíduo moral é aquele que dá nas situações prescritas pela etiqueta e a norma, independentemente dos sentimentos dele em relação à transação ou ao recebedor. Idealmente a troca deve ocorrer em função de um sentimento verdadeiro que a legitime, mas o fato de o indivíduo não se sentir realmente obrigado a dar ou de não gostar do destinatário não o exime da obrigação de dar. A ação transcorre de acordo com o ritual prescrito pela etiqueta, e os sentimentos verdadeiros de quem dá e de quem recebe, especialmente se forem negativos, devem ser guardados em segredo em nome da harmonia social.

No Brasil, recusar-se a presentear alguém de quem não se gosta é aceito socialmente e pode ser legitimado por um discurso contra a hipocrisia de dar por mera formalidade. São poucas as situações em que se deve pôr a etiqueta e a norma acima dos sentimentos individuais. A obrigação de dar aparece de forma mais nítida e mais deslocada do eixo de sentimentos nos casamentos na família extensa. Todos os entrevistados afirmam que nessas ocasiões se sentem obrigados a presentear com objetos de maior valor do que aqueles comumente oferecidos no Natal e nos aniversários na família nuclear ou entre amigos e parentes mais próximos. Quase todos concordam em que a família extensa pode ser chamada a prestar ajuda a membros da família nuclear em alguns casos excepcionais — quando algum deles perde o emprego, por exemplo, e tenta-se ampliar a rede de relações que lhes facilite encontrar outra colocação. Mas consideram, por outro lado, que essa rede de família extensa não oferece garantia de apoio nem mesmo nesses casos, podendo simplesmente ignorar tais pedidos. É a família mais próxima e especialmente a família nuclear que realmente serve de rede de apoio aos indivíduos nessas situações de emergência, e é justamente dentro desse núcleo que as trocas de presentes são mais freqüentes e a reciprocidade tende a ser generalizada, pouco específica. Dentro da família nuclear é comum que irmãos mais bem sucedidos economicamente dêem mais do que aqueles que têm menos, e não se espera um fechamento de balanço dessas contas. Em relação à ajuda dada pelos pais aos filhos, alguns acreditam que é moralmente certo dar eqüitativamente a todos os filhos, mas a maioria dos entrevistados concorda em que o auxílio prestado pelos pais ao longo da vida dos filhos deve levar em conta fundamentalmente as diferentes necessidades de cada um em determinados momentos. A noção do indivíduo *self-reliant* (que conta consigo mesmo), percebida como um ideal na sociedade norte-americana, não aparece como um valor a ser buscado pelas famílias brasileiras. Contar eventualmente com a ajuda da família não é visto como sinal de fracasso, a não ser quando essa necessidade é percebida como falha de caráter (preguiça, indolência), e mesmo nesses casos as famílias tendem a relativizar a falta de empenho e esforço do indivíduo levando em conta outras qualidades suas.

No Japão, existe nas trocas tradicionais um tipo de reciprocidade que se refere a um tipo especial de relacionamento entre os envolvidos que não ocorre no Brasil. A extrema ritualização das trocas naquele país é uma medida dessa distância que se quer transformar em relacionamento, mas não em proximidade, e é também uma forma de apropriar-se, mas acrescentando, da inserção social daquele que é hierarquicamente superior. No Brasil, o estabelecimento de relações sociais tende a destruir a distância e, junto com ela, a possibilidade de ordenação social do poder. A troca de presentes em relações hierárquicas é rara, e o contexto no qual ocorrem tem que estar bem delimitado para que a tendência equalizadora dessas trocas fique descaracterizada. É o que se observa, por exemplo, no caso de um gerente de uma grande empresa que ajudou um bom eletricista, demitido por conta das terceirizações, a encontrar emprego. Posteriormente o eletricista foi visitar o engenheiro, levando-lhe de presente lingüiças de fabricação caseira. O significado do presente, uma expressão de agradecimento, ficou claro no contexto e não destruiu a hierarquia da relação. O reconhecimento de certo "débito" moral aparece aqui no contexto brasileiro, mas não constitui uma regra. Segundo o engenheiro, esse técnico é um sujeito competente, responsável e conhecedor de suas obrigações, e por isso foi ajudado. Outros, em situação semelhante, por não "conhecerem bem o seu lugar", foram mantidos a distância, pois há sempre o risco do "abuso da proximidade". Presentear, nesse caso, foi um episódio isolado que provavelmente não continuará indefinidamente no tempo. Noutro caso, relatado por um informante, um indivíduo bem colocado na sociedade auxiliou um conhecido a ingressar na empresa em que trabalhava, numa posição bastante inferior. Esse conhecido presenteava constantemente o superior hierárquico com frutas e verduras de um sítio que possui fora da cidade, além de oferecer seus serviços em várias ocasiões. A relação se manteve nesses termos, no entanto, porque o inferior hierárquico "respeitava" o outro, ou seja, reconhecia a existência de diferenças hierárquicas e comportava-se de acordo com elas: continuava tratando-o de "seu" e "doutor", demarcando a distância.

Quando há diferenças de poder e *status* entre aqueles que trocam, mesmo que aparentemente a relação seja informal e igualitária, aquele que se percebe numa posição inferior costuma dar ao outro presentes melhores. Embora a aparência de igualdade seja mantida, as diferenças são reconhecidas e marcadas de várias formas, algumas mais sutis que outras. A pressão por igualdade surge de baixo para cima. Quando é o superior que nega essa sua condição numa relação de aparente igualdade, ele o faz com certo ar de magnanimidade.

Cabe agora responder à seguinte pergunta: em que sentido as práticas japonesas assemelham-se às nossas, e em que sentido diferem?

1) A obrigação de dar, na sociedade brasileira, mesmo em relações tradicionais de parentesco, é bem menos compulsória; não dar tem muito menos conseqüências, embora haja situações em que isso pode ser alvo de críticas, como nas cerimônias de casamento. Deixar de dar presentes, até mesmo em aniversários e outras ocasiões semelhantes, tornou-se bastante comum, principalmente fora da família nuclear, onde não há claramente uma pressão para presentear.

2) Nas trocas tradicionais, a gramática de conteúdo é muito mais rígida no Japão do que em quaisquer situações no Brasil. A rigidez da gramática dos bens a serem dados é exclusiva das situações em que as posições relativas daquele que dá e daquele que recebe estão bem definidas e há pouca intimidade entre as partes. Nesses casos, a ritualização das trocas atinge um grau de rigor que não tem comparação no Brasil. No seio da família brasileira, onde os presentes são mais compulsórios, a natureza do objeto presenteado é mais utilitária (é algo que aquele que vai receber quer ou precisa), e sua entrega é feita de maneira mais informal. A meu ver, a liberdade de escolha dos conteúdos aumenta com a "liminalidade" da relação. Tanto no Brasil quanto no Japão, a preocupação com o gosto, com a criatividade, com a singularidade da escolha do presente e com o inusitado de seu conteúdo, assim como o tempo e o esforço empregados nessa escolha são tanto maiores quanto menos compulsório é o caráter da relação. O presente escolhido diz muito a respeito da pessoa que dá, justamente onde é necessário para ela dizer quem é. Essas formas mais individualizadas e individualmente construídas não existem em oposição às práticas tradicionais, que são mais relacionais, e sim as complementam. Trata-se de duas formas possíveis e freqüentes de relacionamento das classes médias urbanas, onde uma lógica relacional e outra individual coexistem e sobrepõem-se em vários domínios da sociabilidade. É possível "individuar" uma dada relação num grupo de pertencimento criando

laços de identificação que aproximem dois indivíduos num grupo relacionalmente construído — por exemplo, incluir amigos como quase parentes (prática comum no Brasil), permitindo que eles se beneficiem das redes de relacionamento originalmente familiares. Esse tipo de prática está na origem do quase nepotismo no serviço público brasileiro, onde mesmo que não se empreguem parentes como "funcionários de confiança", empregam-se amigos próximos por um critério muitas vezes duvidoso em termos de mérito. No Japão, embora essa mistura de esferas também ocorra, o *ie* e os grupos estabelecidos tendem a ser bem mais excludentes e formais do que os grupos brasileiros, e a aceitação de um estranho leva muito mais tempo e, mesmo assim, é sempre parcial. A distinção entre membro e não-membro no Japão é incomensuravelmente mais clara e definitiva do que no Brasil, e tanto a inclusão quanto a quase inclusão no Japão são confirmadas e reconfirmadas ritualmente com uma enorme nitidez. No Brasil, numa interação social direta, a informalidade e a ambigüidade tendem a tirar a legitimidade de quaisquer formas rituais de demarcar fronteiras entre as pessoas de um grupo, embora essas fronteiras existam e sejam conhecidas. A aceitação de um indivíduo num grupo é de certa forma uma metáfora para a aceitação em casa,[44] domínio da intimidade e onde as trocas de presentes ocorrem com mais freqüência. Mas essa aceitação "em casa" não equivale ao familismo fictício japonês nem à inclusão de um "parente não consangüíneo" no *ie*. A inclusão de alguém em casa, no Brasil, é uma posição intermediária entre casa e rua, entre intimidade e pertencimento a uma hierarquia clara e o desconhecido. É uma posição muito mais frágil e liminar que a de um membro de um *ie* em relação ao seu núcleo.

3) Em ambas as sociedades, presentear pode ser um ato estratégico visando aumentar o controle daquele que dá sobre o seu meio ambiente social, de modo a entrar numa relação, reduzir a distância social numa relação já existente ou criar uma situação em que o presenteado se veja obrigado a retribuir de alguma forma. Neste último caso, é comum o recebedor estar numa situação social superior ou privilegiada em relação

[44] Ver a oposição estabelecida por DaMatta (1997) entre a "casa" e a "rua".

ao doador e, portanto, em posição de reciprocar através de favores genéricos ou específicos, dependendo do contexto. Em ambos os países, recusar um presente é quase o mesmo que romper a relação social, mas enquanto no Japão retribuir com um presente de valor equivalente num prazo relativamente curto pode significar o desejo de romper a dependência estabelecida pelo primeiro presente, no Brasil reciprocar não tem esse sentido. Ao contrário, pode confirmar laços estabelecidos. No caso de presentes dados com o objetivo de ingressar numa relação desigual de *status* para obter favores ou maior penetração social, não se espera do superior nenhuma retribuição.

4) Nas trocas de presentes entre amigos, parentes e namorados nota-se claramente um elemento de hedonismo. Mas os presentes dados pelo marido à mulher, embora aparentemente incluídos no universo dos presentes românticos e hedonistas, também não podem ser compreendidos somente por esta ótica. Embora me faltem dados quantitativos relevantes para afirmar que os brasileiros presenteiam mais suas esposas, a coleta qualitativa de dados aponta nessa direção. Aqui, dependendo da ocasião, o valor do presente tem enorme significado implícito. No Brasil, os presentes de aniversário de casamento devem ter um valor monetário intrínseco maior, especialmente aqueles oferecidos pelo marido à mulher. Eles afirmam a continuidade da relação romântica e amorosa. No Japão, ficou durante anos no ar o comercial de uma grande cadeia de joalherias promovendo a venda de solitários de brilhante no aniversário de 10 anos de casamento. Numa tradução aproximada, dizia-se: "um diamante: a melhor maneira de expressar gratidão por estes 10 anos". Ou seja, a lógica da interdependência permeia até mesmo esse universo. O fato de o Japão ter uma das menores taxas de divórcio do mundo contemporâneo nos ajuda a compreender essa diferença. Lá o casamento, como instituição, é mais sólido (no sentido de que o desempenho adequado das obrigações mútuas dentro da casa é culturalmente percebido como a forma por excelência de manter o casamento) e menos dependente da relação romântica do casal do que no Brasil (basta ver o grande número de casamentos arranjados no Japão). No Brasil, a manutenção do casamento depende muito da habilidade do casal para manter-se numa relação romântica na qual a necessidade de seduzir e agradar é tarefa predominantemente fe-

minina. O presente caro, dado pelo marido, é um sinal que confirma o sucesso desse empenho feminino.

Quadro 3

Principais ocasiões em que se presenteia no Brasil

Presentes sazonais	Dados em ocasiões prescritas pelo calendário.	Natal, dia das mães, dia dos pais, dia das crianças.
Presentes sociais	Dados em ocasiões irregulares, devido a circunstâncias sociais.	Visita a doentes, casa nova, nascimentos.
Presentes pessoais	Dados para celebrar várias ocasiões da vida.	Casamento, aniversário, formatura, chá-de-panela, chá-de-bebê, aniversário de casamento (entre o casal), bodas de prata e de ouro (sociais), nascimento de bebê, surpresas para amigos, entre namorados e esposos.
Presentes de cortesia	Pequenas lembranças e expressões de agradecimento.	Flores para agradecer convite, suvenires de viagem, saquinhos de festa infantil.

Uma das características fundamentais da troca de presentes no Brasil é que a grande maioria dos presentes se inclui no primeiro quadrante mostrado no quadro 2, e a proximidade da relação e o sentimento que originou a compra do presente legitimam a ação de forma muito mais categórica do que no Japão. Outra característica dos presentes no Brasil é que a grande maioria deles, se não a totalidade, é oferecida no momento da interação social. É raro enviarem-se presentes por serviços de entrega ou pelo correio. As únicas ocasiões em que os informantes disseram fazer isso são os casamentos realizados em outras cidades e aos quais não pretendem comparecer, ou então aniversários de filhos ou netos que estejam ausentes. Os presentes no Brasil têm um elemento extra de redundância em relação àqueles mencionados por Riches:[45] costumam ser dados em festas ou eventos em que o contato social já é reforçado pela interação que o próprio evento provoca. Já no Japão o ato de presentear é mais ritualizado e mais determinado pelo calendário, e deve ser observado havendo ou não interação. A informalidade no Brasil vai desde a embalagem do presente até a escolha do objeto em si, o que reflete muito mais o ponto de vista de quem dá que o de quem recebe, ou seja, justamente o contrário do que se observa no Japão.

O ato de presentear como estratégia para transformar indivíduos em pessoas também se verifica no Brasil, mas em muito menor medida. Um dos informantes disse ter dado caixas de bombons aos enfermeiros e médicos do hospital onde o marido fora internado, no intuito de obter deles um atendimento especial, mas a legitimidade social dessa prática não é tão socialmente cristalizada como no Japão, e as chances de a estratégia surtir efeito contrário são maiores. É mais comum presentear médicos do que outros profissionais (e aqui há uma regra segundo a qual o preço do presente deve ser inferior ao valor de uma consulta, para confirmar a gratidão, não para cancelá-la), e presentear professores, por exemplo, não é uma prática social sancionada como no Japão. Isso é visto como tentativa de suborno ou como uma estratégia para obter tratamento preferencial para o filho, com grande risco de surtir efeito oposto ao desejado.

Tanto no Brasil quanto no Japão a troca de presentes tem uma função muito mais simbólica, como mediação de relações sociais, do que econômica, a qual, aliás, é irrelevante. Mas enquanto no Japão os presentes demarcam o pertencimento do indivíduo a grupos que não podem ser definidos por critérios de intimidade, amor ou amizade, no Brasil a grande maioria dos presentes é trocada no universo da intimidade. No Japão o reconhecimento da distância social e da hierarquia fica muito claro na gramática da troca de presentes, ao passo que no Brasil a troca em si funciona como uma espécie de ritual de igualdade, de intimidade ou de pertencimento. Presenteia-se em relações marcadamente distantes e hierárquicas, como da secretária para o chefe, por ocasião de aniversário, Natal etc. Alguns chefes oferecem uma pequena lembrança no dia da secretária, mas isso, em vez de atrair aprovação social, desperta críticas

[45] Apud Cheal, 1988.

e desconfianças, como se dois indivíduos quisessem criar uma proximidade imprópria para a natureza de seu relacionamento.

Isso não quer dizer que não haja trocas que reforçam relações hierárquicas. Trabalhadores que conseguiram emprego graças à indicação de alguém acima deles na hierarquia social eventualmente presenteiam como forma de agradecimento, e os empregados domésticos costumam receber presentes nas mesmas ocasiões que os membros da família. Além disso, há presentes que funcionam como ajuda econômica num relacionamento de cunho paternalista.

Devido a essa percepção de que a legitimidade das trocas de presentes se baseia nos sentimentos, a prática de presentear como estratégia de construção de laços sociais entre diferentes hierárquicos ou como estratégia de inserção social não tem boa aceitação social no Brasil. Dar presentes ao chefe no trabalho é visto pela enorme maioria das pessoas como "coisa de puxa-sacos", o que põe em dúvida até mesmo certas práticas que de outro modo seriam legítimas, como é o caso do subordinado que efetivamente quer expressar sua gratidão, admiração ou outro sentimento qualquer em relação ao chefe (muitos dos informantes duvidam que haja esse tipo de sentimento em relações dessa natureza). Presentes individuais entre membros de sexos diferentes costumam ser percebidos pela maioria das pessoas como sinal de interesse sexual, o que também lhes tira a legitimidade como ação social. Tais práticas são pouco freqüentes nas empresas e somente ocorrem quando ficam claramente descaracterizadas quaisquer segundas intenções, como no caso dos executivos que, ao presentearem a sua secretária em alguma ocasião especial, fazem questão de afirmar que a esposa escolheu o presente. Havendo de fato segundas intenções, presenteia-se em segredo.

No Brasil, no ato de presentear prevalece a perspectiva de quem dá, ou seja, o gosto e a intenção daquele que dá devem causar surpresa ou alegria àquele que recebe. No Japão, muitas vezes verifica-se o contrário. "Adivinhar" os possíveis incômodos que a minha ação pode trazer ao outro é uma habilidade fundamental onde a densidade social é bastante alta e a harmonia deve ser preservada. O sujeito da ação coloca-se na posição de agente passivo, no sentido de que aquele que é verdadeiramente passivo, o que recebe o presente, acaba por ser "ativamente passivo" na troca: sem agir, "a adivinhação de sua expectativa é sentida como uma pressão no sentido de dar, assim como adivinhar o tipo de presente ideal é considerado altamente desejável em termos de etiqueta. No Brasil, o reconhecimento da expectativa do outro com relação a receber é fundamental em muitas ocasiões em que nos sentimos pressionados a dar, mas essa expectativa só se torna legítima no âmbito da intimidade. Aí o desejo de quem recebe é considerado de forma clara. Fora do ambiente da intimidade, só em ocasiões como casamento, chá-de-bebê, chá-de-panela etc., quando são conhecidas as expectativas de quem recebe, é válido levá-las em consideração, e nesses casos tornou-se muito comum elaborar listas de presentes. No Japão, o costume determina que o presente seja dado em dinheiro, com notas novas e sem dobras colocadas num envelope especial. Quem presenteia são os noivos, e não os convidados, como no Brasil. Aqui, quanto maior a distância social, mais raro e sofisticado costuma ser o presente, e aquele que dá se esforça para que o presente expresse adequadamente seu gosto e refinamento. Não existe a preocupação com o fato de que o objeto escolhido possa desagradar ao presenteado e acabar se transformando num problema para ele. Prevalecem o gosto e o ponto de vista de quem dá.

Também com relação ao valor do objeto presenteado existem diferenças entre as duas sociedades. No Japão, quando é maior a distância social entre as partes, procura-se deixar claro o valor do objeto presenteado, ao passo que no universo privado é mais difícil adivinhar seu valor. No Brasil, conforme aumenta a distância hierárquica e social, procura-se valorizar o produto, enquanto no universo doméstico e privado costuma-se escolher produtos que sabidamente o outro deseja mas não compra, e cujo valor ele conhece aproximadamente. Dentro da família nuclear, no entanto, essas tendências não se mantêm. Tanto no Brasil quanto no Japão, nas famílias de classe média pesquisadas, os pais dão mais presentes e mais ajuda, num tipo de troca bastante assimétrico e de funcionamento distributivo onde aquele que tem mais dá mais, num sistema de generosidade difusa.

Por que dar presentes para criar proximidade e pertencimento em relação àqueles que são hierarquicamente superiores não é aceito no Brasil como no Japão? Uma das razões é que na sociedade brasileira, ainda que o individualismo como instituição social não seja tão legítimo quanto na sociedade americana, o peso relativo do grupo em relação ao indivíduo não é tão grande quanto no Japão, nem os valores supra-individuais são tão legitimadores da ação do indivíduo. No Japão, independentemente do que o indivíduo pensa ou sente, há uma pressão moral que o impele a desempenhar os papéis rituais socialmente estabelecidos para o seu *status*, levando-o a buscar a harmonia social como um valor maior do que a realização individual. Esse intrincado sistema de valores cria mais espaços para a utilização estratégica das trocas de presentes, permitindo que haja elementos de moralidade num ato aparentemente imoral. Tentar subornar pode ser imoral, por um lado, mas abrir mão dos princípios individuais em nome da causa maior do grupo é moral, por outro.[46] No Brasil, o que legitima o ato de dar é a intenção do sujeito que desempenha a ação, e o valor do laço social é medido em relação à veracidade do sentimento. Isso não impossibilita a utilização estratégica das trocas de presentes, mas certamente as inibe e restringe aos espaços de sociabilidade onde a existência de sentimentos é reconhecida como legítima. Enquanto no Japão os sentimentos humanos são o cimento que mantém uma organização unida, no Brasil o local de trabalho não é um meio em que se vivenciam legitimamente as relações afetivas. Os superiores hierárquicos, por outro lado, raramente apreciam receber presentes daqueles que vêem como socialmente inferiores, já que têm pouco a ganhar com a relação que se quer estabelecer por esse meio. Presentes modestos como expressão de gratidão por um favor específico podem ser vistos como uma expressão legítima de agradecimento, mas as iniciativas unilaterais dos socialmente inferiores para estabelecer vínculos por meio de presentes ou favores não requisitados apenas tolhem a liberdade do superior para escolher os relacionamentos em que quer se engajar. Aparentemente, o ato de generosidade deve partir "naturalmente" do superior, como pura expressão de sua generosidade ou magnanimidade, e não por uma necessidade imposta de baixo. O reconhecimento não-material da dependência, ao contrário, não só é bem-vindo como esperado, assim como os presentes tradicionais de *seibo* e *chugen* no Japão. Essas demonstrações de subserviência, obediência, disponibilidade etc. se traduzem em jornadas de trabalho mais longas e flexibilidade na aceitação de tarefas — por exemplo, a empregada doméstica que "reconhece" a patroa como boa servindo-lhe o jantar num sábado à noite sem receber hora extra.

A troca de presentes está, pois, relacionada a toda uma forma de ver o mundo e o outro, de comunicar sentimentos e intenções, e de gerenciar as relações por intermédio do objeto presenteado, o qual, em si, não é apenas um meio de expressão, mas também constitui o conteúdo da mensagem. Além disso, é um meio de construção da identidade e da intersubjetividade no curso da interação social. E, como tal, o presente está relacionado ao funcionamento da microfísica[47] do poder e à negociação da inclusão no universo das relações

---

[46] Sobre a idéia de que os japoneses não têm princípios morais no sentido que as culturas cristãs ocidentais dão ao termo, ver Chie, 1973.

[47] Ver Gordon, 1980.

sociais concretas. Isso não quer dizer, no entanto, que a troca de presentes ou o presente em si sejam centrais para a construção desse universo, nem fatores determinantes da exclusão, a qual, em nossas sociedades, está muito mais ligada à falta de acesso a uma boa educação do que à habilidade para negociações estratégicas dessa natureza. O interesse no estudo das trocas de presentes está menos na centralidade do tema para a compreensão das sociedades contemporâneas do que nas possibilidades que ele abre para as investigações sobre as noções de indivíduo, pessoa e responsabilidade do poder pessoal e seu impacto no nível das relações interpessoais e no entendimento das várias formas de densidade social. Ao mesmo tempo, esse tipo de estudo nos permite refletir sobre até que ponto o consumo hedonista tem o mesmo impacto em sociedades individualistas e em sociedades relacionais. Pode-se intuir que o consumo tenha um papel maior de dissolução do sujeito co-modificado justamente nas sociedades individualistas, onde tem um papel mais central e generalizado na construção social do eu. Nas sociedades mais relacionais, os objetos de consumo são, em alguns contextos, apropriados como meios de construção de pessoas, pelos quais elas continuam, em vários domínios da sociabilidade, a se construir dentro de nexos relacionais tradicionais, mas por intermédio de comodidades. A troca de presentes, como bem observou Sahlins (1972), não serve para organizar a sociedade num sentido corporativo, só num sentido segmentado. A reciprocidade é uma relação "entre" pessoas (*between relation*, como ele diz). Ela não dilui partes separadas numa unidade maior, mas, ao contrário, ao demarcar sua especificidade, a perpetua. Tanto no Brasil quanto no Japão confirma-se esta idéia: a troca de presentes delimita, separa e especifica uma relação dentro de um todo mais amplo, colando-a em oposição ao todo, composto de "outros" não significativos.

Referências bibliográficas

APPADURAI, Arjun (Ed.). *The social life of things*. New York: Cambridge University Press, 1986.

BARBOSA, Lívia. *O jeitinho brasileiro:* a arte de ser mais igual que os outros. Rio de Janeiro: Campus, 1992.

_____. *Igualdade e meritocracia:* a ética do desempenho nas sociedades modernas. Rio de Janeiro: FGV, 1999.

BAUDRILLARD, Jean. *For a critique of the political economy of the sign*. St. Louis, Mo: Telos, 1981.

BEFU, Harumi. Gift-giving and social reciprocity in Japan: an exploratory statement. *France-Asia/Asia*, v. 21, n. 2, p. 161-177, 1966/67.

_____. *Japan:* an anthropological introduction. Tokyo: Charles E. Tuttle, 1971.

_____. Power in exchange: strategy of control and patterns of compliance in Japan. *Asian Profile*, v. 2, n. 6, p. 602-622, Dec. 1974.

_____. Gift-giving in a modernizing Japan. In: LEBRA T. S.; LEBRA W. (Eds.). *Japanese culture and behavior*. Honolulu: University of Hawaii Press, 1986.

BENEDICT, Ruth. *The chrysanthemum and the sword:* patterns of Japanese culture. Japan: Charles E. Tuttle, 1954.

BLAU, Peter. *Exchange and power in social life*. New Jersey: Transaction, 1986.

BOURDIEU, Pierre. *Distinction* — a social critique of the judgement of taste. Cambridge: Harvard University Press, 1977.

_____. *Outline of a theory of practice*. Cambridge: Cambridge Studies in Social Anthropology, 1984.

_____. *A economia das trocas simbólicas*. São Paulo: Perspectiva, 1987.

CAMPBELL, Colin. *The romantic ethic and the spirit of modern consumerism*. Oxford: Basil Blackwell, 1987.

CAPLOW, Theodore. Christmas gifts and kin networks. *American Sociological Review*, v. 47, p. 383-392, June 1982.

CAUDILL, W.; SCARR, Harry. Japanese value orientations and culture change. In: LEBRA T. S.; LEBRA W. (Eds.). *Japanese culture and behavior* — selected readings. Honolulu: The University of Hawaii, 1974.

CHEAL, David. *The gift economy*. London: Routledge, 1988.

CHIE, Nakane. *Japanese society*. Middlesex: Penguin, 1973.

CLAMMER, John. *Contemporary urban Japan* — a sociology of consumption. Oxford: Blackwell, 1997.

DAMATTA, Roberto. *Carnavais, malandros e heróis* — para uma sociologia do dilema brasileiro. Rio de Janeiro: Rocco, 1997.

DEBERNARDI, Jean. Social aspects of language use. In: INGOLD, Tim (Ed.). *Companion encyclopedia of anthropology*. London: Routledge, 1994.

DOI, Takeo. Giri-Ninjo: an interpretation. *Psychologia*, v. 9, p. 7-11, 1966.

_____. *The anatomy of dependence*. Tokyo: Kodansha International, 1973.

DOUGLAS, Mary. *How institutions think*. New York: Syracuse University Press, 1986.

_____; ISHERWOOD, Baron. *The world of goods*. New York: Basic, 1979.

DUMONT, Louis. *Homo hierarchicus* — o sistema de castas e suas implicações. São Paulo: Edusp, 1997.

DRUCKER, P. *Sociedade pós-capitalista*. São Paulo: Pioneira, 1993.

FAUSTO, Boris (Org.). *História da civilização brasileira*. São Paulo: Difel, 1984. v. 3: O Brasil republicano.

FREYRE, Gilberto. *Casa-grande e senzala*. Rio de Janeiro: José Olympio, 1975.

GEERTZ, Clifford. *O saber local* — novos ensaios em antropologia interpretativa. Petrópolis: Vozes, 1997.

GIDDENS, Anthony. *A transformação da intimidade* — sexualidade, amor e erotismo nas sociedades modernas. São Paulo: Unesp, 1992.

GLUCK, Carol. *Japan's modern myths* — ideology in late Meiji period. Princeton: Princeton University Press, 1989.

GODBOUT, Jacques; CAILLÉ, Alain. *O espírito da dádiva*. Rio de Janeiro: FGV, 1999.

GORDON, Colin. *Power/knowledge:* selected interviews and other writings by Michel Foucault. New York: Pantheon, 1980.

GOULDNER, Alvin. The norm of reciprocity: a preliminary statement. *American Sociological Review*, v. 25, n. 2, p. 161-179, Apr. 1960.

GREGORY, C. A. Exchange and reciprocity. In: INGOLD, Tim (Ed.). *Companion encyclopedia of anthropology*. London: Routledge, 1994.

HAAS, David; DESERAN, Forrest. Trust and symbolic exchange. *Social Psychology Quaterly*, v. 44, n. 1, p. 3-13, 1981.

HOBSBAWM, Eric; RANGER, Terence. *A invenção das tradições*. Rio de Janeiro: Paz e Terra, 1984.

JANSEN, Marius (Ed.). *The culture of Meiji period*. Princeton: Princeton University Press, 1985.

JOOYA, Mock. *Japanese culture and manners*. Sakurai Shoten, 1949.

JOHNSON, Colleen L. Interdependence, reciprocity and indebtedness: an analysis of Japanese American kinship relations. *Journal of Marriage and Family*, v. 25, p. 351-363, May 1977.

KONDO, Dorinne K. *Crafting selves* — power, gender and discourse of identity in a Japanese work place. Chicago: University of Chicago Press, 1990.

KRACHT, Klaus. Tradition and modern thought in Japan: some notes on the problem of continuity and its meaning. In: O'NEIL, P. G. (Ed.). *Tradition and modern Japan*. Kent: Paul Norbury, 1981.

LEBRA, Takie S. Reciprocity and the asymmetric principle: an analytical reappraisal of the Japanese concept of on. *Psychologia*, v. 12, p. 129-138, 1969.

_____. An alternative approach to reciprocity. *American Anthropologist*, v. 77, n. 1, p. 550-565, Mar. 1975.

_____; LEBRA, W. (Eds.). *Japanese culture and behavior*. Honolulu: University of Hawaii Press, 1986.

LÉVI-STRAUSS, Claude. *The elementary structure of kinship*. Boston: Beacon, 1969.

MAUSS, Marcel. *The gift*. Glencoe: Free Press, 1954.

_____. *Ensaios sobre a dádiva*. Lisboa: Edições 70, 1988.

MELLO, João M. C.; NOVAIS, F. Capitalismo tardio e sociabilidade moderna. In: NOVAIS, F. (Org.). *História da vida privada no Brasil* — contrastes da intimidade contemporânea. São Paulo: Companhia das Letras, 1998.

MIGUELES, Carmen. O exercício do poder pelos administradores e a motivação dos empregados: algumas considerações teóricas sobre esta relação. *Revista de Administração Pública*, v. 33, n. 3, maio/jun. 1999.

MORRIS, Ian. Gift and commodity in archaic Greece. *The Journal of the Royal Anthropological Institute*, v. 21, n. 1, p. 1-17, Mar. 1986.

NAKAMURA, Hajime. *Ways of thinking of Eastern people* — India, China, Tibet, Japan. Honolulu: University of Hawaii Press, 1985.

PARRY, Jonathan. The gift, the Indian gift and the "Indian gift". *The Journal of the Royal Anthropological Institute*, v. 21, n. 3, p. 453-473, Sept. 1986.

PIORE, M.; SABEL, C. *The second industrial divide* — possibilities for prosperity. New York: Basic/Harper Torchbooks, 1894.

PRATES, Marco Aurélio; BARROS, Tânia T. O estilo brasileiro de administrar. In: MOTTA, Fernando C. Prestes; CALDAS, Miguel P. (Orgs.). *Cultura organizacional e cultura brasileira*. São Paulo: Atlas, 1997.

ROCHA, Everardo. *Jogo de espelhos* — ensaios de cultura brasileira. Rio de Janeiro: Mauad, 1996.

SADER, E.; PAOLI, M. C. Sobre "classes populares" no pensamento sociológico brasileiro. In: CARDOSO, R. (Org.). *A aventura antropológica*. Rio de Janeiro: Paz e Terra, 1986.

SAHLINS, Marshall. On the sociology of primitive exchange. In: BANTON, M. *The relevance of models for social anthropology*. New York: Praeger, 1965.

_____. *Stone Age economics*. New York: Aldine de Gruyter, 1972.

_____. *Culture and practical reason*. Chicago: The University of Chicago Press, 1976.

SILVA, J. C. *A identidade roubada* — ensaios de antropologia social. Lisboa: Gradiva, 1989.

SINGELMANN, Peter. Exchange as symbolic interaction: convergences between two theoretical perspectives. *American Sociological Review*, v. 37, p. 414-424, Aug. 1971.

SMITH, Robert. A pattern of Japanese society: Ie society or acknowledgment of interdependence? *The Journal of Japanese Studies*, v. 11, n. 1, p. 29-46, Winter 1985.

SMITH, Thomas. *The agrarian origins of modern Japan*. Stanford: Stanford University Press, 1988.

TOUKEI SUURI KENKYUUZYO. *Nipponzin no Kokuminsei. A study of Japanese national character*. Tokyo: Idemistushoten, 1982. v. 4.

TURNER, Victor. *On the edge of the bush* — anthropology as experience. Tucson: The University of Arizona Press, 1985.

VELHO, Gilberto. *Individualismo e cultura* — notas para uma antropologia da sociedade contemporânea. Rio de Janeiro: Jorge Zahar, 1987.

VOGEL, Ezra. The go-between in a developing society: the case of the Japanese marriage arranger. In: YAMAMOTO, G.; ISHIDA, T. (Eds). *Selected readings on modern Japanese society*. Berkeley: McCuthran, 1971a.

_____. *Japan's new middle class* — the salary man and his family in a Tokyo suburb. California: University of California Press, 1971b.

YANAGIDA, Kunio. *Japanese manners and customs in the Meiji era*. Tokyo: Obunsha, 1957 (Centenary Culture Council Series, 4).

YOSHINO, K. *Cultural nationalism in contemporary Japan*. London: Routledge, 1992.

Sobre os colaboradores

Sônia Regina M. Barone é mestre em gestão empresarial pela Escola Brasileira de Administração Pública e de Empresas da Fundação Getulio Vargas (Ebape/FGV), consultora de empresas nas áreas de gestão de pessoas e comportamento organizacional e professora da Escola Superior Cândido Mendes.

Flávio Alcoforado é mestre em administração pela Ebape/FGV, especialista em gestão empresarial pela Pontifícia Universidade Católica do Rio de Janeiro (PUC-Rio) e advogado. É professor universitário e consultor organizacional.

Ana Heloísa da Costa Lemos é doutora em sociologia pelo Instituto Universitário de Pesquisa do Rio de Janeiro (Iuperj) e mestre em administração pela Ebape/FGV. É professora do Departamento de Administração da PUC-Rio e dos cursos de administração da Escola Superior de Propaganda e Marketing (ESPM-Rio) e do Ibmec-Rio. Desenvolve pesquisas nas áreas de sociologia do trabalho e empreendedorismo.

Carla P. Barros é doutora em administração pelo Instituto Coppead da Universidade Federal do Rio de Janeiro (Coppead/UFRJ), pós-graduada em antropologia social pelo Museu Nacional/UFRJ e graduada em ciências sociais com habilitação em antropologia pelo Instituto de Filosofia e Ciências Sociais (IFCS/UFRJ). É professora da ESPM-Rio e da PUC-Rio.

Luiz Henrique Lemos é doutorando em espaço urbano e consumo pelo Instituto de Pesquisa e Planejamento Urbano e Regional (Ippur/UFRJ), mestre em gestão empresarial pela FGV, pós-graduado em marketing pela PUC-Rio e em tecnologia de geoprocessamento pelo Curso de Especialização em Geoprocessamento (Cegeop/UFRJ). Na área empresarial, tem ampla experiência em varejo.

Esta obra foi impressa pela
Armazém das Letras Gráfica e Editora Ltda. em papel
off set Primapress para a Editora FGV
em setembro de 2007.